Der Mann, der in einem Schuh lebte

Henry James Forman

Writat

Diese Ausgabe erschien im Jahr 2023

ISBN: 9789359253138

Herausgegeben von
Writat
E-Mail: info@writat.com

Inhalt

BUCHEN SIE EINS

KAPITEL I

Ich frage mich, ob es heutzutage Frauen wie die Frau von Jacopone da Todi gibt, die inmitten weltlicher Genialität das Haarhemd der Frömmigkeit und Hingabe über ihren makellosen Herzen tragen?

Das bezweifle ich.

Es ist kein Wunder, dass Jacopone , dieser „kluge" italienische Anwalt des 13. Jahrhunderts, nach dem Unfalltod seiner schönen jungen Frau zu einem großen Heiligen wurde, als er diese Entdeckung machte. Es würde jeden zum Heiligen machen.

Ich bin mir ziemlich sicher, dass Gertrude nicht so ist. Aber dann ist Gertrude noch nicht meine Frau. Ich bin auch nicht Jacopone . Ich fürchte, ich bin nichts weiter als ein zufriedener Lüstern von einem Bücherwurm. Wie König James habe ich das Gefühl, wenn es mein Schicksal wäre, ein Gefangener zu sein, würde ich mir wünschen, in einer großen Bibliothek eingesperrt zu sein und meine Tage mit meinen Mitgefangenen, den gesegneten Büchern, zu verbringen.

Die Lektüre meines Lebens in ein wenig Weisheit für meine schwachen Köpfe zu destillieren, das war mein ganzes Ziel und mein Ehrgeiz, wenn ich es überhaupt so dynamisch wie Ehrgeiz nennen darf. Man nennt mich einen alten jungen Mann, und Gertrude scheint von einem starken Drang getrieben zu sein, mich zu verändern – Gott weiß warum.

Ich habe gerade mit Gertrude gesprochen – ich meine, ihr zugehört.

Wir sollen in drei Wochen heiraten, sagt sie.

Seit jeher sind wir Freunde, Gertrude und ich, so wie unsere Mütter vor uns. Sie, die hochmoderne Jungfrau, und ich, so wie ich bin, verbindet seit Jahren eine Verlobung, die keineswegs eine Verlobung im alten Sinne ist. Es ist eine Art *Entente cordiale* . Eine Verlobung im herkömmlichen Sinne des Wortes wäre für Gertrude ebenso abscheulich wie die altmodische Ehe. Sie würde genauso schnell daran denken, mit Glocke, Buch und Orangenblüten „verheiratet" zu werden, als sich selbst „Mrs. Randolph Byrd" zu nennen – oder alles andere als Miss Bayard.

Darüber haben wir an diesem düsteren Nachmittag in meiner gemütlichen kleinen Wohnung vor einem geschwätzigen Kaminfeuer gesprochen. Denn Gertrude ist nicht so absurd, dass sie davor zurückschreckt, mich in meiner Wohnung aufzusuchen, genauso wenig wie ich davor zurückschrecken würde, sie im Gramercy Park aufzusuchen.

„Aber wäre es nicht peinlich", wagte ich mich in milder Vermutung, „wenn wir nach unserer Hochzeit zusammen in einem Hotel übernachten oder uns eine Kabine auf einem Schiff teilen müssen – um Miss Bayard und Mr. Byrd zu sein?"

„Sei nicht absurd, Ranny ", erwiderte Gertrude mit ihrem üblichen einleitenden Satz. „Unangenehm oder nicht, denkst du, ich sollte meinen Namen aufgeben, unter dem ich mein ganzes Leben lang gelebt, für den ich gekämpft und den ich mir etabliert habe?"

„Natürlich nicht", entschuldigte ich mich hastig. „Daran hatte ich nicht gedacht." Ich musste mich fragen, was sie damit meinte, dass sie ihren Namen etabliert hatte. Außer in Bezug auf ein oder zwei Ausschüsse und Urlaubsfonds ist Gertrudes Name den Prominenten unbekannt.

„Du mit deinem HH", fuhr sie zügig fort, mit dem Triumph, ein Tor erzielt zu haben. „Sie wollen doch sicher nicht an den muffigen alten Formeln festhalten?"

„Nein, sicher nicht", antwortete ich ihr bereitwillig. Ich bin Gertrude in der Argumentation nicht gewachsen. Plötzlich wurde mir bewusst, dass an diesem kühlen Novembernachmittag trotz des zischenden Feuers im Kamin kein Funkeln in der Luft lag. Das HH, auf das Gertrude angespielt hatte, war das Einzige, was einer Emotion ähnelte, die bei dieser Diskussion über unsere Ehe ein Zeichen von schwelendem Leben in mir verriet.

Ich würde es besser erklären: Das HH steht für „Horror of Home" – für meine tiefe Abneigung gegen alles, was den fesselnden Fesseln der Häuslichkeit ähnelt. Meiner Meinung nach sollte ein Mann genauso frei sein können, zu tun, was er will, und zu gehen, wohin er will, wenn und wenn er verheiratet ist, wie wenn er Single ist. Wer würde sonst die Ketten und die Sklaverei dieses schattigen Gefängnisses auf sich nehmen? Morgen sagt mir plötzlich mein Herz, dass ich mich auf eine Reise unbekannter Dauer begeben muss.

Wieder einmal würde ich die abgelegenen Gärten der Riviera, die Olivenhaine Italiens, die heiligen Pergamente und Inkunabeln der Laurentianischen Bibliothek in Florenz sehen . Ich würde erneut durch die Wildnis der Bibliothèque wandern Nationale von Paris und am linken Ufer der Seine, wo ich einst die Überlieferungen von Balzac und Sainte-Beuve sammelte. Und wer wagt es, mich jederzeit davon abzuhalten, mich auf den Weg zur schlecht beleuchteten Rotunde des British Museum oder zum Klosterbezirk des Bodleian in Oxford zu machen? Schon während Gertrude sprach, verspürte ich eine unwiderstehliche Sehnsucht nach all diesen Orten, nach den Rasenwegen und gepflegten Gassen von Oxford und den wunderschönen „Backs" der Cambridge Colleges. Es gibt ein Manuskript bei Trinity, das ich unbedingt noch einmal sehen muss, und ich habe mir schon lange vorgenommen, einen Monat lang in Pepys' alter Bibliothek in Magdelene in Cambridge zu verbringen.

Aber Gertrude ist nicht wie andere Frauen.

„Was ich an dir mag, Ranny ", bemerkte sie und warf die Asche ihrer Zigarette mit zielsicherem Ziel in den Kamin, „ist deine Vernünftigkeit. Du hasst es genauso wie ich, zwei Menschen zu sehen, die wie lebenslange Sträflinge mit Handschellen aneinander gefesselt sind." Könnte genauso gut in die Steinzeit zurückgehen oder in die Zeit, als ein Dutzend Kinder im Haus waren und die Mutter den ganzen Tag vor dem Küchenfeuer grillte. Ugh!" und sie schauderte.

„Keine Angst davor bei dir", lachte ich.

„Nein, das hoffe ich nicht", schnaufte sie energisch.

„Na ja, jedenfalls", beruhigte ich sie schnell, „so wie es ist, hast du drei Wochen Zeit, darüber nachzudenken – um einen Rückzieher zu machen. Drei Wochen sind eine schöne lange Zeit, Gertrude. In drei Wochen kann viel passieren." "

Auf dem Tisch vor mir lag ein neues Leben von Leonardo da Vinci, der an diesem Tag gerade aus Paris eingetroffen war. Es juckte mich in den Fingern, es zu öffnen und die Seiten umzublättern. Aber das wäre unhöflich gewesen, deshalb habe ich darauf verzichtet .

„So bin ich nicht", murmelte Gertrude nachdenklich, „und das weißt du, Ranny ."

„Natürlich nicht", stimmte ich schuldbewusst zu.

„Ich weiß", sie tippte mir mit einem verspielten Finger auf die Wange – Gertrude kann sehr charmant sein, wenn sie darüber nachdenkt – „Ich weiß genau, was ich tun möchte. Und wenn ich mich dazu entschließe, etwas zu tun, bleibe ich dabei." ."

Und das tut sie, das kluge Mädchen!

„Ich wünschte, ich wäre wie du", murmelte ich. „Ich fürchte, ich bin eine Art Drifter."

„Deshalb braucht man einen Manager", lachte Gertrude. „Warte, bis du mich hast. Dann rennst du nicht nur Büchern nach und sagst dir, was du eines Tages tun wirst. Du wirst etwas tun, veröffentlichen, Vorträge halten; du wirst bekannt – berühmt sein. "

„ Oh mein Himmel!" Ich schrie entsetzt auf und warf eine abwehrende Hand hoch. „Ich glaube, ich werde weglaufen."

„Zu spät", lächelte sie kühl und schelmisch. Wenn Gertrude lächelt, ist sie überaus hübsch. „Ich habe meine Aussteuer bestellt. Du würdest mich doch doch nicht im Rathaus warten lassen, oder?"

„Vielleicht", antwortete ich und lächelte sie an. „Falls an diesem Morgen zufällig eine Bücherauktion stattfinden sollte. Und es ist nur eine U-Bahn-Fahrt zurück zu deiner Wohnung."

„Das ist nun das Programm", verkündete sie und nahm ihren herrschaftlichen Ton an, der mich augenblicklich vor ihr zu einem rückgratlosen Wurm werden ließ. „Sie kommen am 24. um zehn Uhr zu meiner Wohnung. Dann fahren wir mit dem Taxi zum Rathaus und holen den Führerschein – oder wie auch immer man es nennt –"

„Zum Glück bist du da", konnte ich mir ein Murmeln nicht verkneifen. „Ich sollte mir wahrscheinlich einen Hundeführerschein oder einen Kfz-Führerschein besorgen statt des richtigen –"

„Dann", fuhr Gertrude fort und ignorierte mich völlig zu Recht, „können wir den Stadtrat des Tages das nötige Lied singen lassen."

„Vielleicht möchte er eine Zugabe singen – oder die Braut küssen", warnte ich sie.

„Er wird mich nicht küssen wollen, wenn ich ihn ansehe", antwortete Gertrude unbeirrt. Er wird es auch nicht tun! „Dann", fügte sie hinzu, „können wir hier bei Ihnen anhalten und Ihr Handgepäck und meins auf dem Weg zur Grand Central Station abholen. Sie können Ihren Koffer am Vortag schicken und ich schicke meinen. Keine Zeit." verloren, sehen Sie, keine Verschwendung, keine Dummheit.

„Perfekte Effizienz, kurz gesagt –"

„Ja", sagte Gertrude, „Sie werden wahrscheinlich ein wichtiges Detail in der Vereinbarung vergessen, aber wir haben genug Zeit, um Ihnen in den nächsten drei Wochen näher darauf einzugehen."

„Vergessen", wiederholte ich etwas benommen, das gebe ich zu. „Was gibt es zu vergessen – außer möglicherweise meinen Namen, mein Alter oder meine Hautfarbe?"

„Du brauchst dir keine Sorgen zu machen", blitzte Gertrude auf. „Ich werde sie für Sie im Gedächtnis behalten – wenn Sie sie brauchen. Ich meinte", erklärte sie, „über Ihren Kofferraum oder Ihre Bahntickets und so weiter. Aber egal, das spielt keine Rolle. Ich werde Sie den Tag über an alles erinnern." Vor."

Ich habe versprochen, einen Knoten in mein Taschentuch zu machen.

„Und darf ich fragen", wagte ich es, „wohin wir gehen?"

„Ich habe mich noch nicht entschieden", informierte mich Gertrude. „Ich sage dir später Bescheid, Ranny, meine Liebe."

Gertrude hat etwas sehr Gesundes und Vollkommenes an sich. Das ist wohl der Grund, warum ich sie schon so lange mag. Wie sie einen Träumer wie mich ertragen kann, ist für mich unvorstellbar. Ohne irgendeine malerische oder romantische Bedeutung in diesem Satz bin ich eine Art Strandgängerin, die sich in ihrer wolkenlosen Energie auf dem trägen Sand des Lebens sonnt. Jeder sagt mir entweder oder deutet an, dass Gertrude viel zu gut für mich ist. Ich bezweifle es auch nicht. Aber ich wünschte, wir könnten so weitermachen wie bisher, ohne sie der Unannehmlichkeit auszusetzen, mit mir verheiratet zu sein. Aber Gertrude weiß es am besten.

„Willst du heute Abend nicht bleiben und meine bescheidene Kruste teilen?" Ich fragte sie, als sie aufstand, um zu gehen.

„Nein, danke, Ranny ", lächelte sie, etwas rätselhaft, wie ich fand. „Wir werden danach oft zusammen essen."

„Natürlich", stimmte ich leichtfertig zu. „Vielleicht treffen wir uns sogar bei den Rennen."

Blackwelder im Club zu speisen – um einige Ausschussangelegenheiten zu klären, bevor ich gehe. Sollst du allein sein, armes Ding?"

„Ja – aber das macht nichts. Ich bin oft allein. Ich stelle ein Buch gegen einen Glaskerzenhalter und das Abendessen ist weg, bevor ich es merke."

„Es könnte genauso gut Sägemehl sein, soweit Sie wissen", lachte Gertrude.

„ Das könnte schon sein", sagte ich ihr, „außer dass Griselda es besser kann als Sägemehl. Ich könnte natürlich", fügte ich hinzu, „ Dibdin anrufen und ihn mit mir schlemmen lassen."

„Dein Landstreicher-Freund", kommentierte Gertrude. „Ja, tu es besser. Ich mag es nicht, so sehr an dich allein zu denken."

„Das ist sehr nett von dir, meine Liebe. Ich werde genau das tun."

Ihre kühlen Lippen berührten für einen Moment meine und sie war verschwunden.

KAPITEL II

Zu meiner Schande muss ich zugeben, dass mich die entsetzliche Tatsache der Ehe wie ein Erdrutsch überwältigte, als ich allein war. Mit einem Gefühl der Erstickung und des wilden Kampfes sehnte ich mich danach, ernsthaft das zu tun, womit ich im Scherz gedroht hatte: wegzulaufen, blind, wahnsinnig, irgendwohin, in die Freiheit, so weit ich nur gehen konnte.

Während ich mich hätte freuen sollen, wünschte ich mir gewissermaßen, auf dem Boden zu sitzen und traurige Geschichten über den Tod von Königen zu erzählen. Ich dachte an Lincoln, einen tapferen Mann, den es je gab, der vor dem Gedanken an eine Heirat erblasst war und einem anderen in einem ähnlichen Fall tröstende Briefe schrieb. Als ich mich am männlichsten hätte fühlen sollen, fühlte ich mich unbemannt.

Doch sollte ich als Junge eine Beute dieser Gefühle sein? Mit neunundzwanzig sollte ein Mann sicherlich seinen eigenen Verstand kennen und im Besitz seiner selbst sein. Noch nie hatte ich an meinem Lebensweg gezweifelt. In einer Welt, in der jeder , der kein Geld hat, mit Energie daran arbeitet, es zu verdienen, und jeder , der ein wenig Geld hat, unermüdlich daran arbeitet, mehr zu erwerben, hatte ich mein Leben bewusst und voller Absicht vom Markt weg und hin zu einer fleißigen Hingabe gelenkt zu Büchern. Mit meinem bescheidenen Einkommen von weniger als zweihundertfünfzig Dollar im Monat, das mir großzügige Eltern hinterlassen hatten, war ich in der Lage, meine bescheidene Wohnung in der Twelfth Street zu behalten und ein Leben zu führen, das in den Augen einiger zweifellos sinnlos war, für mich aber schon ist von unschätzbarem Wert.

Dieses magere Einkommen und die alte Schottin Griselda Dow mit ihrer biblischen Sparpolitik und ihrer nordbritischen Wirtschaft umgeben meine Existenz mit dem Komfort eines Kissens. Denn zwei Spatzen, die man für einen Heller verkaufte, waren für Griselda Anlass und Ansporn für Wunder der Sparsamkeit. Das alles in drei Wochen zu ändern – und ich habe Griselda noch nicht informiert! Voller Aufregung begann ich im Raum auf und ab zu gehen.

Vielleicht bin ich dumm, solche Gefühle zu hegen, aber ich gestehe, dass der Anblick meines angenehmen Arbeitszimmers, das bis zur Decke mit den Büchern bedeckt ist, die ich liebe und von denen ich so viele gesammelt habe, mich mit einer schmerzlichen Melancholie erfüllt. All dies auszurotten oder gewaltsam zu ändern, scheint eine Sünde zu sein, zu der ich mich nicht entschließen kann. Wie kam ich auf die Idee, es zu begehen?

Gertrude ist natürlich ein großartiges Mädchen. Bei all ihrer Energie kann sie dennoch mit den milden Erfolgen eines armen Bücherwurms mitfühlen und

geduldig den Geschichten seiner Triumphe lauschen, als hätte er ein
Armeekorps gefangen genommen . Meine erste Ausgabe der „ Religio
Medici" kann ihr nichts bedeuten, die sie noch nie gelesen hat, aber sie schien
über meinen Sieg erfreut zu sein, als ich sie direkt vor der Nase eines listigen
Buchhändlers erwarb.

Wann hatte ich Gertrude zum ersten Mal gebeten, mich zu heiraten? Es ist
seltsam, dass ich mich nicht daran erinnern kann, denn unsere Freundschaft
hätte für den Rest unseres Lebens auf der gleichen angenehmen Grundlage
weiterbestehen können.

Ich erinnere mich, dass ich eines Abends allein mit ihr in ihrer Wohnung im
Gramercy Park gegessen habe, und es gab prickelnden Moselwein. Ich
gehöre nicht zu Ihren erfahrenen Meistern, und dieser funkelnde Mosel ging
mir ins Blut wie ein Caxton in einem Zaehnsdorf- Einband oder ein erstes
Folio von Shakespeare. Von jedem Gegenstand in der Gegend dieser Mosel
schien ein goldener Dunst auszuströmen. Dann, so erinnere ich mich,
befanden sich Gertrude und ich auf einer neuen Seinsebene. Wir sprachen
von der Ehe. Ohne „verlobt" zu sein, sprachen wir, wie Gertrude es
ausdrückte, davon, „einander zu heiraten". Es war an diesem Abend, als ich
sie gefragt habe, obwohl ich mich seltsamerweise nicht daran erinnern kann.
Und nun, so scheint es, sind drei angenehme Jahre vergangen und es ist
soweit.

Wieder wurde mir plötzlich klar, dass ich Griselda noch nicht informiert
hatte.

Was wäre, wenn Gertrude darauf bestehen würde, dass ich in ihre Wohnung
ziehe? würde sie Griselda akzeptieren? Und wie würden meine wertvollen
Bücher untergebracht? Wie menschlich sind diese Bücher, wenn auch still!
Ich habe sie immer wartend vorgefunden, wann immer ich von Reisen, von
Sommerbesuchen, vom Land, von irgendwoher zurückkam. Ihre Rückseiten
und Einbände scheinen zu schimmern und einen stattlichen Gruß
auszustrahlen, den subtilen Duft von Leder, Tinte und Papier zu verströmen,
den nur Buchliebhaber kennen. Sie haben in mir ein Gespür dafür entwickelt,
diese Dinge so wahrzunehmen, wie kein anderer sie wahrnehmen kann. Wie
herrlich war es, sie in ihren friedlichen Legionen zu finden, aufgestellt und
unveränderlich, und genau die Spuren und Ausrutscher, die ich in ihnen
hinterlassen habe, treue Diener und Freunde!

Ich nehme die „Antigone" aus dem Sophokles von Cambridge auf, die mir
gegenübersteht, während ich aufstehe und willkürlich den Refrain anspreche:
„Liebe, unbesiegbare Liebe! Wer verwüstet den Reichtum, wer wacht über
die weiche Wange des Mädchens; – nein. " Der Unsterbliche kann dir
entkommen, noch irgendjemand unter den Menschen, der nur einen Tag

lebt; und der, zu dem du gekommen bist, ist wahnsinnig. Es ist klar, dass Sophokles kein Moderner war.

Ach, ich! Ich muss es Griselda sofort sagen, damit ihre schottische Redlichkeit mich nicht der Unaufrichtigkeit oder Ausflüchte bezichtigt. Ich drückte eine Klingel. Ich konnte Griselda nicht in der Küche gegenübertreten, die ihre Hochburg ist. Ich muss sie zu mir rufen.

Griselda, mit einer meliertblauen Mütze, die schief in ihr rauhes graues Haar gesteckt war, erschien an der Tür.

"Du hast angerufen?" sie verlangte.

„Ja, Griselda, ich habe angerufen. Kommen Sie herein, ich möchte mit Ihnen sprechen.“

Griselda kennt mich, seit ich sieben war, und bei ihr zählt mein ganzes Gewicht kaum. Sie strahlt eine so reiche Persönlichkeit aus, dass sie meiner armen kleinen Wohnung das Flair eines Etablissements verleiht.

„Sie rufen mich immer an, Mr. Randolph“, informierte sie mich etwas gereizt, „genau dann, wenn ich meine Hände in der Teigform habe oder der Topf überkocht.“

„Was ist es jetzt?“ Ich fragte sie und lachte etwas reumütig.

„Beides“, war ihre lakonische Antwort.

„Dann beeil dich“, sagte ich ihr. „Was ich sagen wollte, wird bleiben.“

„Genau wie ein Mann“, murmelte Griselda und verließ mich ohne Umschweife.

Die Erleichterung, die ich empfand, war beschämend. Griselda mit der Nachricht von einer möglichen Störung unseres Lebens zu konfrontieren, erforderte einen Mut, eine Entschlossenheit, der ich mich im Moment absolut nicht gewachsen fühlte.

Da war Dibdin und seine gesegnete archäologische Expedition. Er hatte mir gesagt, dass es für mich vielleicht eine Stelle als eine Art Akten- und Archivverwalter gäbe. Wenn er nur letzte Woche angefangen hätte. In einem Nebel aus Visionen, den Tagträumer wohl kennen, sah ich plötzlich den schmucken, schiffsförmigen Dampfer mit heiligen Steindecks, die glitzernden Metallarbeiten, die üppige Südpazifik-Sonne, die auf leicht bekleidete Passagiere herabstrahlte, die in Liegestühlen faulenzten; Mädchen in Weiß flirten träge mit trägen Männern. Welche Ozeane der Freude und Leichtigkeit gab es auf der Welt für diejenigen, die wussten, wie man damit umgeht!

Ah, gut! Gertrude würde nichts dagegen haben, dass ich gehe, da die absolute individuelle Freiheit der Grundpfeiler unserer kommenden Ehe ist.

Dibdin anzurufen .

„Unsere Leitung ist außer Betrieb", teilte mir die Telefonzentrale unten mit. „Sie werden so schnell wie möglich einen Mann hier oben haben."

Frustration! Ich wollte nicht, dass der farbige Türsteher unten hörte, was ich sagte. Er hat eine Vorstellung von meiner Würde.

Mit einer für mich neuen ruhelosen Erregung begann ich erneut im Raum auf und ab zu gehen, einem Raum, der nicht zum Training geeignet war. Mir kam der Gedanke, dass ich meine Schwester besuchen musste, meine einzige nahe Verwandte. Sie war sicher zu Hause, denn sie, das arme Mädchen, ist immer zu Hause – trotz ihrer drei Kinder und ihrer angeschlagenen Gesundheit.

Wenn das verdammte Telefon nicht kaputt wäre, würde ich sie sofort anrufen. Mit ihren drei kleinen Kindern und einem Einkommen, das genau meinem entspricht, hat sie wenig Abwechslung, es sei denn, ich gehe mit ihr ins Theater oder in die Oper. Wie kommt das arme Mädchen zurecht, frage ich mich? Ich fürchte mich davor, sie zu fragen, und sie beschwert sich nie. Ich sollte sie öfter sehen; Wenn sie nur näher als in den Tiefen von Brooklyn leben würde.

Das ist das Ergebnis einer romantischen Ehe für Sie! Die arme Laura beging den Fehler, sich mit knapp neunzehn Jahren auf einem Dampfer in einen Mann zu verlieben und ihn heimlich zu heiraten; Nach sieben Jahren und drei Babys verließ der Schurke Pendleton mit seinem geschmeidigen Wesen und dem unsicheren Blick sie und verschwand im Blauen. Der Gesundheitszustand des armen Mädchens war seitdem nie mehr gut.

Es ist irritierend, darüber nachzudenken, dass ich mehr als nur ein gelegentliches Geschenk für Laura und die Kinder gemacht habe. Aber ich bin selbst so erbärmlich arm.

Ich kann immer noch nicht verstehen, wie Laura so unfassbar dumm sein konnte, diesen Schurken Pendleton zu heiraten, bevor sie ihn drei Monate kannte – und dann drei Babys zu bekommen!

Gertrude konnte sich jedenfalls keiner so perversen Tat schuldig machen.

Ehe – Kinder – Ketten – Sklaverei – wie schmutzig ist das alles und wie verstörend! Gut genug vielleicht für die hoffnungslose Mittelklasse, Halbtiertypen, die vom Leben nichts anderes zu erwarten oder zu absorbieren haben. Aber für Leute mit Ambitionen und Idealen!

Was sind meine Ambitionen und Ideale, frage ich mich manchmal? Unbrauchbar zu analysieren. Die Freiheit, sie zu haben, ist das Erste.

Wie eifrig war ich es, sie während dieser langen Sommer in unserem Cottage in Westchester mit Laura zu besprechen, als das Leben endlos und die Zukunft endlos schien. Zwischen den Sätzen beim Tennis erzählte ich ihr von den Dingen, die ich in der Welt tun würde. Laura ist zwar nur zwei Jahre älter als ich, aber wie gut sie es verstanden hatte und wie sympathisch sie war! Ich vermute, dass es die Mutterschaft in ihr war, die sie zur Ehe und zu den Kindern trieb.

Der Duft dieser Sommer steigt mir jetzt in die Nase, der Duft von Flieder und Geißblatt, der einem Ideen in den Kopf trieb, Träume von Erfolg, von Perfektion und Glück. Ich frage mich, wer jetzt dieses Häuschen hat? Die Träume der armen Laura wurden zu einer sehr düsteren Realität verzerrt. Und was ist mit meinem eigenen? Aber hier ist Griselda und sie kündigt Dibdin an .

Dieser ergraute Priester dessen, was er gerne Wissenschaft nennt, knurrte auf eine Art, die er freundlich gemeint hatte, als er sich in mein bequemes Arbeitszimmer drängte und sich auf meinen besten Stuhl fallen ließ. Er scheint sich in einem zivilisierten Raum nie ganz zu Hause zu fühlen.

„Konnte Sie am Telefon nicht erreichen“, bemerkte er. „Ich dachte, ich komme mal vorbei und schaue, was für Ungerechtigkeiten du vorhast.“

„Wie Sie sehen“, sagte ich ihm, „stecke ich tief in der Kriminalität.“

„Wirst du mich füttern?“ forderte er mit einer Schroffheit, die Teil seines Charmes ist.

„Sicherlich. Was kann ich sonst noch tun, wenn du um diese Zeit kommst?“

„In Ordnung, dann höre ich dir zu“, sagte er.

„Aber woher“, fragte ich mich, „wissen Sie, dass ich etwas sagen möchte?“

„Du siehst bis zum Anschlag aufgeladen aus“, antwortete er elegant. „Was ist das – eine seltene Ausgabe von irgendjemandem?“ Erstaunlicher Teufel, Dibdin . Ich ärgere mich immer über seine Fähigkeit, mich auf diese Weise zu lesen. Aber er erzählt mir, dass er auf seinen archäologischen Expeditionen so oft Gesichter von Indern, Chinesen, Negern, Türken und anderen, deren Sprache er nicht sprach, beobachten musste, dass es für ihn einer zusätzlichen Sache gleichkäme, die Wünsche der Menschen in ihren Augen zu sehen Sinn.

„Nun, wenn Sie es wissen müssen“, ich setzte mich ihm gegenüber, „ich bin ratlos, verblüfft, ratlos, auf See, in einem Dilemma – all das. Ich werde in drei Wochen heiraten.“

„Eifriger Kumpel!" war sein einziger Kommentar.

"Ist das alles was du sagen kannst?"

„Nun, so wie du denkst, könnte ich hinzufügen, dass du ein verdammter Idiot bist."

„Erzähl mir etwas Neues!" Ich erwiderte gereizt.

„Das geht nicht", sagte er. „Das ist das Einzige, was ich weiß."

„Umfassend", spottete ich.

„Vollständig", war seine lapidare Erwiderung.

„Was für ein Trost du bist!" Ich weinte mit einem gequälten Lachen.

„Was zum Teufel hat dich dazu gebracht?" er knurrte.

„Schicksal", sagte ich ihm.

„Es ist ein schlechtes Schicksal, das nicht in beide Richtungen funktioniert", stellte er fest.

„Ich schätze, ich klinge für Sie entweder wie ein Rohling oder wie ein Schuft oder wie beides", fuhr ich fort. „Aber Tatsache ist, Dibdin , ich bin kein Mann, der heiratet. Das Mädchen, um das es sich handelt, hat nichts damit zu tun. Sie ist ein bewundernswertes, ein großartiges Mädchen, viel zu gut für Leute wie mich. Aber ich hasse einfach den Gedanken daran." Heirat – Pflichten gegenüber irgendjemandem. Ich möchte die Freiheit haben, absolut zu tun, was ich will, mit Ihnen auf die Salomonen zu gehen, oder nach China oder Popocatepetl, wenn ich möchte, oder einer Erstausgabe nachzulaufen, wenn ich Lust dazu habe . Kurz gesagt, ich möchte mich nicht um Ehefrauen oder Kinder oder Keuchhusten oder Masern kümmern, oder dass sie sich um mich kümmern. Würden Sie das als egoistisch bezeichnen?"

„Verdammt", sagte Dibdin emotionslos.

„Nun, das ist es, was ich bin", erwiderte ich herzlich, „und es hat keinen Sinn, zu versuchen, mich zu ändern. Es braucht unzählige Arten, um eine Welt zu erschaffen. Ich bin eine Art – diese Art."

„Nein", sagte Dibdin ernst, „nein – ich glaube, du bist jemand anderes."

„Diese ewige, schöne, grenzenlose Freiheit", fuhr ich fort und ignorierte ihn – „sicherlich ist es gut, dass einige Sterbliche sie haben, Dibdin – und ich verliere sie."

„Drei Wochen frei, haben Sie gesagt – die Trauerfeier?" fragte er.

„Ja", antwortete ich traurig.

„Dann wird es vielleicht nicht passieren", bemerkte er zur Decke.

"Was bringt dich dazu das zu sagen?" Ich habe ihn eingeholt.

„Ich weiß es nicht", antwortete er in seinem vorsichtig trägen Tonfall, den er annahm, wenn er orakelhaft klingen wollte. „Nur ein Gefühl – dass du etwas verdienst, ein gutes Geschäft – schlimmer als die Ehe." Dann setzte er sich abrupt in seinem Stuhl auf und zog ein dünnes Buch aus seiner Tasche. „Sehen Sie sich das an", murmelte er.

Ich nahm das in Pergament gebundene Buch und öffnete es.

„Ein elzevirischer ,Horace'!" rief ich aus. "Wo hast du es bekommen?" Der ganze Rest der Welt und alle meine Sorgen wurden vor diesem Schatz zur Bedeutungslosigkeit.

„Ein plutokratischer Büchersammler, der in einem Mausoleum an der Fifth Avenue lebt, hat es mir gerade geschenkt", antwortete er. „Es ist ein Duplikat. Er hat ein weiteres und besseres Exemplar mit demselben Datum. Schätzen Sie es überhaupt?"

"Bewerte es!" Ich weinte, als meine Finger es streichelten. „Nun, ich schätze es auf jeden Fall. Es ist ein vollkommen echtes Elzevir – der große Ludwig selbst hat es in Leyden gedruckt. Es ist nicht das, was man ein großes Exemplar nennen würde, und Ordner haben einen ursprünglich schönen breiten Rand sakrilegisch beschädigt. Es ist nicht perfekt." Aber es ist ein prächtiges Exemplar des frühen Drucks, mit intaktem Titelblatt und Kolophon. Es ist eine Schönheit!"

„Du hast den Teufel besiegt", murmelte Dibdin in seinem Bart. „Man kann sich für manche Dinge begeistern, das ist klar. Wie auch immer, das Buch gehört dir", schloss er. „Ich habe keine Verwendung dafür."

„Das meinst du nicht so!" Ich jubelte ungläubig. „Ich bin einfach begeistert, Dibdin , gekitzelt rosa, wie man sagen würde! Den Elzevir ,Horace' habe ich mir schon lange gewünscht." Ich habe keinen einzigen Elzevir , den ich damit vergleichen könnte. Stellen Sie sich vor, das kommt aus heiterem Himmel!" Und auf meine törichte Art fing ich an, mich über das dünne, muffige kleine Buch zu freuen, die Schneckenbohrer zu untersuchen, es gegen das Licht auf Wasserflecken im grauen Papier zu halten und mich im Allgemeinen wie ein Idiot zu benehmen.

„Verdeutlicht meinen Standpunkt", murmelte Dibdin und fummelte an einem übelriechenden Maiskolben und einem Tabakbeutel herum.

„Punkt? Welchen Punkt?" Ich sah geistesabwesend zu ihm auf.

„Aus heiterem Himmel – dieses Buch, nach dem Sie sich angeblich gesehnt haben – kann alles passieren."

„Und Sie bezeichnen sich selbst als Wissenschaftler", wunderte ich mich und lehnte mich im Stuhl zurück. „Solche Dinge passieren – ja. Aber in der ernsten Angelegenheit des Lebens wird man zwischen den Mühlsteinen der Götter zermahlen – ein Opfer von Ereignissen, die man nicht kontrollieren kann. Schauen Sie sich Rabelais und Montaigne an, zwei Freigeister, wenn es sie jemals gab Der eine war ein Opfer der Priesterlist, so dass er schrie, bis er vor orgiastischem Gelächter brüllte, und der andere ein Opfer des Eigentums – nahm eine Frau, die ihm Ekel bereitete. (Ich habe übrigens wunderschöne Ausgaben von beiden, die Sie sollte man sich ansehen.) Aber jeder von ihnen war ein Opfer.

„Ein Opfer, wenn du zum Opfer wirst." Dibdin paffte an seiner schmutzigen Pfeife. (Ich kann ihn nicht dazu bringen, eine anständige Zigarette zu rauchen.) „Aber wenn du weißt, wie man mit den Umständen spielt, nutzt du sie, so wie ich in Arizona einen Cowboy auf einem ruckelnden Broncho reiten sah. Du reitest sie, bis du sie zerbrichst. Schau mich an, meine Güte." Junge", fuhr er mit einem Grinsen aus Bescheidenheit und Tapferkeit fort. „Ich wusste, dass ich im Herzen ein Landstreicher war. Aber meine Leute wären vor Demütigung gebrochen worden, wenn ich bei ihnen zum ‚Landstreicher' geworden wäre. Also machte ich mich auf den Weg zu Ruinen und vergrub Städte an abgelegenen Orten. und höflich gesprochen bin ich Archäologe. Aber ich wandere nach Herzenslust durch die Welt."

Ich gebe zu, dass dies Dibdin und die ganze Angelegenheit für mich in einem neuen Licht erscheinen ließ.

„Warum", fragte ich schließlich, „habe ich das nicht getan?"

„Weil du im Herzen kein Landstreicher bist", schnaufte Dibdin .

"Ja bin ich!" Ich hätte ihn fast angeschrien. „Das ist genau das, was ich sein muss, da ich eine solche Abscheu vor der Heimat, vor der Häuslichkeit habe."

„Du mit all diesem Komfort – einer Wohnung, einer Haushälterin, dem ganzen Lastwagen in diesem Zimmer? Nein, nein, mein Junge! Du bist für etwas anderes berufen. Gehängt, wenn ich weiß, wofür. Diese Dinge sind zu tiefgreifend verallgemeinern. Die Zeit wird es zeigen.

Ich stand auf und ging im Zimmer umher, während ich albern über „diesen Komfort" nachdachte, der Dibdin zu beleidigen scheint , obwohl es ihm so gut gefällt, dass er sich in meinem besten Sessel niederlässt. Die Bücher, die Teppiche, das Feuer, die verführerischen Stühle, die glücklichen Stunden, die ich hier verbracht habe, schienen sich um mich zu drängen wie die Geister von Vertrauten, die darum beteten, nicht aus ihren Verstecken vertrieben zu werden.

„Warum zum Teufel", fragte ich anklagend und blieb vor ihm stehen, „haben Sie mich dann ermutigt und meine kleinen Arbeiten und Arbeiten im College gelobt, als Sie mich unterrichtet haben?"

„Ich versuche es dir beizubringen", korrigierte er gelassen. „Du warst noch nie Lehrer an einer großen, modischen Hochschule, mein Junge. Wenn die meisten deiner sogenannten Studenten deinen Kurs belegen, weil es angeblich ein Kinderspiel ist, können sie ihre Abende mit Billard, Musikkomödien usw. verbringen. oder so ähnlich, jeder junge Teufel mit einem Strahl intellektuellen Interesses wird zum goldhaarigen Jungen des Lehrers. Sogar Lehrer sind Menschen. Sie werden zugeben, dass Sie noch nicht einmal Ihr eigenes Tintenfass in Brand gesteckt haben.

„Das ist alles nebensächlich", gab ich gereizt zurück. „Hier stecke ich in der Hölle und du redest wie Hiobs Tröster."

„Ja", stimmte er zu, „das bin ich wohl. Aber am Ende waren es nicht die Tröster, sondern die Ereignisse, die Hiob hochgezogen haben. Erwarte die Ereignisse mit Resignation und Erwartung, Randolph, mein Junge, und spiel das Spiel. Setze deine Münze ein und Warten Sie, bis das Rad stoppt, und sehen Sie, was passiert.

„Du bist ein guter Lehrer!" Ich lachte ihn aus, wenn auch freudlos.

„Überhaupt nicht gut", stimmte er fröhlich zu, schlug seine Pfeife gegen den Aschenbecher und steckte das lästige Ding ein. „Und habe ich das Unterrichten nicht in dem Moment aufgegeben, als die Ereignisse es möglich machten? Ereignisse, mein Junge, sie sind der Lehrer und die Gottheiten, an die man sich binden kann. Errichte einen kleinen Altar für den großen Gott Event – genau hier in deinem parfümierten kleinen Tempel. Das sollte ich tun", murmelte er abschließend in seinen Bart.

„Übrigens", fügte er hinzu, „bekomme ich außerordentlichen Hunger."

„Oh, tut mir leid", murmelte ich. „Ich freue mich jedenfalls, dass du hier bist, um mit mir zu essen. Das ermöglicht es mir, die Nachricht von meiner bevorstehenden Hochzeit mit Griselda hinauszuzögern."

„Was – du hast es ihr noch nicht gesagt?" schrie Dibdin und setzte sich in seinem Stuhl auf. „Dieses feine, aufrechte Highland-Mädel? Dann bist du kein Schüler von mir! Stelle dich den Dingen mutig und fair, Randolph. Geh und sag es ihr jetzt! Ich werde hier mit meiner höchst moralischen Unterstützung warten."

„Ich – ich kann nicht", platzte ich kläglich heraus.

„Ja, das kannst du", beharrte er hartnäckig. „Geh und mach es jetzt."

Mit einer Geste der Verzweiflung drückte ich die Klingel.

„Wenn ich ihr etwas sagen werde", murmelte ich zwischen meinen Zähnen, „dann sage ich es gleich hier." Dibdin lachte gruselig.

„Diese Feigheit – dieses Zurückschrecken vor dem Leben", philosophierte er abscheulich – „das ist es, was unsere Art der Bildung bewirkt."

Griselda erschien an der Tür.

„Sie haben angerufen, Mr. Randolph."

„Ja – äh – ja, Griselda", und ich fühlte mich idiotisch heiß und rot. „Ich wollte sagen –" und Schweißperlen prickelten auf meiner Stirn. Dann stammelte ich verzweifelt:

„Herr Dibdin , Griselda – er speist heute Abend hier – das ist alles, Griselda!"

Dibdins Lachen hallte kehlig durch den Raum. Wie ich ihn in diesem Moment hasste! Griselda warf uns einen undurchdringlichen Blick zu.

„Für ihn ist ein Platz bereit", sagte sie im Tonfall einer Person, deren Geduld eine streng erworbene Tugend ist. Und sie hat uns verlassen.

„Zieh dich besser aus, mein Junge", kicherte Dibdin , „und zieh deine Wrestling-Hose an."

„Was meinst du?" fragte ich mürrisch.

„Der Kampf, den das Leben Ihnen bereiten wird, wird eine Warnung sein."

„Du weißt viel über das Leben!"

„Nicht viel, das ist eine Tatsache", stellte Dibdin nüchterner fest. „Aber ich musste mich mit einigen Dingen auseinandersetzen, Randolph. Ich musste über viele schmierige Araber in der Wüste grinsen, die dachten, sie würden mich als Lösegeld festhalten. Ich musste aus ihrem langweiligen Ehrgeiz heraus lachen von bösartigen chinesischen Schlägern in Gobi, die dachten, es würde ihnen nützen, mir die Kehle durchzuschneiden. Ich musste tagelang alleine durch einen Dschungel in Mittelamerika gehen, als die scheußlichen Eingeborenen mit den Vorräten flüchteten und mich mitten im Leben zurückließen eine Ausgrabungsarbeit. Ich hatte andere kleine Episoden. Aber noch nie, mein Sohn, kann ich ehrlich sagen, habe ich vor der geduldigen Griselda so viel Blues gezeigt wie du damals."

"Verrotten!" war meine einzige Antwort. „Lass uns zum Abendessen reingehen."

Es ist nach zehn. Der alte Dibdin ist weg und ich habe diese dummen Notizen niedergelegt.

Ich vermute, dass es einem seltsamen Gesetz des Gleichgewichts oder der Kompensation zu verdanken ist, dass diejenigen, deren Leben am wenigsten wichtig ist, die ausführlichste Aufzeichnung darüber führen. Es ist eine meiner Schwächen, in der Zukunft die Dinge lesen zu wollen, die ich in der Vergangenheit versäumt habe. Ich schreibe diese Notizen wirklich für Sie, Randolph Byrd, Siebzigjähriger.

Hätte sich Gertrude nur entschlossen, in drei Monaten statt in drei Wochen zu bleiben, hätte ich meinen letzten Ausflug gewagt und wäre mit dem nächsten Boot nach Italien gefahren.

Biagi , dieser höfliche Gelehrte und Humanist, schreibt mir aus dem Laurentian in Florenz, dass er neues Material über Brunetto entdeckt habe Latini – der Lehrer von Dante. Zu den wenigen Ambitionen, mit denen ich mich herumtreibe, gehörte schon immer die, ein Leben über Brunetto zu schreiben , der Dante lehrte, wie ein Mann unsterblich werden kann. Ich besitze ein schönes Exemplar von Ser Brunettos Werken, dem „Tesoro“ und dem „ Tesoretto “, und es scheint eine ziemlich schäbige kleine Enzyklopädie in Versform des Wissens zu sein, die mittlerweile etwas veraltet ist. Es muss also etwas in dem Mann selbst gewesen sein, das es Dante ermöglichte, seine eigene Größe dem Lehrer zuzuschreiben.

Aber ich kann nicht nach Florenz fahren und in drei Wochen zurückkommen.

Gertrude, ich weiß, wird mir sagen, dass ich es schaffen kann, wenn wir verheiratet sind. Aber sie erwartet von mir, dass ich in zwei Wochen „den Job aufräume“.

Nichts an Gertrude erschreckt mich so sehr wie ihre Effizienz. Ich werde es nie wagen, das Thema ihr gegenüber anzusprechen, und deshalb werde ich es auch nie versuchen und nie das Geheimnis von Dantes Unsterblichkeit erfahren. Es ist jedoch alles eins; Was habe ich mit Größe zu tun? Nicht mehr als mit der Ehe.

Bur-rr! Der Raum ist kalt. *Sparge ligna super foco* , wie der fröhliche alte Horace rät. Ich bin der Bitte einfach nachgekommen und habe einen weiteren Scheit ins Feuer gelegt.

Meine Nerven müssen heute Abend ein wenig verfärbt sein. Eben, als es im Raum kühl wurde, hätte ich schwören können, dass meine Schwester Laura vor mir stand. Es ist wohl mein schlechtes Gewissen. Es ist zu spät, sie jetzt anzurufen. Außerdem ist das Telefon zweifellos immer noch „außer Betrieb“. Arme Laura! Ich sah sie, weiß wie der Tod, und Tränen liefen über ihre schlaffen Wangen. Was sind die menschlichen Nerven, wenn sie etwas entspannt sind! Ich werde morgen gehen und Laura besuchen.

Ich habe mein Gespräch mit Griselda geführt und es verlief nicht verkehrt.

„Griselda", begann ich nachlässig, nachdem Dibdin gegangen war, „habe ich dir gegenüber erwähnt, dass ich in drei Wochen heiraten werde?"

Griselda ist nicht jemand, der mit sinnlosen und extravaganten weiblichen Ausrufen den Atem verschwendet. Sie wurde etwas blass, dachte ich.

„Du weißt ganz genau, dass du es nicht getan hast", antwortete sie ruhig und polierte dabei einen Löffel.

„Nun, das hatte ich vor", sagte ich ihr wahrheitsgemäß. „Hast du das nicht erwartet?"

„Nein, Sir", war ihre unverblümte Antwort.

„Ich auch nicht", platzte ich heraus, bevor ich es merkte.

Ein schiefes, ungewohntes Lächeln erhellte für einen Moment ihre dunklen, zigeunerähnlichen Gesichtszüge.

„Das brauchst du mir nicht zu sagen", erwiderte sie und ich frage mich, was sie damit meinte. Es sieht ihr nicht ähnlich, Worte zu verschwenden. „Soll ich", fuhr sie fort, „das als Aufforderung verstehen, einen neuen Ort zu finden?"

„Gott bewahre es !" Ich weinte vor Entsetzen. „Was auch passiert, Griselda, du bleibst bei mir — lass das klar sein."

„Und angenommen, Miss Bayard sollte mich nicht wollen?" forderte sie mit ruhiger Intensität.

„Dann wird sie mich wahrscheinlich nicht wollen", sagte ich ihr. „Diese Frage wird sich nicht stellen. Außerdem, Griselda", fuhr ich fort, „haben wir uns noch nicht entschieden, wie wir zurechtkommen sollen. Miss Bayard wird wahrscheinlich ihre Wohnung behalten wollen und ich meine. Das würde sie kaum wünschen." störte mich die ganze Zeit."

„Und das würdest du Ehe nennen!" rief Griselda entsetzt aus.

"Warum nicht?" Ich fragte sanft. „Ich weiß nicht viel darüber, Griselda, aber die Ehe wird durch die Art der Lizenz bestimmt, die man im Rathaus erhält, und durch das, was der Stadtrat einem sagt. Die Mietverträge für Wohnungen haben damit nichts zu tun, da bin ich ganz einverstanden sicher — obwohl ich mich vielleicht erkundigen würde.

Griseldas Gesicht war für einen Moment ausdruckslos. Dann krümmte sie sich plötzlich vor lauter wildem, hysterischem Gelächter. Ich habe sie noch nie so erschüttert von bedeutungsloser Kachinnation erlebt. Vielleicht sind ihre eigenen Nerven nicht besser als meine. Auch jetzt noch höre ich sie von Zeit zu Zeit tief rasseln wie gedämpften Donner. Aber es ist mir jetzt egal. Was für eine Erleichterung, es hinter sich zu haben!

Es ist fast Schlafenszeit. Wenn ich die Ereignisse des Tages überdenke, kann ich nicht anders, als zu dem Schluss zu kommen, dass mein eigener Wille in der ganzen Angelegenheit eine zu geringe Rolle gespielt hat.

Ich muss Gertrude morgen rechtzeitig sehen und sie von meinem Wunsch in Kenntnis setzen, vor unserer Hochzeit nach Florenz zu fahren und Biagis neues Material über den gesegneten alten Heiden Brunetto nachzuschlagen Latini . Da Gertrude möchte, dass ich groß und berühmt bin, kann sie mir nicht die Gelegenheit verwehren, herauszufinden, wie ein großer und berühmter Mann diesen Trick vollbracht hat. Außerdem kann die Verzögerung um drei Jahre sicherlich eine weitere Verzögerung um drei Monate rechtfertigen.

Aber, mein Gott! Was ist das? Stimmen – das Schlurfen von Füßen im Flur – welche Armee überfällt mich zu dieser Stunde! Ich glaube, ich höre Kinderstimmen – und einen Schrei von Griselda, die noch nie in ihrem Leben geschrien hat!

KAPITEL III

Laura – meine liebe Schwester Laura – ist tot! Ihre Kinder sind bei mir!

Ohne Vorwarnung fiel sie plötzlich unter ihre Last und vertraute mit ihrem letzten Atemzug ihre Kinder mir an – mir!

Diese eine katastrophale Tatsache hat sich in meinem Gehirn festgesetzt und es sowie alle meine Nerven zu einer eisigen und tödlichen Lähmung betäubt, die alles andere ausschließt. Es kommt mir immer noch völlig unglaublich vor – ein Albtraum, aus dem ich mit einer gewaltigen, kränklichen Erleichterung erwachen werde, und zwar zu der alten Gewohnheit meines ruhigen Lebens.

Die Turbulenzen und der Schmerz der letzten drei Tage umhüllen mich jedoch immer noch wie die wütenden Wellen nach einem Sturm, auf eine Weise, die für jeden Traum zu realistisch ist. Ich weiß, ich bin jetzt hellwach und habe stundenlang ausdruckslos in einen Abgrund der Dunkelheit gestarrt.

Was passieren wird oder was ich als nächstes tun werde, ich habe nicht den Hauch einer Ahnung.

Laura ist tot und ihre Kinder sind bei mir, und ich bin ihr Vormund und ihre einzige Stütze. Wer hätte mir ein solches Schicksal oder eine solche Rolle vorhersagen können? 3 Tage! Es ist unglaublich! Noch vor drei Tagen habe ich träge protestiert, weil ich nicht sofort nach Italien fahren konnte, um im Laurentian in Florenz ein Manuskript zu begutachten!

Nein, beim Himmel! Ich war es nicht. Es war jemand anderes – jemand , den ich aus einer vergangenen Zeit vage kannte, ein beneidenswerter, gelassener und fröhlicher Mann, ein gesegnetes Leben, den ich nie wieder treffen werde.

Die letzten drei Tage! Ich kann sie nicht verbannen und doch kann ich die Erinnerung an sie nicht erfüllen. War ich es, der die Tragödie erlebte, oder war es jemand anderes? Nichts ist sicherlich tragischer als der Tod einer jungen Mutter – und dieser jungen Mutter meiner eigenen Schwester! Wer war es, der die Tortur der „Arrangements“ und der schwarzen Pantomime der Grabstätte steinern überstanden hat? Ich kann es nicht einmal für mich selbst aufzeichnen, denn ich weiß, ich werde nie den Wunsch haben, daran erinnert zu werden. Als meine Mutter starb, hatte ich Laura immer noch mit ihrem praktischen Frauensinn. Aber jetzt war ich allein. Ich sage es jetzt, denn so fern sie auch scheint, diese Tragödie wird immer präsent sein. Mein Leben muss für immer in seinem betäubenden Bann bleiben.

Es ist nicht glaubhaft, dass ich noch vor drei Tagen hier in meinem Arbeitszimmer saß und über Kleinigkeiten nachdachte, diese vielen glänzenden Kleinigkeiten, die mein früheres Leben ausmachten.

Vor drei Tagen wurde die Stille dieses Hauses durch die Stimmen der Kinder und das Klappern ihrer Füße gestört, und zum ersten Mal in meinem Leben hörte ich Griselda schreien.

„Oh, Mr. Randolph", stürzte sie schluchzend herein, mit dem trockenen, tränenlosen Schluchzen derjenigen, die mit Kummer bestens vertraut sind, „Miss Laura – sie – die Kinder sind hier!"

Ich wusste. Obwohl ich innerlich fast leblos unter dem Schlag zusammensank, wusste ich genau, dass Laura tot war.

„Ist sie sehr krank?" Ich hörte mich selbst leise fragen, mit dem starken Verlangen, vor der entsetzlichen Wahrheit noch zurückzuschrecken.

„Sie – oh, Mr. Randolph", klagte sie, „verstehen Sie nicht – Sie wissen es sehr gut!" „Fügte sie plötzlich mit einer Härte hinzu, die mich überraschte." „Wir müssen die Kinder in deinem Schlafzimmer zu Bett bringen."

Es war, als hätte sie sich plötzlich über die Sanftheit der Atmosphäre in meiner Umgebung, über jede Künstlichkeit oder Ausflüchte empört. Sie schien plötzlich entschlossen zu sein, sich den nackten Tatsachen offen zu stellen.

„Das Mädchen wird mit mir schlafen", schloss sie tonlos und drehte sich zum Gehen um.

"Welches Mädchen?" fragte ich benommen.

„Diejenige, die die Kinder gebracht hat ", antwortete sie und verließ mich.

„Schick sie hier rein – ich möchte mit ihr sprechen!" Ich rief Griselda hinterher. Ich konnte den Gedanken nicht ertragen, da rauszugehen. Ein schier erbärmlicher Mangel an Mut, mich in die schreckliche Kluft vor mir zu begeben, hielt mich an meinem Stuhl fest.

Ich schloss meine Augen und versuchte, den Tumult in meinem Gehirn zum Schweigen zu bringen. Ich wollte nachdenken. Aber Stille kann nur der erreichen, der sie nicht braucht. Ich konnte nicht. Ich öffnete meine Augen.

Ein dünnes kleines Mädchen von vielleicht zwölf oder dreizehn Jahren stand vor mir. Das konnte sicherlich nicht das Mädchen sein, von dem Griselda gesagt hatte, dass es für die Kinder zuständig sei. Sie war selbst ein Kind. Haben mich meine gestörten Sinne getäuscht? Ich erlebte den Nervenkitzel, den Poes Held beim Anblick des Raben auf der Pallas-Büste empfunden haben muss.

"Wer bist du?" Ich flüsterte.

„Ich bin Alicia, Sir", antwortete sie mit großen, ängstlichen grauen Augen, die auf meine gerichtet waren.

„Was – was ist das?" Ich stammelte.

„Die Dame sagte, Sie wollten mich sehen."

„Hast du die Kinder mitgebracht?" Ich atmete ungläubig.

"Jawohl."

Ich war beeindruckt. Ihre Augen waren die Augen eines Kindes, doch sie waren voller Kummer und einer bohrenden Angst, so alt wie die Welt.

"Wie alt bist du?" Ich konnte nicht anders, als zu fragen, und das mit einer Belanglosigkeit, die unter den gegebenen Umständen schon dumm genug war.

„Geht auf vierzehn, Sir."

„Und Sie – Sie sind die Krankenschwester?"

„Ich habe Mrs. Pendleton vor und nach der Schule bei den Kindern geholfen", antwortete sie jetzt selbstbewusster, aber immer noch unruhig. „Ich bin der Helfer einer Mutter, Sir." In meiner Seele herrschte keine Heiterkeit, aber die Muskeln verzogen meine Gesichtszüge zu einem kränklichen Grinsen.

„Ich verstehe", murmelte ich verlogen. Aber ich sah nur meine eigene Verwirrung über meine Blindheit und Vernachlässigung angesichts der Veränderungen und Bedürfnisse, die die arme Laura erdulden musste.

"Wo kommst du her?" Ich erkundigte mich mit trockener Kehle und schämte mich, etwas Wichtiges zu fragen.

„Aus – dem Heim für – abhängige Kinder – in Sullivan County", murmelte sie zögernd, mit einem Hauch von Farbe in ihren Wangen. Plötzlich sah ich, wie ihre blassen Lippen zitterten, und schuldbewusst wurde mir klar, dass ich sie gedankenlos, wie ich es gewohnt war, einer Tortur aussetzte, nur weil ich Qualen hatte.

„Setz dich", ich zwang mich dazu, ruhig zu sprechen, „und erzähl mir genau, was passiert ist."

Sie schlich sich an den großen Stuhl heran, den Blick immer noch auf mich gerichtet, als wäre es von nun an ihre erste Sorge, mich zu beobachten. Sie packte die Armlehne des Stuhls und blieb einen Moment unentschlossen, als fürchtete sie sich davor, sich so wohl zu fühlen, dass sie sich in diesem Zimmer niederließ.

„Setz dich", wiederholte ich aufmunternder, „und erzähl mir, was mit meiner Schwester passiert ist."

„Ja, Sir", murmelte sie gehorsam und setzte sich auf die Kante des großen Stuhls. „Nun", begann sie, „als ich nachmittags von der Schule nach Hause kam, lag Mrs. Pendleton. Die Kinder hingen um ihr Bett herum und sie sah sehr blass aus."

„Ja, ja", drängte ich sie ungeduldig.

„Dann nahm ich sie mit nach unten, gab ihnen Brot und Milch und versuchte ihnen vorzulesen, um sie zum Schweigen zu bringen. Aber nur der Kleinste, Jimmie, wollte zuhören. Randolph und Laura wollten Kings and Queens spielen." Mir wurde klar, dass ich die Geschichte auf die Art und Weise des Mädchens hören musste.

„Dann", fuhr sie mit dem Bemühen um Genauigkeit fort, „dachte ich, dass Jimmie und ich uns besser zu ihnen gesellen sollten, weil ich dann verhindern konnte, dass sie so viel Lärm machten. Wir spielten bis zum Abendessen. Aber Mrs. Pendleton tat es nicht." Ich fühle mich gut genug, um herunterzukommen. Also aßen die Kinder und ich unten zu Abend, und Hattie – das ist die Köchin – brachte Mrs. Pendletons Abendessen auf einem Tablett hoch."

Dibdin über die Härte meines Schicksals beklagte .

"Was passierte dann?" Murmelte ich und wandte mich von ihrem Blick ab.

„Ich ging nach oben, um zu sehen, ob Mrs. Pendleton etwas wollte", fuhr sie nervös fort und hatte Angst vor meiner Bewegung, „und sie sagte nein, aber dass sie später aufstehen würde, wenn es Zeit für sie wäre, ins Bett zu gehen. Also ich ." half ihnen beim Unterricht, bis es Zeit zum Schlafengehen war und Mrs. Pendleton herunterkam. Sie sagte, sie fühle sich etwas besser, aber sie sah sehr traurig und blass aus. Und als sie anfing, die Treppe hinaufzugehen –" ihre Lippen zitterten wieder und die Tränen flossen aus ihren Augen, aber sie beherrschte sich schließlich tapfer.

„Sie fiel – und –" sie begann bitterlich zu weinen, „sie sagte nur: ‚Die Kinder – mein Bruder – Telefon –' und das war alles –" und dieses bemitleidenswerte Kind, das nicht mit meiner armen Schwester verwandt war, schluchzte krampfhaft.

Das muss ungefähr zu der Zeit gewesen sein, als ich mit Dibdin am Tisch saß und mich bei der Sauterne bei ihm darüber beklagte, dass mein Einkommen angesichts der Lücken und Bedürfnisse meiner Bibliothek knapp sei.

„Wir konnten Sie nicht erreichen – am Telefon", fand sie endlich Atem, um es auszusprechen. „ Also habe ich die Kinder hierher gebracht – Hattie hat mir gesagt, wie ich gehen soll – Hattie ist dort allein."

Nichts auf dieser Welt kann mich jemals wieder treffen, so wie mich die Ergriffenheit ihres Vortrags getroffen hat. Mein Leben schien zerstört und unwiederbringlich. Alle meine Träume waren zu Ende. Laura war nicht mehr da, und hier waren ihre Kinder, die mir das Schicksal in die Hände gelegt hatte – es sei denn, ihr schurkischer Vater würde jemals zurückkehren, um mich von ihnen zu befreien. Ich hatte auf meine Weise friedlich und harmlos gelebt, aber aus irgendeinem unerklärlichen Grund hatte das Schicksal mich für seinen schwersten Schlag ausgewählt.

„Sehr gut", sagte ich ihr so freundlich, wie es unter diesen Umständen möglich war, „jetzt gehst du zurück zu Griselda und gehst ins Bett. Ich muss mir alles überlegen."

„Oh – aber das Haus!" rief das kleine Mädchen – und nie wieder wünsche ich mir, auf einem kindlichen Gesicht so viel Entsetzen zu sehen, wie in diesem Augenblick die Gesichtszüge der kleinen Alicia erstarrten. „Ganz allein", fügte sie hinzu und ihre dünnen Schultern zuckten. „Gehen Sie jetzt nicht rüber, Sir?"

"Jetzt!" Rief ich aus und schaute automatisch auf meine Uhr. „Warum – ja – in ein paar Minuten, Kind."

„Aber – Hattie ist allein da –", stammelte sie. „Es gibt niemanden sonst – dann gehe ich besser zurück."

Es war natürlich klar, dass ich sofort gehen musste. Aber warum sollte ein Kind spontan das sehen, wofür ich stumpfsinnig bin?

„Na ja, du hast natürlich Recht – ich muss sofort gehen – das hatte ich nicht gedacht – ich gehe jetzt rüber" – und ich wandte mich von ihr ab, hob den Vorhang und blickte hinaus auf die nasse, trübe Straße unten. Das Leben war zusammengebrochen und seine Ruinen fielen mir um die Ohren. Ich weiß kaum, wie lange ich dort gestanden habe, ohne das Mädchen Alicia zu bemerken.

„Bitte, Mr. Byrd", ich war erschrocken, als ich eine tränenreiche, kindliche Stimme hinter mir hörte – „wollen Sie die Kinder nicht sehen, bevor Sie gehen, Sir?"

Ich drehte mich scharf um.

„Die Kinder? Oh ja – nein!" Der Schrecken der Situation überrollte mich wie eine Lawine, die einen Moment lang in der Luft schwebte und dann erdrückend über mir zusammenbrach. „Nein", flüsterte ich heiser, „ich kann nicht – nicht jetzt – nicht jetzt!“ Eine Art kühle Dunkelheit betäubte meine Sinne.

Wie einen Pistolenschuss hörte ich plötzlich die raue Stimme von Griselda im Türrahmen.

„Das Taxi steht vor der Tür, Mr. Randolph. Vergessen Sie Ihre Gummis nicht.“

Und wie ein zum Leben erweckter Automat wirbelte ich zum Haus des Todes.

KAPITEL IV

Seit einer Woche sind die Kinder bei mir und es wurde noch nichts gegen sie unternommen. Ich denke, eine weitere Woche wird mich vor Unentschlossenheit in den Wahnsinn treiben.

Ich scheine nicht in der Lage zu sein, aus dem Schatten des Mysteriums und des Schreckens herauszukommen, in den meine heitere Welt so plötzlich getaucht ist. Das mit Büchern gesäumte Arbeitszimmer ist mein einsamer Zufluchtsort; und wie ein Schulmädchen kann ich nichts weiter tun, als mein Herz mit Worten auszupacken.

Ich habe Gertrude gesehen.

Es ist erstaunlich, wie hilflos selbst die engsten und liebsten Freunde gegenüber etwas wirklich Wichtigem sind.

„Arme Ranny ! Wie grässlich!" Gertrude weinte, als sie zum ersten Mal davon hörte, und rang mir die Hand. „Aber sei ruhig, lieber Junge. Du weißt, wie ich mich fühle. Es gibt für alles einen Ausweg." Sie sprach, dachte ich, als ob ich Bargeld bräuchte.

Sie war heute Nachmittag hier, um die Kinder zu sehen. Gertrude kann nicht gut mit Kindern umgehen. Sie schienen seltsam schüchtern gegenüber ihr, einer Frau, obwohl sie dem knurrenden, ergrauten alten Dibdin buchstäblich um den Hals fielen . Sie sind noch immer von der Plötzlichkeit ihrer Tragödie überwältigt, obwohl der wahre Kummer, wie Gertrude mir sagt, ihnen Gott sei Dank übersteigt.

„Wir müssen uns einen Weg ausdenken, wie wir die teuren Sachen entsorgen können", bemerkte sie forsch. Und obwohl ich selbst völlig ratlos bin, was ich mit ihnen anfangen soll, kann ich nicht sagen, dass mir ihre Art, es auszudrücken, gefallen hat.

„Was könnten Sie zum Beispiel vorschlagen?" Ich erkundigte mich dumpf.

„Schulen, Ranny , meine Liebe, Schulen", antwortete sie ungeduldig. „Es gibt heimelige Orte, die von großartigen Frauen geführt werden – wie geschaffen für solche Fälle. Warum auch der Kleine – Jimmie, oder ? – Wie alt ist er? Vier? – Es gibt sogar Orte für so kleine Kinder."

Eine schwere Verwirrung, das Gegenteil von Begeisterung, bedrückte mich.

„Du vergisst es, Gertrude", versuchte ich sie so sanft wie möglich daran zu erinnern, „Laura hat mir diese Kinder in ihrem letzten Atemzug anvertraut – mir – ihrer einzigen Verwandten. Glaubst du, ich sollte sie sofort rausschmeißen, weiß Gott? Wo!"

„Guter Gott, Ranny !" „„ schrie sie und errötete mit einem wütenden Lächeln, das Gertrude eigen ist, wenn sie genervt ist. „Was für ein Sentimentalist Sie doch im Grunde sind!"

„Ein Sentimentalist – ich?" Ich fühlte mich verletzt. „Versetzen Sie sich einfach in meine Lage, Gertrude, und sehen Sie, wie leicht Ihnen eine solche Entscheidung fallen würde."

„Das tue ich, Ranny ; das ist genau das, was ich tue", beharrte sie ungeduldig. „Aber sehen Sie nicht, dass Sie sie hier behalten können, wenn Sie etwas nicht tun können – oder in meiner Wohnung?"

„Ja", sagte ich, „das verstehe ich. Aber ich sehe auch ein, dass ich sie nicht unter völlig Fremden austeilen kann, eine Woche nachdem ihre Mutter ..." Ich konnte meiner dummen Stimme nicht trauen, den Satz zu Ende zu bringen.

„Vergisst du", forderte Gertrude mit ihrem Lächeln, das mich zum Idioten macht, „vergisst du, Ranny , dass wir in zwei Wochen heiraten werden?"

„Nein, Gertrude – weit gefehlt. Aber deshalb diskutieren wir über dieses Problem – weil es verwirrend ist. Außerdem sind Schulen der richtigen Art zwangsläufig ziemlich teuer."

„Oh", sagte Gertrude, „natürlich. Aber das Einkommen der armen Laura sollte ausreichen –"

„Meine liebe Gertrude, das ist es, was ich nicht weiß. Carmichael soll mir heute oder morgen darüber Bericht erstatten. Laura hat mit mir nie über ihre Geldangelegenheiten gesprochen. Aber wie Sie sagen, wird es wahrscheinlich so sein „Es reicht nicht aus. Nur ist es nicht ganz so – weißt du, Gertrude – ", stammelte ich.

„Ja, ich verstehe, Ranny , ich verstehe", hämmerte sie auf die verrückte Art und Weise, wie Frauen es tun, auf mich ein. „Man kann einfach nicht genug Willenskraft aufbringen, um etwas zu tun. Das ist die alte Geschichte. Aber du musst es tun, meine Liebe", und sie lächelte süß. „Du hast mein ganzes Mitgefühl und die ganze Kooperation, die du erwartest. Aber das Einzige, was wir nicht tun können, ist stillzustehen. Du verstehst das – nicht wahr, Ranny ?"

„Ja. Das verstehe ich. Aber mein Gehirn ist so fruchtbar für Pläne wie ein Türknauf aus Glas."

„Ich sage dir, was ich tun werde, Ranny ", fasste Gertrude zusammen. „Ich weiß, dass das alles ein großer Schock für Sie war. Ich lasse Sie ein paar Tage in Ruhe, um die Dinge zu besprechen. Und denken Sie darüber nach, was ich gesagt habe. Aber dann müssen wir zu einer endgültigen Entscheidung kommen. Ich' Ich würde alles dafür geben, wenn dieses schreckliche Ding jetzt nicht passiert wäre – aber es lässt sich doch nicht ändern, oder?"

Das war sehr nett und vernünftig von Gertrude. Und es ist tausendmal schade, dass sie verzweifelt ist. Aber es wären zehntausend mehr gewesen, wenn die arme Laura gleich nach unserer Hochzeit gestorben wäre und nicht schon vorher. So wie es aussieht, liegt das Problem größtenteils bei mir. Wären wir jetzt verheiratet, hätte Gertrude einen unangemessenen Anteil davon tragen müssen.

Ruhe und den Frieden zurückgewinnen, die mir gehörten? Das war der erste Gedanke, der mir kam, als ich mich von Gertrude trennte, ein egoistischer Gedanke, wie mir angesichts dessen, was vor mir lag, sofort klar wurde. Ich kann nicht mehr so denken, wie ich gedacht habe, und in mir keimen neue Gefühle auf, die der neuen Verantwortung entsprechen. Während ich durch die Welt gehe, scheint sie einen seltsam anderen Aspekt zu bieten als noch vor einer Woche. Es ist so kalt und fremdartig und hohl!

Als ich mein Arbeitszimmer wieder betrat , hörte ich ein Krachen im Esszimmer, das jetzt das Kinderzimmer ist, und als ich hineinschaute, sammelte das Mädchen Alicia Glasscherben ein, und Ranny , der älteste Junge, verkündete leise: „Es „pleite" auf eine Art und Weise, die ihn so offensichtlich verriet, dass alle anderen sich ein Lachen nicht verkneifen konnten; und sie lachten umso lauter, als ich mich ihnen anschloss. Verwirrt und wütend rannte der Junge aus dem Zimmer.

Es ist eine Welt für sich, die Welt der Kinder, in die Eltern, nehme ich an, nach und nach hineinwachsen. Da ich nicht die Eltern dieser Kinder bin, fürchte ich, dass ich es nie durchdringen werde.

Früher oder später müssen sie weggeschickt werden, wie Gertrude behauptet. Und ich muss mich diesem Ereignis sofort stellen.

An dieser Stelle wurde ich unterbrochen, als Jimmie, der Jüngste, unnachahmlich und grotesk formlos in seinem Nachthemd ins Zimmer eindrang, auf mich zustapfte und zwischen meinen Knien Zuflucht suchte. Er wurde von dem Mädchen Alicia verfolgt, das schüchtern und verzweifelt lächelnd in der Tür stand, als ob jede Erklärung sinnlos wäre.

„Na, alter Junge, was ist denn?" „Forderte ich mit gespielter Strenge, obwohl ich in Wahrheit mehr Angst vor ihm hatte als er offensichtlich vor mir.

„ Ich möchte für dich wie meine Mama beten ", sagte er in einem aufgeregten Atemzug, als wäre es ein einziges Wort.

"Du willst was?"

„Er sagt, er möchte seine Gebete für Sie sprechen, Sir", sagte das Mädchen deutlich. „Es tut mir leid – er hat sich losgesagt. Soll ich ihn mitnehmen, Sir?"

„ Ich möchte meine Gebete für dich sprechen, wie für Mama", beharrte Lauras Kind und kletterte auf meine Knie. Und mit einem Anflug von Traurigkeit, der alle meine Sinne schmerzte, sah ich das Bild der Vergangenheit – die arme Laura mit ihrem süßen, resignierten Gesicht, die lebte, als sie nur mit ihren Kindern lebte, und den Gebeten dieses Kobolds lauschte, während der seidige Sonnenschein hereinfiel seine Haare.

„Alles klar, Jimmie", murmelte ich leise, als er sich an mich klammerte; "fortfahren."

Er drückte mich fest an den Hals und schmiegte sein Gesicht an meins. Mit kindlicher, kehliger Sanftheit brachte er die wenigen Worte an den schöpferischen Geist hervor, den die Menschheit auf der ganzen Welt in der einen oder anderen Form als „ Vater unser" anredet. „Und Gott", schloss er mit strahlendem Triumph in seinen Augen, „segne Mama und Onkel Ranny ."

Nichts, woran ich mich erinnern kann, hat mich jemals so bewegt wie dieses Kind. Wie die heilige Katharina von Genua bei ihrem entscheidenden Beichtstuhl schien mir die Tat dieses Kindes eine tiefe innere Wunde zuzufügen, zart, bitter und süß, die ich niemals heilen möchte. Für den Moment waren Laura und ich der Einheit näher als je zuvor in ihrem Leben. Nie mehr werde ich die Süße und den Duft dieses kleinen Kindes und seinen warmen, anschmiegsamen Glauben an mich vergessen. Und ich habe vor, ihn zu verstoßen.

„Komm jetzt", warf Alicia ein, als würde sie einen Zauber brechen.

„Noch eine Umarmung", rief Jimmie mit der Arroganz der Rechtschaffenheit. Und passend zu seinen Worten kletterte er mit einnehmender Unbeholfenheit von meinen Knien herunter und trottete auf Alicia zu. Wieder einmal war ich mit meinen Gedanken allein.

Kann es sein, dass irgendein Instinkt das Kind, dessen Herz immer noch mit dem seiner Mutter verbunden ist, dazu gebracht hat, die einzige Person zu suchen, die seiner Mutter am nächsten stand?

Ich kann es nicht sagen, ich kann es nicht sagen.

Oh Gott – und ich muss ihn und die anderen, Lauras Kinder, wegschicken, weg unter Fremde!

Es scheint keinen anderen Ausweg zu geben.

Ich habe müßig die Seiten von Büchern umgeblättert, wie es Buchliebhaber tun, auf der Suche nach Inspiration, nach einem Wort der Führung. Brunetto sagt mir auf das Wort des heiligen Bernhard hin, dass angelaufenes Gold besser sei als glänzendes Kupfer; und dass der Wildesel jede Stunde einmal schreit und somit eine ausgezeichnete Uhr für seine wilde Nachbarschaft abgibt. Aber nichts davon wirft einen Lichtblick auf mein Dilemma. Rabelais schreit ständig aus seinem Gelben Blatt: „ *Fais. "ce que vondras .*" Aber was ist es, was ich tun möchte?

Ah, ich weiß, was ich tun möchte! Schließlich gibt es in den alten Büchern Ratschläge.

Ich werde das Mädchen Alicia haben und sehen, was ich herausfinden kann. Sie wuchs ohne eigene Kinder oder Verwandte auf. Und obwohl eine Institution eher eine Maschine als eine gute Schule ist, waren diejenigen, die von ihr erzogen wurden, dennoch völlig Fremde. Darin könnte ein Anflug von Suggestion liegen.

Alicia war hier.

„Komm, Kind, setz dich", forderte ich sie auf und bemerkte, dass sie immer noch die Tendenz zeigte, Ehrfurcht vor mir zu haben. „Ich möchte Ihnen einige Fragen stellen." Aber ihr angespanntes kleines Gesicht war immer noch von einer vagen Angst heimgesucht. „Es geht um die Kinder", fügte ich hinzu und sie schien sich auf der Stuhlkante etwas wohler zu fühlen.

„Wie lange waren Sie in diesem Haus – in Sullivan County?" Ich begann grinsend, um mich einzuschmeicheln.

„Seit ich denken kann, Sir", antwortete sie.

„Waren sie nett zu dir?"

„Oh ja, Sir."

„Wie nett? – Was haben sie für dich getan?"

„Sie gaben uns Essen und – und Medikamente, wenn wir krank waren. Und an Weihnachten hatten wir einen Baum.

„Ja, ja, ich weiß", fuhr ich fort. „Aber haben sie dir Zuneigung – Mitgefühl gezeigt?"

Alicia schwieg.

„Weißt du nicht, was ich meine?" Ich drückte.

„Ja, Sir, das glaube ich."

„Warum antwortest du dann nicht?"

„Ich – es ist schwer zu erklären", und sie lachte ein verängstigtes kleines Lachen. „Es ist niemand da, der die Dinge tut, die du gesagt hast. Wir waren fünfhundert dort. Wenn du nicht krank bist, machst du einfach weiter wie alle anderen. Wenn du krank bist, geben sie dir Öl oder so etwas." Manchmal tut ein Kind so, als sei es krank, nur damit die Oberin oder eine Krankenschwester es auf den Schoß nimmt und viel Aufhebens darum macht. Und manche sind unartig – aus dem gleichen Grund."

Ich nickte ernst, aber mein Herz wurde von einem schmerzlichen Schmerz erfasst. Ich habe gesehen, wie Lauras Kinder gezwungen waren, Krankheit oder Kriminalität vorzutäuschen, um einen Hauch individueller Aufmerksamkeit zu erhalten, nach der sich vermutlich jedes Kind spontan sehnt.

„Waren Sie froh, dort wegzugehen?" Ich fragte.

„Oh ja, Herr!" sie antwortete eifrig.

„Tragisch, dass meine arme Schwester stirbt", sagte ich halb zu mir selbst. „Sie war eine ideale Mutter. Jetzt weiß ich kaum, was ich tun soll."

Alicia sprang von ihrem Stuhl auf und kam sehnsüchtig auf mich zu. Mit zitterndem und arbeitendem Gesicht schrie sie:

„Oh, Mr. Byrd, Sie werden uns doch nicht wegschicken – in ein Heim – oder?"

„Nein, nein! – Nicht in ein Zuhause", antwortete ich abwehrend. „Aber Schulen – es muss gute Plätze für Kinder geben –"

„Sie würden sich schrecklich fühlen", sie unterdrückte ein Schluchzen. „Sie lieben es hier so sehr – selbst hier weint Laura jede Nacht um ihre Mutter – und den kleinen Jimmie –"

„Macht nichts", nahm ich sie hastig auf, „es ist noch nichts entschieden, mein liebes Kind. Ich bin froh, dass ich mit dir gesprochen habe. Du siehst", lief ich weiter, „hier ist so wenig Platz, und ich – ich weiß." nichts über Kinder –"

„Aber es gibt nichts zu tun", protestierte sie schluchzend.

"Nichts?" Ich lächelte vage, um sie aufzumuntern, und legte meine Hand auf ihre dünne Schulter.

„Nichts, außer sie einfach zu lieben", sagte sie. „Ich werde mich um sie kümmern – so gut ich kann." Wie einfach!

„Na gut, wir werden sehen", versuchte ich zu beruhigen.

„Muss ich zurück ins Heim?" fragte sie gebrochen, während ein Arm ihr Gesicht verdeckte.

„Oh nein, ganz sicher nicht", antwortete ich hastig. „Wir werden einen besseren Weg finden. Jetzt", fügte ich hinzu, „sei brav, trockne deine Augen, lauf mit und sag kein Wort über – unser Gespräch."

„Nein, Sir", murmelte sie gehorsam. Und immer noch schluckend verließ sie mich.

Es ist offensichtlich, dass mir das Mädchen Alicia eine entscheidende Hilfe war!

Aber es ist ebenso offensichtlich, dass ich die Kinder nicht hier behalten kann.

Dibdin war hier und er hat mich in einem Zustand der Ablenkung zurückgelassen, der wenn möglich noch schlimmer ist als der, in dem ich zuvor gewesen war.

Der gute Kerl bemühte sich, kräftig und kräftig zu jubeln.

„Alles Unsinn", knurrte er, „dass Kinder Geiseln des Glücks sind. Sie sind der einzige Beitrag, den ein Mensch wirklich zur Welt leistet. All das Graben, das ich in allen vier Ecken der Erde mit Tieren wie mir wühle, all das." Die Aufregung, die die Kerle in den Laboratorien um Reagenzgläser und Mikroskope und Metalle und Keime machen, all das Zeug, das die Leute nächtelang gesessen haben, um es in deine verdammten Bücher zu stecken – all das wird für sie getan – für die nächste Generation und die Generationen, die sie haben werden zeugen."

"Beredt!" Ich verspottete ihn leichtfertig; „Aber wie kommt es, dass Sie sich dazu entschieden haben, das zu sein, was Sie einen Landstreicher nennen?"

„Gewählt?" er grunzte verächtlich. „Ich habe nicht gewählt. Es hat mich gewählt. Außerdem", fuhr er fort und senkte die Stimme, „hätte ich es sofort aufgegeben – alles aufgegeben, mein Leben von Grund auf verändert, alles getan, wenn ich dazu in der Lage gewesen wäre." heirate die eine Frau, die ich wollte. Ich bin eines dieser seltsamen Tiere, für die es nur eine Frau auf der Welt gibt – keine andere:

„Wenn der Himmel mich so zu einer anderen Welt machen würde."

Aus einem ganzen und perfekten Chrysolith,

„Ich hätte sie dafür nicht verkauft",

zitierte er und fügte mit heiserem Lachen hinzu: „Du solltest deinen Othello kennen."

„Warum um alles in der Welt hast du sie dann nicht geheiratet?" Ich konnte nicht umhin zu staunen.

„Zu spät", murmelte er mit einem skurrilen, lächelnden Zucken seines Kopfes, das ist sehr einnehmend. „Sie war bereits mit jemand anderem verheiratet, als ich sie zum ersten Mal sah. Zu spät", wiederholte er mit nachdenklicher Traurigkeit. „Aber lass uns nicht darüber reden", brach er abrupt ab. „Gehen die Kinder schon zur Schule?"

„Was nützt es?" Ich antwortete ihm düster. „Ich habe noch keine Pläne für sie geschmiedet."

„Pläne? Was meinst du?" erkundigte er sich verwirrt. Wie das Mädchen Alicia schien er zu glauben, dass es nichts zu tun gäbe, über das man nachdenken müsste. Und ich fragte mich, ob die einfachen Seelen im Leben nur die Unvorsichtigen oder die ganz Kleinen sind.

„Sehen Sie diesen Ort", fragte ich gereizt, „als Zuhause für eine Familie mit drei Kindern, ganz zu schweigen von einem vierten, das sie betreut?"

„Muss natürlich ein größeres Lokal haben – weiter draußen", antwortete er leichthin und paffte an seiner Pfeife.

„Und bin ich ein Mensch, der drei oder vier Kinder betreut und großzieht?"

„Warum zum Teufel nicht?" er forderte an.

„Warum zum Teufel ja?" Ich erwiderte heftig. „Was weiß ich über Kinder? Welche Erfahrungen habe ich gemacht? Sehen Sie mich als Amme für viele Babys?"

„Amme wird gehängt", antwortete er schroff. „Hier ist deine erste Chance, der Welt von Nutzen zu sein und – du redest so –"

„Leicht zu reden", reumütig von mir.

„Nun, was zum Teufel willst du tun?"

„Das ist es, was ich herauszufinden versuche", sagte ich verbittert. „Glaubst du, das ist einfach? Ich muss einen Plan ausarbeiten – ein Zuhause für sie finden – die richtigen Schulen – mit einer häuslichen Umgebung. Oh, das ist einfach, das versichere ich dir! Außerdem", fuhr ich wütend fort , „Du scheinst zu vergessen, dass ich in zwei Wochen heiraten werde."

„Das habe ich vergessen", knurrte Dibdin mit einem Anschein von Reue. „Was sagt die Dame?"

„Nun, was soll sie sagen? Kann man von einem Mädchen an ihrem Hochzeitstag erwarten, dass es zur gequälten Mutter von drei Kindern wird, die nicht ihre eigenen sind?"

Dibdin sprang von seinem Stuhl auf, fluchte zwischen den Zähnen und seine Stirn war voller Falten.

„Hör zu, Randolph", begann er mit anderer Stimme. „Es ist verdammt schwer, und ich weiß es. Aber du kannst es nicht, du kannst die Kinder deiner Schwester einfach nicht dorthin vertreiben, wo Gott weiß. Du bist die einzige Verwandte, die sie haben. Versetze dich in ihre Lage. Es wäre die Verdammnis." . Wenn du – mehr Geld brauchst", stammelte er verwirrt, „warum, dann lass es zu – ich bin ein Freund von dir, der alt genug ist, um dir etwas vorzuschießen, nicht wahr?"

Und er lachte laut und wischte sich den Schweiß von der Stirn.

„Du bist ein guter Landstreicher", grinste ich verlegen und ergriff seine Hand. „Aber das ist es nicht. Ich weiß noch nicht, was Laura ihnen hinterlassen hat. Aber das ist es nicht. Mir ist verdammt schlecht dabei, aber was kann ich tun – was mit Gertrude und – und allem anderen." . Oh, es ist die einfachste Sache der Welt, das versichere ich Ihnen . – Aber ich wünschte bei Gott, ich könnte einen Weg finden, sie zu behalten!"
„Einfach oder nicht", sagte Dibdin heiser, „wenn du diese Kinder wegschickst, breche ich dir jeden Knochen in deinem Körper."
Ich lachte fast hysterisch. Ich kenne Dibdin . Wenn er am bewegtesten und mitfühlendsten ist, ist er am gewalttätigsten.
„Geh nicht", ich klammerte mich an ihn, als er mit gesenktem Kopf zur Tür ging.
„Muss", knurrte er. „Ich muss auch nachdenken."
„Ich wünschte, du hättest geheiratet, Dibdin , und hättest eigene Kinder", flüsterte ich fast mit meiner Hand auf seiner Schulter. „Und die Frau tut mir leid. Du bist ein guter Teufel, Dibdin . Ich wünschte, ich wüsste, wer die Frau ist."
„Ich werde es dir sagen ", murmelte er Dibdin , mit einem seltsam kehligen Ton. „Ich werde dir sagen, wer sie war. Das kann jetzt keine Rolle mehr spielen. Sie war – Nein, bei Gott! Ich kann nicht – nicht jetzt!"
Und er schlurfte hinaus und ließ mich sprachlos und mit offenem Mund zurück.

KAPITEL V

Das Mädchen Alicia beobachtet mich weiterhin wie ein verwirrtes Haustier, das sich der Auflösung seines Haushaltes dunkel bewusst ist. Ich bin mir immer ihrer großen Augen bewusst, die auf mir ruhen. Für sie, so nehme ich an, bin ich ein Setebos, der wie der Tod selbst Schmerzen und Folter zufügen kann; die ihre kleine Welt anhänglicher Zuneigungen durch die bloße Bewegung meiner Hand zerstören kann.

Ich befinde mich gerade in dem Prozess der Übergabe der Dinge, dem Gertrude mich nachsichtig überlassen hat, und ich bin von einer Entscheidung eher noch weiter entfernt als vor vierundzwanzig Stunden. Ich blättere in meinen Büchern und schlage zufällig einen Band von Florios „Montaigne" auf, in einer Ausgabe, die ebenso nach guter Tinte und Papier duftet wie das Tudor-Englisch reich ist, und die erste Zeile, die mir ins Auge fällt, ist die von Seneca: „ *He. " Wer nicht etwas für andere lebt, lebt wenig für sich selbst.* „Bedeutet das, dass meine lange Versenkung in meine eigenen kleinen Angelegenheiten mich unfähig gemacht hat, in irgendetwas Wichtigem zu entscheiden – dass ich zu wenig lebe?

Ich habe mich letzte Nacht in das Schlafzimmer geschlichen, in dem die Kinder schliefen, während Griselda im Arbeitszimmer mein Sofa herrichtete.

Mit ihren geröteten Gesichtern lagen sie fast sichtbar leuchtend vor meinen Augen, mit dem vollkommenen Vertrauen, das Kinder in die Welt der Erwachsenen zu haben scheinen. Heine spricht irgendwo von Engeln, die das Sofa des Kindes bewachen, und das ist keine reine Poesie. Ihr Glaube und ihr Vertrauen, immer noch illusorisch, verleihen, so nehme ich an, allen um sie herum den Rang eines Engels. Randolph träumte mit leichtem Stirnrunzeln und bewegten Lippen scheinbar von etwas Aktivem und Anstrengendem, wie es sich für sein reifes Alter von elf Jahren gehört; Laura, gelassen mit dem Gesicht ihrer Mutter und den verirrten Locken, und der kleine Jimmie mit seinen zerzausten Haaren, die denen eines Kindes von Praxiteles oder Phidias ähnelten – sie schliefen – trotz ihres jüngsten erschütternden Trauerfalls sicher in ihrem Vertrauen.

Niemand kann wirklich etwas über Kinder wissen, bis er sie schlafen sieht. Wie das Glück sind sie stets vertrauensvoll im Schoß der Götter. Nie zuvor hatten sie mich berührt, so wie sie in diesem Moment die verborgenen Quellen in mir zu berühren schienen. Es war so, stellte ich mir vor, dass Laura sich nachts vor dem Schlafengehen in ihren Schlafsaal schlich; und diese Vision war zweifellos eine starke Hilfe für ihren Mut, im Angesicht von Kummer, Demütigung und ihrer selbstlosen Einsamkeit klaglos und mutig weiterzumachen. Hätte ich mir solche Dinge zu Lebzeiten klarer vorstellen können?

Griselda überraschte mich, als ich den Raum verließ, und sie lächelte, die strenge, unergründliche Griselda, mit einem Lächeln, wie Michelangelo es auf dem Gesicht einer seiner Sixtinischen Sibyllen dargestellt hätte, dieser seltsamen Schwestern, die alles zu wissen scheinen, weil sie alles erlitten haben .

Ich murmelte Griselda beiläufig eine gute Nacht zu und strich lässig an ihr vorbei, wie ein Junge scheinbar nachlässig pfeift, wenn er sich am unbehaglichsten oder unwohlsten fühlt.

Ich habe über mein Problem geschlafen, so wie alte Frauen es raten, aber heute bin ich der Lösung nicht näher gekommen.

Ich versuche immer wieder kühl, sie mir in entsprechend ausgewählten Schulen und Häusern vorzustellen, und doch löscht ein Zug an meinem Herzen, eine seltsame Alchemie des Gehirns diese Bilder aus, bevor sie entstehen, und ersetzt sie durch die Vision, die ich letzte Nacht in meinem Kopf gesehen habe Schlafzimmer eingedrungen.

Wer soll mir bei der Auswahl helfen? Und bevor ich diese Worte niedergelegt habe, wird mir klar, dass mir niemand helfen wird. Mein Esszimmer ist in diesem Moment lautstark von ihrem Lachen erfüllt – aber etwas in mir ist noch lauter, aber dennoch gegen den Verrat, den ich ihnen plane. Verrat! Das ist natürlich Unsinn. Ich habe das vollkommene Recht zu entscheiden, was ich wähle. Aber dieses Wort kommt mir schon immer wieder in den Sinn, wann immer ich mir ihre Auflösung vorstelle.

Meine Entscheidung ist gefallen.

Ich kann kaum sagen, wer es gemacht hat. Ich nehme an, dass es sich in Wirklichkeit von selbst gebildet hat. Aber wie auch immer es zustande kam, es ist – Gott helfe mir! – da.

Gertrude rief an, dass sie heute Nachmittag kommen würde. Ich bot ihr an, zu ihr zu gehen, aber sie würde, nachdem ich mit einem Freund im Brevoort zu Mittag gegessen hatte, jetzt, da ich ein Familienvater war, vorbeikommen, wie sie gnädigerweise bestand.

Gertrudes Auftritt ist immer luftig und fröhlich.

„Hallo, Ranny ", murmelte sie leise, ließ sich auf das Sofa sinken und streckte beide Hände aus. Ich nahm sie, küsste sie und hielt sie in meinen Armen. Mir war durchaus bewusst, dass dies für sie Tage der Anspannung waren.

„Das ist schön", sagte Gertrude lachend. „Aber was ich will, ist eine Zigarette, ein Streichholz und einen Aschenbecher."

„Natürlich, wie dumm von mir!" Ich murmelte und versorgte sie mit ihren Wünschen.

„Diese Bücher, Ranny ", schnaufte sie und überflog meine vollen Regale, „sie erschrecken mich jedes Mal aufs Neue, wenn ich sie sehe – wenn ich denke, dass du sie alle gelesen hast."

„Sie brauchen dich nicht zu beunruhigen", lehnte ich ganz aufrichtig ab. „Je mehr ich sie lese, desto weniger scheine ich zu wissen – da werden Sie mir zustimmen." Und ich saß ihr gegenüber.

„Kein Platz für das Gehirn, sich umzudrehen?" Sie lachte. „Ach komm, lieber Junge, so schlimm ist es doch nicht. Ich glaube wirklich", fügte sie nüchterner hinzu, „du trägst eine sehr weise alte Bohne auf deinen Schultern."

„Welche plötzliche und verblüffende Entdeckung führt Sie zu so voreiligen Worten?" Ich habe nachgefragt.

„Ich habe die Entdeckung in Ordnung gemacht", nickte sie mit Nachdruck. „Jeder, der mit einer solchen Situation so umgehen kann wie Sie, ist kein Piker."

Gertrude bezeichnet den Slang des Tages oft als humorvollen Protest gegen das, was sie als meinen Purismus bezeichnet. Aber die Wahrheit ist, dass ich selbst die Umgangssprache mag.

„Gib es weiter", drängte ich sie, woraufhin sie lächelte.

„Du bist ein normaler Straßenaraber", erklärte sie mit ironischer Satire, „aber was ich meine, ist Folgendes: Ich bin immer jemand für schnelles Handeln – und ich weiß nicht viel über Kinder. Ich habe dich dringend gebeten, sie sofort wegzuschicken." Aber jetzt ist mir klar, dass das so kurz nach dem Tod der armen Laura grausam gewesen wäre – und außerdem hätte es nicht gut ausgesehen. Jetzt sehe ich es eher auf deine Art, Ranny .

"Du tust!" Ich konnte mir einen Schrei nicht verkneifen.

„Ja", fuhr sie bestimmt fort. „Ich sehe, dass Ihr Weg der beste ist. Ich sehe, dass wir in aller Stille heiraten und trotzdem unseren kleinen Ausflug machen können. Wenn wir dann zurückkommen, können wir im natürlichen Lauf der Dinge und Neuordnung nach Orten für sie suchen und uns niederlassen." Es ist alles so gut wie Regen. Das war es, was du in deinem klugen alten Kopf hattest, Ranny , da bin ich ganz sicher – und ich bewundere dich dafür."

„Ich verstehe", keuchte ich und fragte mich, welche Worte oder Taten von mir Gertrude diese ausgeklügelte Strategie vermittelt hatten. Vielleicht war ich für eine Minute in Gedanken versunken. Die Vision der Kinder, die in ihrem unschuldigen Glauben an mich schliefen, tauchte plötzlich lebhaft auf und traf mich mitten ins Herz. Das schmiegsame Bild von Jimmie – dem

Mädchen Alicia mit ihren großen, wehmütigen Augen, die mir sagten, dass es nichts zu tun gab, „als sie einfach zu lieben" – all das pochte mit jedem Herzschlag in meinem Gehirn. Und hatte ich tatsächlich den komplizierten Entwurf entworfen, den Gertrude mir jetzt zuschrieb? Auch wenn ich mein armes Gehirn nicht zertrümmerte, konnte ich mich an eine solche Erfindung erinnern. Es war unmöglich. Es war neu für mich. Dann übernahm etwas in mir, das entweder besser oder schlechter ist als ich selbst, die Zügel der Situation, und wie der Zuhörer der Rede eines anderen hörte ich mich mit feierlicher Entschlossenheit sagen:

„Nein, Gertrude – du musst mich getäuscht haben. Ich hatte keinen solchen Plan. Wir werden natürlich heiraten, aber unsere Ehe kann keinen Unterschied machen. Ich kann diese Kinder, Lauras Kinder, nicht aus dem Haus verweisen. Nicht jetzt, Auf jeden Fall nicht, bis sie älter sind. Sie haben niemanden auf der Welt außer mir und ich habe vor, sie zu behalten."

„Ich meine, sie zu behalten! Meinst du das?" sie schnappte nach Luft. Und es schmerzte mich, die Ursache für eine tiefe Röte in Gertrudes Gesicht und Hals zu sein.

„Ich habe in meinem Leben noch nie etwas so sicher gemeint", sagte ich ihr.

„Dann können wir nicht heiraten", sagte Gertrude mit leiser Stimme und musterte mich immer noch, als würde sie sich fragen, ob sie mich jemals zuvor getroffen hatte.

"Warum nicht?" Ich weinte. „Warum sollten sie einen so großen Unterschied machen? Hatten Sie überhaupt nicht die Idee, dass jeder von uns eine getrennte Wohnung behalten würde?"

„Reden Sie nicht schlecht", brüllte Gertrude in einer Verzweiflung, die ich immer noch bedauere, denn das stählerne Glitzern in ihren Augen war nicht angenehm. „Ich werde mich nicht lächerlich machen, indem ich ein Haus voller Kinder heirate, für die mein Mann die Krankenschwester ist. Bleibst du wirklich dabei, Ranny ?"

„Ja, Gertrude", ich nickte. "Ich muss."

Gertrude blickte mich einen Moment lang prüfend an, dann lachte sie mir zu meinem Erstaunen ins Gesicht, etwas lauter als sonst. Lachen war in diesem Moment weit von meinen Gedanken entfernt.

„Na ja", nahm sie ihre frühere Leichtigkeit wieder auf, „dann verschieben wir unsere Hochzeit einfach um eine Weile. Du wirst dieses Mutterschaftsspiel satt haben, Ranny , darauf kannst du dich verlassen. Wir haben es um drei Jahre verschoben …" Ein paar Monate mehr können doch keinen großen Unterschied machen, oder?"

Dann kam sie auf mich zu und nahm meine Hand.

„Dem zarten Gewissen des kleinen Jungen muss man doch mal freien Lauf lassen, nicht wahr?" Sie begann spöttisch und ahmte die Sprache eines Kindes nach, in der sie nicht besonders gut ist. „Macht nichts, gib seiner kleinen Laune freien Lauf."

Eine bemerkenswerte Frau ist Gertrude.

„Vielleicht ist es nur richtig", schloss sie ernster, „dass wir es verschieben sollten, da Sie gerade in Trauer sind."

„Unsinn", antwortete ich ihr. „Laura hätte sich so etwas sicher nie gewünscht. Unsere Ehe wird nicht eine Sache von Prunk und Orangenblüten sein. Wir könnten genauso gut jetzt heiraten wie zu jedem anderen Zeitpunkt."

„Nein, Ranny ", antwortete sie entschieden. „Jetzt bin ich an der Reihe, standhaft zu sein. Ich glaube, ich habe Recht."

Ehrlich gesagt hätte ich es vorgezogen, Gertrude trotz der Umstände, die mich umgaben, sofort und ohne weitere Verzögerung geheiratet zu haben. Wir sind keine jungen Leute voller unbeschreiblicher Unsinnigkeiten zum Thema Romantik, und ich verspürte ein nüchternes Verlangen nach aller möglichen Endgültigkeit inmitten der wirren und schmerzhaften Verwirrung, in die das Schicksal es für richtig gehalten hatte, mich zu stürzen. Aber Gertrude war hartnäckig.

Gerade als sie gehen wollte, klopfte es sanft an der Tür. Gertrude, deren Hand bereits am Türknauf lag, öffnete. Es war das Mädchen Alicia.

Mit einem fragenden Blick nach unten fixierte Gertrude das Mädchen, so dass sie einen Moment lang fasziniert dastand und ihren Blick nicht von Gertrudes Blick lösen konnte. Sie drehte sie schließlich in meine Richtung und sie waren beunruhigt und flehten.

„Bitte, Mr. Byrd", sagte sie, „die Kinder wollen jetzt spazieren gehen, statt Unterricht zu nehmen. Die Sonne scheint. Kann ich sie mitnehmen?"

„Ja, ja", sagte ich hastig. "Auf jeden Fall."

„Warte eine Minute", befahl Gertrude und lächelte mechanisch. „Wie heißt du, Kind?"

„Alicia, gnädige Frau."

„Alicia was?"

„Alicia Palmer", und die Stimme des Kindes zitterte vor Angst.

„Und gibst du den Kindern Unterricht?"

„Ja, Ma'am", antwortete sie und senkte den Blick, als hätte sie ein Verbrechen entdeckt.

"Und wie alt bist du?" fragte Gertrude nicht unfreundlich.

„Geht auf vierzehn, Ma'am." Das Mädchen blickte sofort auf und reagierte auf den sanfteren Ton. Aber um ihr das Verhör zu ersparen, fügte ich lahm ein Wort ein und drängte sie, die Kinder sofort hinauszubringen, bevor die Sonne untergegangen sei. Das Mädchen glitt wie ein Schatten davon.

„Na ja, sie ist ziemlich attraktiv – das kleine Ding", murmelte Gertrude. „Du wirst eine ziemliche Menagerie haben." Dann drehte sie sich lachend zu mir um und rief: „Oh, Ranny , Effizienz sollte dein zweiter Vorname sein."

„Vielleicht sollte ich es besser adoptieren?" Ich murmelte.

„Tu es", sagte Gertrude. „Na dann, alter Junge, ich muss rennen." Und in ihrer Eile vergaß sie sogar, sich von mir einen Abschiedskuss geben zu lassen.

Der Ratsherr im Rathaus sollte also noch nicht sein Lied über uns singen . Aus keinem Grund, den ich ändern kann, scheine ich in Ungnade mit dem Schicksal zu sein, in den Augen von Gertrude und Stadträten.

Eine namenlose Melancholie, eine Art humorvolle Traurigkeit hat von mir Besitz ergriffen.

Es ist nicht meine verlorene Ruhe , die ich jetzt bereue, und auch Gertrudes Vorwurf der Ineffizienz beunruhigt mich nicht. Aber im Grunde habe ich immer erkannt, was für ein Typ Mann ich nicht bin. Der Typ Mann, der allen Erschütterungen und Notfällen des Lebens standhaft gegenübersteht, der allen Veränderungen und Ereignissen mit gleichem Mut begegnen kann, der jede Situation lächelnd an die Hand nehmen kann, als wäre er ihr unbestreitbarer und nachsichtiger Herr, Das ist die Art von Mann, die ich sein möchte. Aber all meine eigenen Mängel werfen mir lautstark vor, dass ich das genaue Gegenteil eines solchen Ideals verkörpere. Ich bin vor dem Leben zurückgeschreckt, bis es mir eher wie ein grobes, schlecht geschnittenes Kleidungsstück als wie ein Handschuh passt. Es braucht eine Menge Leben, um am Leben zu sein, und die Schreckensbesessenheit verfolgt mich, dass ich wie eine Mumifizierte in dieser düsteren Katakombe von Büchern geworden bin.

Ich war auf seine Bitte hin in Carmichaels Büro und der Schlag, den er mir zugefügt hat, ist schwerer als jeder andere seit Lauras Tod.

Offenbar hatte Laura in ihrem verzweifelten Wunsch, ihr Einkommen zu steigern, mit den Lügenversprechungen von Öl- und Bergbauaktien spekuliert, die sagenhafte Renditen boten. Eine nach der anderen gingen ihre beträchtlichen Eisenbahn- und Stahlanleihen als „Margen" an ihre Makler, und einige wurden für den laufenden Lebensunterhalt verkauft. Kein Wunder, dass sie gezwungen war, ein Waisenhaus aufzusuchen, um eine „Mutterhelferin" aufzunehmen, die selbst noch ein Kind ist. Das Ergebnis ist, dass etwas weniger als zweitausend Dollar von Lauras Kapital für ihre drei mutter- und vaterlosen Kinder übrig bleiben, von denen das älteste elf Jahre alt ist.

Ich habe keinen Zweifel daran, dass ihre quälende und stille Sorge darüber den Tod meiner armen Schwester beschleunigt hat. Carmichael selbst, ihr Anwalt und Berater, wusste nichts von ihren Taten, bis es zu spät war. Die Schreckensgöttin Fortune macht offensichtlich keine halben Sachen. Wäre da nicht mein Kummer über das Leid, das die arme Laura so klaglos ertragen musste, ich würde zu schallendem Gelächter getrieben werden. Ich bin mir sicher, dass Hiob seine Momente gehabt haben muss, in denen die Bettdecken nicht da waren, in denen er lachte, bis die Tränen seinen trüben alten Bart benetzten.

Und ich, der inkompetente Einsiedler, der ich bin, habe die Pflege und Erziehung von drei Kindern übernommen! Ich würde zumindest die Vollständigkeit bewundern, mit der das Schicksal seine Hände spielt oder seine Situationen herbeiführt, wenn ich in diesem Moment nicht völlig und steinern gegenüber allen Gedanken und allen Gefühlen immun wäre – es sei denn, ein träges und tödliches Gefühl der Katastrophe wäre ein Gefühl.

Nein, das war nicht genug. Was für ein Vielfraß ist doch dasselbe Schicksal! Dibdin war hier, um sich hastig zu verabschieden.

Er hat von einem Schiff gehört, das in einer Woche von San Francisco abfährt und seine bestimmte Inselgruppe anlaufen wird, so dass er nicht wie früher geplant in Papeete umladen muss. Ich habe mich noch nie in meinem Leben so völlig allein gefühlt!

Er lachte ein neugieriges Lachen, das dumm und doch frohlockend wirkte, als ich ihm sagte, dass ich beschlossen hatte, die Kinder zu behalten. Seine Augen glitzerten und er wandte sich für einen Moment ab, um sie zu verbergen.

„Sehen Sie", murmelte er heiser und mit der Annahme seiner sachlichsten Art, „lass mich dir etwa tausend Dollar vorschießen – für den Fall, dass du einen Nutzen dafür haben solltest. Sei eine Investition für mich." fügte er mit einem kurzen Lachen hinzu. „Was nützt es mir auf den Marquesas- oder Salomonen-Inseln, nicht wahr?"

„Nein, danke, Dibdin ", sagte ich ihm. „Ich kann ein oder zwei gute Banken auf der Insel Manhattan erwähnen – falls Sie keine kennen."

„Sei kein Idiot, Randolph", erwiderte er mit Strenge. „Ich werde dir einen Scheck ausstellen."

„Nein, das wirst du nicht", antwortete ich mit der gleichen Hartnäckigkeit. „Ich werde es nicht annehmen. Wenn ich es brauche, schicke ich dir ein Telegramm."

„Zum Teufel, das wirst du", knurrte er gereizt. „Dort, wo ich sein werde, verlaufen keine Kabel. Du bist schließlich ein Arsch."

„Danke. Möchten Sie die Kinder sehen, bevor Sie gehen?"

„Hm, ja", antwortete er nachdenklich. „Nein, mein Gott!" fügte er plötzlich verwirrt hinzu. „Nein, das kann ich nicht. Ich muss rennen. Es gibt noch jede Menge Dinge zu erledigen."

Unergründlicher Teufel, Dibdin ! Wer hätte gedacht, dass er solch ein Bündel seltsam gemischter Gefühle ist?

„Übrigens", sagte er plötzlich, als er anfing, „Carmichael – von ihm gehört – alles in Ordnung?"

Innerlich spürte ich ein Ziehen, als hätte jemand heftig an einer Schnur in meinem Inneren gezogen.

„Oh ja", log ich so weltmännisch, wie ich konnte, „alles in Ordnung. Du wirst mich wohl in Adressen behalten, nehme ich an?"

Er musterte mich einen Moment lang so eindringlich, dass ich mit einem Zittern befürchtete, er würde mich durchschauen.

„Oh ja, natürlich", antwortete er schließlich. „Das Hotel de France in Papeete ist eine gute Adresse, bis Sie von einer anderen hören. Dort kennen sie mich."

„Gut", ich klopfte ihm auf die Schulter. „Schreibe jemandem ein Wort, wann immer du kannst. Ziemlich einsam hier, nachdem du weg bist."

"Einsam!" er wiederholte. „Und du – oh, bei George, und ich hätte es fast vergessen – und du wirst in ein paar Tagen heiraten – einsam!"

„Das ist – aus", stockte ich – „vorerst."

"Aus!" rief er entsetzt aus. „Hat sie es abgebrochen?"

„Schieb es auf", korrigierte ich.

„Als du ihr gesagt hast, dass sie die Kinder behalten soll?"

Ich nickte langsam und beobachtete das seltsame Spiel seiner Gesichtszüge.

Er öffnete schnell seine Arme, als wollte er mich wie ein alter Grizzlybär umarmen – und ließ sie dann ebenso schnell wieder fallen, beschämt.

"Von Gott!" sagte er feierlich. „Das – das erwischt mich – die Art und Weise, wie die Dinge zustande kamen. Sie – Sie sind ein Mann, Randolph, mein Junge. Mut – der am Ende alles gewinnt. Selbst wenn er verliert, gewinnt er. Ja, Sir."

Ich habe nicht die geringste Ahnung, was er mit diesen Worten meinte.

„Darüber zerbrochen?" fragte er unvermittelt.

Was meine Geste Dibdin verkündete, weiß ich nicht. Für mich drückte es alles aus, was ich in den letzten zehn Tagen durchgemacht hatte.

„Nein, du hast recht. Es hat keinen Zweck", sagte er und klopfte mir auf die Schulter. „Bleib ruhig, mein Junge. Mut ist das Einzige! Jetzt lebe wohl", er drückte mir die Hand, „und Gott segne dich."

„Das Gleiche gilt für dich, alter Junge, und viel Glück."

Und jetzt hat der einzige intime Freund, den ich habe, ein Loch in der Atmosphäre hinterlassen, das so groß ist wie der Central Park.

KAPITEL VI

Ein seltsamer Ausdruck offener Zustimmung, den ich in letzter Zeit in Griseldas Augen gesehen habe, löst in mir einen seltsamen Anflug von Bedauern aus. Es zeigt, dass neue Bedingungen die alten mit überwältigender Mehrheit verdrängt haben. Griselda hat sich noch nie die Mühe gemacht, mich gutzuheißen. Ich habe keine Lust auf irgendeine Veränderung in Griselda, auch nicht zum Besseren.

Ich hatte Erfolg, aber ich muss es dokumentieren. Ich habe eine Outdoor-Schule für Ranny und Laura in der Macdougal Street in der Nähe des Washington Square und einen nahegelegenen Kindergarten für Jimmie gefunden . Das Mädchen Alicia kann Ranny und Laura auf dem Weg zu ihrer eigenen öffentlichen Schule zur Macdougal Street bringen. Jimmie, der erst später am Morgen geht, ist ein Problem. Bisher habe ich ihn selbst in seinen Kindergarten begleitet. Aber das kann natürlich nicht so weitergehen, obwohl Jimmie, als er sieht, wie sein älterer Bruder mit zwei Mädchen weggeht, sich mit einem Blick unnachahmlicher Überlegenheit an mich wendet und bemerkt:

„Wir Männer müssen zusammenhalten, nicht wahr, Onkel Ranny ?"

Ich stimme ihm voll und ganz zu, was die allgemeine Politik anbelangt, obwohl ich beabsichtige, künftigen Schwierigkeiten vorzubeugen, indem ich darauf hinweise, dass diese Dinge oft von Zweckmäßigkeit bestimmt werden.

Die im Voraus an die Schulen gezahlten Semesterrechnungen haben eine Lücke in meiner Kasse hinterlassen. Zum ersten Mal war ich gezwungen, ein echtes Schnäppchen abzulehnen. Andrews, der Buchhändler, rief mich an und teilte mir mit, dass er etwas habe, dem ich nicht widerstehen könne. Lachend bat ich ihn, es zu benennen.

„Es ist nichts Geringeres als Boswells ‚Johnson'", sagte er mir mit besonderer Feierlichkeit, „Erstausgabe, mit dem Druckfehler auf Seite 135 – ein wunderschönes Exemplar."

„Datiert vom 10. April 1791?"

„Datiert vom 10. April 1791", wiederholte er mit beeindruckendem Triumph. Mein Herz sank, obwohl es laut schlug. Seit vielen Jahren habe ich eine Bestellung für diesen Boswell.

„Und der Preis?" Ich murmelte leise.

„Für dich", sagte er, „vierhundert Dollar."

Griselda würde mich unverhohlen gutheißen, wenn sie wüsste, welchen Mut es erfordert, Andrews zu antworten.

„Nein, Freund, es tut mir leid, aber ich kann es mir im Moment nicht leisten."

Andrews war ungläubig. „Höre ich dich richtig?" fragte er.

„Genau", sagte ich zu ihm, „wenn du hörst, dass ich es nicht ertragen kann."

„Dann weigere ich mich, die Beweise meiner Ohren anzunehmen", erwiderte er energisch. „Ich werde es dir hinunterschicken." Ich sagte ihm, dass es nutzlos sei. „Oh, du brauchst es nicht zu kaufen", rief er. „Aber ich bestehe darauf, einem alten Kunden das Vergnügen zu bereiten, es in aller Ruhe in seiner eigenen Bibliothek zu sehen."

Ein kluger, guter Teufel ist Andrews, auch wenn er ein guter Verkäufer ist. Ich habe meine Sinne am Boswell genossen, aber er muss zurück.

Dibdins abruptes Vorgehen hat mich manchmal sehr auf meine eigenen Hände verlassen. Er hatte die Angewohnheit, unangekündigt vorbeizuschauen, wenn man es am wenigsten erwartete, sodass ich in unerwarteten Momenten auf ihn zählen konnte. Es gibt niemanden, der seinen Platz einnimmt. Jetzt wandere ich an klaren Abenden ziellos nach Norden und schaue oft im Club vorbei, obwohl ich ihn so selten besucht habe, dass ich kaum eine Menschenseele im Lokal kenne. Letzte Nacht traf ich zum ersten Mal seit Monaten meinen Klassenkameraden Fred Salmon.

Fred ist, sollte ich sagen, mein genaues Gegenteil. Er ist voller Lachen, Lärm und Ausgelassenheit. Reichtum ist sein Lebensziel, und wenn er die Hälfte seiner Lebenskraft für den Erwerb von Reichtümern aufwenden würde, die er für das Sammeln humorvoller Anekdoten aufwendet, wäre er heute ein wohlhabender Mann.

„Hallo, Ranny ", rief er, als er mich sah, „du kommst gerade rechtzeitig, um mit mir eine kleine Erfrischung zu genießen. Was machst du jetzt?" Zum Glück wartet er selten auf eine Antwort. Mit geübter Schnelligkeit gab er einem Kellner seine Bestellung und fuhr fort: „Sind Sie in letzter Zeit auf seltene Ausgaben gestoßen, auf schöne Exemplare wie ‚Skeezicks' oder , Toodlums ' von Gazook ?"

„Nein", sagte ich ihm, „in meiner Sammlung fehlen diese Meisterwerke."

„Sag dir, was du sein sollst, Ranny ", dröhnte er, als der Kellner die Gläser abstellte. „Sie sollten (so geht's!) ein Anleihenverkäufer sein!" „Entschied er nach einer Pause und stürzte seinen Schnaps hinunter: „Oder ein Hundeliebhaber."

„Warum diese erhabenen Berufungen?" Ich fragte nur mit der geringsten Neugier.

„Du bist so ein Idiot und siehst so verdammt ehrlich aus", erklärte er, „dass jeder alles glauben würde, was du sagst."

„Wirst du mir dann glauben, wenn ich sage, dass ich weder das eine noch das andere sein möchte – oder irgendetwas anderes?"

"Oh sicher!" er antwortete herzlich. „Das weiß ich schon. Du hast nichts mit mir zu tun. Ich würde lieber ein paar gute Pferde besitzen und die Rennen auf den Rennstrecken der Welt verfolgen, wenn ich die Wahl hätte. Stattdessen muss ich es tun." Trenne die Welt von genügend Dollars, um mich am Laufen zu halten. Wenn du jemals in Schwierigkeiten gerätst, Ran", schloss er nachdenklich, „lass es mich wissen. Ich werde dich auf das richtige Spiel vorbereiten. Mache niemals einen Fehler. Ich habe einen Kurs belegt im Charakterlesen für fünf Dollar – auf dem Korrespondenzweg – deshalb weiß ich so viel."

Dollar! Dollar! Dollar! Muss dann jeder nur noch eine Maschine sein, die Dollars anhäuft? Ich erinnere mich an Fred im College, rot vor jugendlicher Frische , als er Witze für den *Lampoon* machte und seine Energie so groß war, dass alle von ihm erwarteten, dass er Großes leisten würde. Und jetzt kann er nur noch von Dollars reden – und davon scheint er nicht im Überfluss zu sein. Ich selbst bin nichts, aber zumindest hat niemand etwas von mir erwartet.

Fred schlug vor, dass wir eine Partie Poker, Bridge, Dame oder Cribbage spielen sollten. Aber da mich im Moment keiner dieser Männersportarten reizte, trennten wir uns und er teilte mir herzlich mit, dass er mich eines Tages aufsuchen würde.

Dennoch strahlte Fred trotz all seines Lärms und seiner Leere, oder schien es zumindest für mich zu leuchten. Seine Ideen sind kindisch. Seine Rede ist in einer Form und mit einem einzigen Zweck gehalten: nämlich, Lachen hervorzurufen. Aber er lebt. Er ist nicht apathisch. Das ist es, was ich an mir selbst bedauere, die Apathie, die mich nach den jüngsten Ereignissen erfüllt hat, die wie eine dunkle Flüssigkeit sind, die irgendwann in meinen Geist eingedrungen ist und dann durch natürliches Handeln unkontrolliert jede Faser meines Wesens befleckt hat. Auf diese Weise werde ich mich der Aufgabe, die ich übernommen habe, nicht entledigen. Ich muss lebendig werden!

Ich fange an zu denken, dass die Kinder die einzigen wirklich lebenden Geschöpfe auf dieser Welt sind. Sie sehnen sich nicht nach muffig riechenden Erstausgaben, nach Wissen über vergangene alte Würdenträger wie Ser Brunetto , der seit sieben Jahrhunderten tot ist, und auch nicht nach der ewigen Umwandlung des Lebens in Dollar.

Heute wurde ich Zeuge eines merkwürdigen Aufschwungs ihrer sprudelnden Fantasie. Bei offener Tür konnte ich einer Zeremonie beiwohnen, die mein Esszimmer in eine Kirche und die vier Kleinkinder mit ernsten Gesichtern in lebhafte Zelebranten des Sakramentes der Ehe verwandelte. Sie kennen die „Alderman"-Methode offensichtlich nicht. Zur Freude von Jimmie und Laura wurde Ranny , mein ältester Neffe, mit hieratischem Pomp mit dem Mädchen Alicia verheiratet. Sogar sie wusste es besser, als zu lachen, als der Junge ihr einen Ring an den Finger steckte, irgendeinen Kauderwelsch murmelte, den er entweder gelernt oder erfunden hatte, und sie mit all seinen weltlichen Gütern ausstattete. Die Ware bestand zuallererst in der Anzahl von hundert Küssen, die der Junge mit wildem Realismus zur überschwänglichen Freude von Jimmie und zum unkontrollierbaren Kichern von Laura verteilte. Nachdem dieser Teil der Schenkung endlich abgeschlossen war, holte er eine kleine Spielzeugpistole aus seiner Tasche und legte sie ihr ernst in die Hand. Als ich das sah, bin ich fast vom Stuhl gesprungen. Ausgerechnet eine Pistole! Was könnte die kleinen Affen auf diese Idee gebracht haben? Was für ein Text für einen Zyniker! Vielleicht sollte jede Braut als Teil ihrer Mitgift eine Pistole erhalten? Anschließend aßen sie fröhlich Kuchenstücke und lachten und plauderten wie alle anderen Hochzeitsgäste. Ich schloss leise meine Tür und war eine Weile in Gedanken versunken. Denn plötzlich wurde mir klar, dass es ein grimmiger, ein fataler Fehler war, das Leben mit weniger als der spielerischen Begeisterung von Kindern anzugehen.

Es war seltsam, dass Gertrude diese Stunde gewählt hatte, um das einzige Zeichen seit ihrer Entscheidung zu zeigen, dass sie irgendeine Erinnerung an mich hatte. Als sie eintrat, nachdem Griselda geklopft und lakonisch verkündet hatte, waren die ersten Worte, die sie sprach:

„Na, Ranny , und wie ist Häuslichkeit?"

„Sehr lehrreich", sagte ich ihr, während ich auf ihre üblichen Wünsche einging. „Ich habe gerade gelernt, wie man eine Frau richtig heiratet."

"In der Tat?" murmelte Gertrude etwas säuerlich, dachte ich, „und wie ist das?"

„Es ist nicht der Stadtrat, der wichtig ist", informierte ich sie. „Es ist geschafft mit hundert Küssen und einer Pistole." Als Antwort auf ihren verständnislosen Blick beschrieb ich ihr die Episode im Esszimmer. Zu meiner Überraschung konnte Gertrude darin keinen Humor erkennen.

„Was für ein Kind du bist, Ranny ", sie schüttelte traurig den Kopf. „Und ich dachte, dass du trotz all deiner Fehler ein ernstzunehmender Mensch bist."

„Das muss Ihr grundlegender Fehler in Bezug auf mich gewesen sein", antwortete ich etwas verlegen und doch genervt. „Ich fürchte, ich meine es nicht halb so ernst wie die Kinder."

„Nein", sagte Gertrude. Dann, nach einer kurzen Pause,

„Haben Sie schon entschieden, dass die Kinder in Schulen geschickt werden sollen?"

„Aber nein, Gertrude! So etwas ist mir nicht mehr in den Sinn gekommen, seit – seit wir darüber gesprochen haben", sagte ich ihr.

„ Ranny ", sie beugte sich feierlich vor, „ich glaube, ich weiß, was dich beunruhigt. Du brauchst nicht so dämlich stolz auf mich zu sein. Es ist eine Frage des Geldes, das nehme ich an. Nun, ich bin bereit, ihnen dabei zu helfen." Rechnungen. Ich weiß, dass diese Dinge teuer sind. Ich bin bereit, einen Teil meines Einkommens für ihre Rechnungen beiseite zu legen. Wir könnten diesen Teil davon irgendwie regeln. Warum, du dummer Junge, willst du mich nicht ins Vertrauen ziehen?"

„Das ist es nicht – überhaupt nicht", stammelte ich. „Warum verstehst du das nicht – es sind die Kinder selbst. Wie kann ich sie umwerfen?"

„Du denkst nicht, dass du hier etwas für sie tust – du und dieses Mädchen aus dem Findelhaus, das weiß Gott von welchen Eltern stammt? Lasst mich das besser regeln –"

Seltsamerweise fühlte ich mich beleidigt, als sie so über das Mädchen Alicia sprach, die genauso fester Bestandteil meines Schützlings und meiner Familie zu sein scheint wie alle anderen.

„Es ist sehr nett von dir, Gertrude", murmelte ich, „so viel anzubieten. Aber Geld von dir für die Kinder meiner Schwester zu nehmen, kommt – außer Frage." Das brachte sie mehr denn je aus der Fassung.

„Ich habe noch nie jemanden gekannt, der so idiotisch ist", erwiderte sie bissig. „Du kannst nichts selbst tun und du lässt dich von niemandem helfen, der es kann." Und nachdem Gertrude ein paar Minuten lang schweigend geraucht hatte, wandte sie sich angewidert von mir ab. Sie war auch sehr elegant gekleidet, mit einer äußerst schicken Wintermütze und hübschen Pelzen. Ich möchte Gertrude eine Freude machen. Aber sie scheint nicht in der Lage zu sein, meinen Standpunkt zu begreifen, nämlich dass ich das Gefühl habe, dass es eine persönliche Verantwortung ist, wenn ich diese Kinder berühre.

„Wenn nur jemand auftauchen würde, der ihnen näher steht als ich", murmelte ich verärgert, „würden Sie sehen, wie ich sie so schnell rausschmeiße, dass ihre kleinen Köpfe schwirren würden."

„Näher", wiederholte sie vage, „wenn du weißt, dass es keine solche Person gibt."

„Ihr Vater zum Beispiel", erklärte ich. „Ich habe keinen Grund, ihn für tot zu halten. Laura war sich immer sicher gewesen, dass er lebte. Es gibt alle möglichen Erklärungen für seine Abwesenheit. Er könnte zurückkommen, wissen Sie."

Gertrude lachte mich bitter aus.

„Die einzig wahrscheinliche Erklärung", erwiderte sie, „ist, dass er seiner Frau und seinen Kindern überdrüssig war. Er vergnügt sich wahrscheinlich irgendwo mit jemandem , der weiß, wie man ihn hält."

Das war ein Satz, der mich berührt hat. Warum muss sie meine arme Schwester jetzt in ihrem Grab verunglimpfen? Ich senkte den Kopf, konnte aber nicht antworten, obwohl ich ein Gefühl der düsteren Gewissheit verspüre, dass Jim Pendleton niemals zurückkehren wird.

„Auf Wiedersehen", sagte Gertrude und lächelte mich grimmig an.

„Au revoir", antwortete ich und ließ sie raus. Aber sie schenkte mir keine weitere Beachtung.

Warum ich meine unbestreitbare Verärgerung an Alicia auslassen sollte, weiß ich nicht. Aber ich rief sie in mein Arbeitszimmer, sobald Gertrude gegangen war und sie strahlend lächelnd eintrat. Ich glaube, das Kind sieht wesentlich glücklicher aus als bei seiner Ankunft und seine Augen sind weniger wehmütig. Ich war mir der Strenge eines hängenden Richters auf meinem Gesicht bewusst. Aber Alicia ignorierte meine Stimmung. Möglicherweise hat sie mich herausgefunden und weiß, dass ich am wenigsten zu fürchten bin, wenn ich dem Anschein nach am despotischsten bin.

„Alicia", begann ich streng, „wie geht es den Kindern? Geht es ihnen gut ?" (Was für eine dumme Frage!)

„Oh ja, Sir", antwortete sie verwundert.

„Ich meine – sind sie hier glücklich?" Ich blickte sie finster an.

„Ja, Sir – sie finden es schön."

„Haben sie – haben sie Angst vor mir?" „Forderte ich streng und blickte grimmig auf meine Fingernägel.

„Nein, Sir", stammelte sie, „das sind sie nicht."

Ich habe dem Kind Angst eingejagt, wurde mir mit einem Stich bewusst. Aber als ich plötzlich aufsah, schien die kleine Füchsin mit dem Lachen zu kämpfen – obwohl das kaum sein kann. Sie hatte die Manieren, sich abzuwenden. Ein kleiner Ballast ist dieses Kind, aber ich will keinen Blödsinn haben.

„Und du –" Ich zog sie scharf hoch, vielleicht zu scharf, woraufhin ich mildernd grinste –

„Fühlen Sie sich kompetent, sich weiterhin um sie zu kümmern?"

„Oh", keuchte sie – jetzt hatte sie keine Ahnung mehr zu lachen – „Ich liebe es einfach – Oh, Sie denken doch nicht daran – mich wegzuschicken, Mr. Byrd?"

Die Stimme des armen Mädchens klang stocken, und ich kam mir dumm und brutal vor.

„Nein – nein", knurrte ich richterlich. „Überhaupt nicht. Ich wollte lediglich sicherstellen, dass es keinerlei Schwierigkeiten gibt. Ich schlage vor, dass Sie mir jeden Tag oder jeden zweiten Tag über alles berichten, was Ihnen einfällt – von dem Sie denken, dass ich es wissen sollte."

„Ja, Sir", stockte sie, „das werde ich, Sir."

„Haben sie Kleidung, Schuhe und andere Dinge – warm genug für dieses Wetter?"

„Oh ja, Sir – jede Menge", antwortete sie und lächelte erneut.

„Und du, hast du alles was du brauchst?"

„Aber ja, Sir – ich glaube, das habe ich." Ihre Schuhe wirkten dünn und abgenutzt. Ich hatte keine Lust, oberflächlich oder ausweichend zu sein.

„Sind das die besten Schuhe, die du hast?"

„Ja, Sir", antwortete sie schwach. Auch ihr Kattunkleid schien extrem dünn zu sein.

„Das ist alles", entließ ich sie knapp. „Bitten Sie Griselda, bitte zu mir zu kommen."

„Griselda", begann ich, freundlich genug für jemanden, der keine Ehrfurcht vor mir hat, „ich wünschte, du würdest dir die Garderobe des Mädchens Alicia ansehen und ihr alles besorgen, was sie an Schuhen und anderen Dingen braucht. Würde es dir etwas ausmachen, das zu tun?" "

„Ja, ich mache es, Mr. Randolph. Ich kenne ein paar günstige Lokale in der Fourteenth Street –"

„Gott bewahre, Griselda", unterbrach ich sie. „Das werde ich nicht zulassen. Es gibt genug Ungleichheit und Herzschmerz auf der Welt, auch wenn man es nicht unter die Kinder bringt. Nein, nein. Kaufen Sie die Dinge dort, wo Sie die anderen gekauft haben – für Miss Lauras Kinder."

Griselda lachte heiser.

„Du wirst doch nicht anfangen, das Mädchen mit auffälligen Klamotten zu ruinieren!" rief sie aus.

„Nein, Griselda, das werde ich nicht. Gute Kleidung hat noch nie jemanden ruiniert", gab ich ihr meine ehrliche Überzeugung. „Es ist umgekehrt. Es ist schlechte Kleidung, die die lebenswichtigen Elemente Ihrer Selbstachtung auffrisst, wie der Fuchs in der Geschichte vom spartanischen Jungen."

Kinder untersucht ?" sie warf mich an.

„Noch nicht", antwortete ich sanft. „Aber ich werde eines Tages einen Rundgang durch sie machen."

„Wenn du das tust, wirst du rückwärts gehen, denke ich", warf Griselda hervor und verschwand murmelnd. In Griseldas Lexikon ist Extravaganz gleichbedeutend mit Kriminalität und übertrifft diese sogar. Aber sie wird bestimmt tun, was ich verlange.

Heute fand eine Buchauktion statt. Und nachdem seit meiner Unterredung mit Gertrude zwei Tage vergangen waren, war ich, als ich das Ankündigungspapier hinlegte, so erschöpft, dass ich daran denken konnte, hinzugehen. Die Nachricht von einer Auktion hat auf mich immer noch die Wirkung, die ein Signalhorn auf ein ramponiertes, überaltertes Kavalleriepferd ausüben könnte. Trotz des Aufstiegs des plutokratischen Sammlers, trotz der Scharen von Händlern, die den Buchkauf fast zu einer exakten Wissenschaft gemacht haben, träume ich immer noch davon, eines Tages das Glück von Edward Malone zu erleben, der Ende des 18. Jahrhunderts Shakespeares Sonette kaufte die Ausgabe von 1609 und ein Erstdruck der „Raub von Lucrece ", alles für zwei Guineen.

Ich hatte Jimmie bereits in seinen Kindergarten begleitet. Unterwegs, als er seine Hand fester in meine legte, blickte er mit einem humorvollen Lächeln zu mir auf und teilte mir mit, dass „wir Männer wunderbare Zeiten miteinander verbracht haben." Es erfüllte mich mit einem merkwürdigen Nervenkitzel, und ich war selbst für diese Kameradschaft in meinem einsamen Leben dankbar, die Gertrude und so viele andere töricht und verabscheuungswürdig finden.

Ich ging gerade durch die Haustür hinaus, als mir eine schlichte, großmäulige junge Frau von vielleicht dreißig Jahren, streng in Schwarz gekleidet, gegenüberstand. Ich blieb einen Moment sprachlos und entschuldigte mich dann natürlich törichterweise, ich weiß nicht warum – vielleicht dafür, dass ich die Erde belastet habe.

„Willst du Griselda sehen?" Ich murmelte, mit meinem Hut in der Hand.

„Nein", erklärte sie und musterte mich im düsteren Flur. „Ich möchte Herrn Randolph Byrd sehen."

„Ich bin er", sagte ich ihr.

„Ich möchte mit Ihnen sprechen", sagte sie mit leiser Stimme. Im Geiste verabschiedete ich mich traurig von der Buchauktion und allen möglichen Schnäppchen und machte mich auf den Weg zu meinem Arbeitszimmer.

„Ich stehe zu Ihren Diensten", sagte ich grinsend und bot ihr fast eine Zigarette an.

„Es geht um das kleine Mädchen, Alicia Palmer", begann sie zögernd, als müsste sie etwas Schreckliches mitteilen.

„Bist du ihr Lehrer?" Ich fragte verwundert.

„Nein, Mr. Byrd, ich komme aus dem Heim für unterhaltsberechtigte Kinder – ich bin einer der Inspektoren."

„Ah, ich verstehe. Du möchtest – sie inspizieren", stolperte ich dumm weiter, woraufhin sie lachte.

„Nein – nicht ganz", lächelte sie. „Um die Wahrheit zu sagen, Mr. Byrd, ich möchte Sie inspizieren –"

„Nun, das ist alles, was von mir übrig ist", unterbrach ich ihn.

„Und ich möchte", fügte sie hinzu, „sie zurück ins Heim bringen."

„Nimm sie zurück!" Ich weinte, weil etwas in ihrem Tonfall sie berührte. „Aber – aber warum?"

„Wir erlauben unseren Mädchen nicht, in den Häusern von Junggesellen zu leben", murmelte sie und senkte für einen Moment den Blick.

"Oh!" Ich keuchte schwach. Es ist meine ewige Unrichtigkeit, die allem zugrunde zu liegen scheint. Das Bild der Kinder auf meinen Händen ohne das Mädchen Alicia erfüllte mich mit eisiger Bestürzung.

„Es hätte uns gemeldet werden müssen", sagte sie vorwurfsvoll. „Das sollte es wirklich."

„Was hätte gemeldet werden sollen?" Ich tastete verwirrt herum.

„Die Veränderung – die Versetzung. Wir haben Alicia zu Mrs. Pendleton geschickt", erklärte sie. „Als Mrs. Pendleton – äh – starb, hätten wir benachrichtigt werden müssen – damit wir uns um sie kümmern konnten."

„Ich verstehe", murmelte ich schwach. „Sehen Sie, der Tod meiner Schwester kam so plötzlich, dass niemand an so etwas gedacht hat. Ich wusste nicht einmal, dass sie dieses Mädchen aus Ihrem Zuhause mitgenommen hatte."

Auf meine unbeholfene Art erklärte ich ihr dann, wie die Kinder hierher kamen, wie sie an Alicia festhielten und wie absurd ich von ihr abhängig war – was mir plötzlich klar wurde. Ich habe ihr, glaube ich, ganz ehrlich gesagt, dass die Kinder jetzt nicht mehr ohne sie auskommen könnten. Und der bittere Gedanke überkam mich, dass nichts auf dieser Welt, was angenehm, passend oder angenehm ist, lange unzerstört bleiben kann; dass alles Menschliche, Süße und Ruhige durch menschliche Hände rückgängig gemacht werden muss. Was für eine erbärmlich zerstörerische Rasse wir sind!

„Nun", schloss ich traurig, „ich nehme an, dass du sie jetzt mitnimmst – und was ich mit diesen drei Kindern machen soll, ist mir ein Rätsel."

Zu meiner Überraschung sah ich, als ich aufblickte, deutlich eine Träne in ihren Augen glitzern. Sie schaute weg.

„Sie haben sehr viele Bücher", bemerkte sie mit nervöser Bedeutungslosigkeit.

„Das Ergebnis eines verschwendeten Lebens", seufzte ich.

„Nun, ich weiß nicht, was ich tun oder sagen soll", sagte sie und erhob sich unbeholfen. „Ich möchte Alicia und – die anderen Kinder sehen. Und ich muss mich melden – ich werde die Oberin des Heims am Telefon anrufen."

„Wirst du es jetzt nicht tun?" Ich forderte eifrig dazu auf.

„Ich denke, ich sollte zuerst Alicia sehen – wann wird sie da sein?"

„Zur Mittagszeit", sagte ich; „Willst du nicht bleiben oder zum Mittagessen kommen?"

Sie schien sich daran zu erinnern, dass dies diese obszöne Umgebung war, das Zuhause eines Junggesellen.

„Nein, danke", murmelte sie förmlich. „Ich komme besser am Nachmittag noch einmal. Wäre halb drei in Ordnung?"

„Bewundernswert", sagte ich ihr.

„Ich werde mein Bestes geben", versicherte sie mir.

„Das ist sehr nett von dir", antwortete ich aus dankbarem Herzen.

Auf Wiedersehen, Auktionen! Lebe wohl, Frieden! Wieder einmal befinde ich mich in unruhigen Gewässern, wie ein Stück Strandgut dazu prädestiniert, nur im Sturm auf und ab zu schaukeln. Tief in meinem Inneren sehne ich mich nach der Macht, alles zu tun, alles zu arrangieren, meine Welt rhythmisch um mich herum schwingen zu lassen, anstatt betrunken herumzutaumeln. Sogar auf dieser geheimen Seite, die nur für meine Augen gedacht war, wollte ich meinen Kummer und meine Tragödie ausdrücken, die ewige Traurigkeit, die dem Leben zugrunde liegt – und mich dann als Mann mit Willen und Energie erheben, um meine Angelegenheiten zu regeln. Stattdessen kann ich Unfähigkeiten nur schwach kritzeln, um mir die Zeit zu vertreiben, bis eine arme, unterbezahlte Inspektorin zurückkehrt , um das Urteil über mich zu verkünden. Darf ich im Ruf der Ruhe leben oder nicht ? Ich fürchte zutiefst, dass Gertrude doch Recht hatte. Was hat ein Mensch wie ich damit zu tun, mit kühnen Augen auf die Pflicht zu blicken oder sich mit der Verantwortung auseinanderzusetzen, die ein gewöhnlicher Mann übernehmen würde, als würde er einen weiteren Schlüssel an seinen Schlüsselbund hängen – einstecken und vergessen?

Falstaff hätte nicht freundlicher oder urkomischer sein können, als ich mich in diesem Moment fühle, und schon gar nicht die alte Pistole. Als ich vor ein paar Minuten das Esszimmer verließ, wäre meine Würde für immer in Vergessenheit geraten, wenn die Kinder mich entdeckt hätten, nachdem ich meine Tür geschlossen hatte. Ich hüpfte durch den Raum wie eine rheumatische Ziege und sang eine wilde *Melodie* .

Die Kommissarin hat mit dem Daumen nach oben gezeigt. Ich weiß kaum, ob Alicia, die Kinder oder Griselda die Sache positiv entschieden haben.

„Möchtest du Alicia alleine sehen?" Ich fragte die Inspektorin , als sie zurückkam. Sie wird es nie erfahren, dieses nette, schlichte Mädchen, mit welcher Anspannung ich sie erwartet hatte. Kein Liebhaber, den sie gehabt haben mag, hat jemals zitternder ein Stelldichein mit ihr gehalten – sonst wäre sie jetzt nicht Miss Smith.

„Nein", war ihre Antwort, „sie ist nur ein Kind. Ich möchte sie mit den Kindern sehen." Alicia war bereits vorbereitet und, wie ich zugeben muss, teilweise vorbereitet.

„Hier ist Miss Smith, kommen Sie zu Besuch, Alicia", verkündete ich mit gespielter Leichtigkeit, als ich die Dame hereinführte. Oh, es war ganz deutlich „eingeleitet".

„Wie geht es Ihnen, Alicia?" Miss Smith streckte ihre Hand aus und schmolz dahin, als sie die Kinder mitten im Spiel sah. „Wie geht es dir – gesund und glücklich?"

„Oh, so glücklich!" antwortete Alicia und trat mit geröteten Wangen vor. „Ich bin so froh, dass du gekommen bist."

„Aber warum hast du uns nicht geschrieben, Kind?" war der sanfte Protest.

„Es tut mir schrecklich leid, Miss Smith", von der zerknirschten Alicia. „Aber die Zeit verging so schnell – ich wollte gerade – und ich musste mir neue Klamotten besorgen – und es gibt so viel zu tun."

Miss Smith blickte zweifelnd auf Alicias Kleidung. Vielleicht hielt sie ihre Qualität für einen der Bewohner ihres Heims für zu ruinös. Dann warf sie einen Blick auf die schweigenden, staunenden Kinder.

„Hallo, Fräulein Smith!“ Sie weinten in gebrochenem Chor und erregten ihre Aufmerksamkeit. Sie war es, die Alicia ursprünglich zu ihnen gebracht hatte. „Du wirst Alicia doch nicht mitnehmen, oder?“ Laura meldete sich mutig zu Wort.

„Warum, Liebes? – Möchtest du sie nicht verschwinden lassen?“ Sie kam zurück und lächelte unsicher.

„Nein! Das würden wir nicht tun!“ antworteten alle Kinder eigentlich mit einer Stimme, wobei der kleine Jimmie am lautesten war, worüber wir beide lachten.

„Wer“, fragte Randolph streng, „wird unsere Knöpfe annähen?“

„Und wer gibt mir meinen Baf ?“ rief Jimmie.

„Oder uns beim Unterricht helfen?“ setze Laura ein.

„Na ja, wir werden sehen!“ Miss Smith kam strahlend zurück. Ich glaube, dass die junge Frau wirklich kinderlieb ist. „Was spielst du gerade?“

Sie begannen alle gleichzeitig zu erklären.

„Soll ich dich bei ihnen lassen?“ Ich murmelte.

„Ja – ich bleibe noch ein oder zwei Minuten“, sie nickte – und ich schlich auf Zehenspitzen hinaus, um auf den Untergang zu warten.

Als ich ein paar Minuten später zurückkam, hörte ich zu meiner Überraschung, kurz bevor ich die Tür öffnete, Griseldas Stimme, die den ganzen Höhepunkt ihrer Empörung erreichte:

„Wenn das nicht passt, dann passt auch nichts –“, woraufhin ich die Tür öffnete.

Die Kinder waren verschwunden. Griselda überragte mit blitzenden Augen die arme Miss Smith buchstäblich. Offensichtlich hatte Griselda ausgesagt. Hervorragendste Zeugin, Griselda! Welche Chance hatte Miss Smith gegen einen Fels in der Persönlichkeit wie Griselda?

„Es ist alles in Ordnung“, verkündete Miss Smith und lächelte schwach, als ich eintrat. „Ich habe heute Mittag die Oberin angerufen und sie hat es mir überlassen. Das ist eine Ausnahme – die erste ihrer Art in unserer Anstalt – aber ich habe vor, Alicia bleiben zu lassen. Sie – sie scheint hier so glücklich zu sein“, fügte sie hinzu. stockend.

„Das ist sehr gnädig von dir", verneigte ich mich. „Ich danke Ihnen. Sollen wir ihnen Ihre Entscheidung mitteilen?"

Griselda öffnete die Tür des Schlafzimmers, in dem sie alle wie so viele verängstigte kleine Hasen eingesperrt waren, und Randolph, der sich nicht zurückhalten konnte, verlangte eifrig:

„Kann sie bleiben?"

„Ja", nickte Miss Smith und wildes Geschrei muss die Nerven der anderen Mieter erschüttert haben. Als Zeichen seiner höchsten Gunst rannte Jimmie zu Miss Smith und streckte seine Arme aus, um sie in ihre Arme zu nehmen. Ein größeres Selbstvertrauen könnte er nicht vermitteln. Alicia tupfte sich ein paar Freudentränen von den Wangen. Ich flehte Miss Smith an, bei ihnen zum Tee zu bleiben, und entkam unauffällig. Jetzt sind meine Gedanken voller triumphaler Vorstellungen. Sollte ich jemals Präsident werden, wird Griselda mit Sicherheit meine Außenministerin sein.

Kapitel VII

Jetzt, wo die Weihnachtsferien vorbei sind und ich Rechnungen erstellt habe, ist mir die beunruhigende Erkenntnis gekommen, dass ich nicht mehr von meinem Einkommen leben kann. Der Strom der Rechnungen schwappt schon um mich herum. Vielleicht war ich unvorsichtig, aber ich habe schon seit Ewigkeiten kein Buch mehr gekauft. Andrews, der Buchhändler, teilte mir neulich mit einem eher traurigen als wütenden Gesichtsausdruck mit, dass er zwar meine unerklärliche Ablehnung des Boswell nicht verstehen könne, es aber nicht übers Herz bringe, es jemand anderem anzubieten . Er halte es ruhig, erklärte er, um einem Freund das Bedauern zu ersparen.

„Verkaufen Sie es, Andrews, um Himmels willen – verkaufen Sie es", sagte ich ihm.

„Aber Sie haben Ihre Bestellung schon seit drei Jahren erhalten", protestierte er, „und haben sie nie storniert. Jetzt lehnen Sie sie plötzlich ab. Das muss etwas zu bedeuten haben!"

„Es bedeutet – ich sage dir, was es bedeutet, Andrews: Ich habe eine junge Familie gegründet." Ich habe ihm dann kurz meine Situation erklärt.

„Sagen Sie es mir nicht, Mr. Byrd – sagen Sie es mir nicht!" wiederholte er immer wieder. „Dann ist es das, was ich tue", verkündete er mit plötzlicher Entschlossenheit. „Ich behalte dieses Werk, wenn ich es zehn Jahre lang behalten muss, bis zu dem Zeitpunkt, an dem du das Gefühl hast, dass du es annehmen kannst. Nur habe ich hier so wenig Platz", fügte er milde hinzu, „willst du es nicht für mich aufbewahren?" in deinen Regalen?"

„Na, du – du Samariter!" Ich lachte verlegen und klopfte ihm auf die Schulter. „Was versuchst du zu tun – mich bankrott zu machen?"

„Wenn Sie es in Ihre Versicherung einbeziehen", antwortete er, „aber egal: Ich versichere es selbst." Und dann sprach er von etwas anderem. Er hielt sein Wort. Bevor ich nach Hause kam, war Boswell hier und steht jetzt in meinem Regal. Ich habe mich über dieses Persönlichkeitsepos gefreut und mir kommt der Gedanke, dass Johnson und Griselda im Geiste verwandt sind.

Zwei Monate! Es ist unglaublich. Es müssen Jahre vergangen sein, seit die Kinder hierher gekommen sind. Mein früheres Leben kommt mir so fern vor wie das alte Ägypten. Heute Morgen kam ein Brief von Biagi vom Laurentian, in dem er fragte, warum er nichts von mir gehört habe, wann ich nach Florenz komme, und hinzugefügt habe, dass es in Oxford auch Brunetto gebe Kürzlich wurde Latini- Material ausgegraben, und ich könnte unterwegs anhalten und es untersuchen. Ich lachte. Vorbei sind diese Tage, die, fürchte ich, nie wieder zurückkehren werden. Wenn ich nur noch einmal das gute alte Pergament riechen könnte! Ich erinnere mich noch an die Begeisterung, die ich verspürte, als Biagi mir im Laurentian zum ersten Mal die Pergamentschrift von Sophokles zeigte. Ich konnte tatsächlich sehen, wie der Schreiber im Byzanz des elften Jahrhunderts die erhabenen, schönen Worte ehrfürchtig abschrieb, in einem Geist höchster Verehrung, seine blassen Wangen waren von seiner frommen Aufgabe gerötet. Ich *war* dieser Schreiber! Warum, frage ich, wurde dieses seltsame und eifrige Gefühl in meine besondere Brust eingepflanzt? Könnte es sein, dass ich in einer früheren Zeit selbst der gelehrte Grieche war? – Aber das ist Unsinn.

Wenn ich nur meine Rechnungen bezahlen könnte. Dennoch wage ich es nicht, die Kleinigkeit anzurühren, die Laura ihren Kindern hinterlassen hat. Das muss für den Notfall bleiben.

Und am ersten Mai müssen wir unser Quartier wechseln. Der Vermieter, ein recht anständiger kleiner Mensch, entschuldigte sich sehr.

„Ich habe selbst Kinder", informierte er mich abfällig, „und ich weiß, was es ist. Aber du verstehst. Ein Junggeselle ist eine Sache und vier Kinder eine ganz andere. Macht einen Unterschied." Ich sagte ihm, dass ich mir des Unterschieds, den es machte, mehr oder weniger bewusst war.

„Und diese Leute hier, in diesem hier, jetzt, Gebäude", erklärte er, „sie sind so schrecklich nett – sie können den Anblick eines Kindes nicht ertragen, geschweige denn das Geräusch." Ich äußerte mich nicht dazu, denn ich war noch vor Kurzem so gemein-nett gewesen.

Wir werden uns auf die Suche nach neuen Weiden machen müssen.

Fred Salmon hielt sein Wort und hat tatsächlich nach mir gesucht.

Ich weiß nicht, warum der bloße Eintritt dieses luftigen Mohocks in den Raum meine widerwillige Vaterschaft zehnmal schärfer empfand, als ich sie zuvor gespürt hatte. Plötzlich fühlte ich mich vor einem Mann von Welt wie ein Starrer und ein Versager – obwohl ich den Mann von Welt nicht völlig respektierte. Wieder einmal wurde mir die verlorene Freiheit deutlich bewusst. Abstrakte Freiheit, aus der ich herausgetreten war, wie ein Mann vom Leben in den Tod geht.

Zum Glück redet Fred nicht um den heißen Brei herum.

„Erinnern Sie sich", begann er und drehte gekonnt das verstümmelte Ende einer Zigarre zwischen seinen Zähnen, „dass ich Ihnen im Club gesagt habe, für welche Art von Geschäft Sie geeignet wären?"

„Ein Anleihenverkäufer oder ein Hundezüchter", antwortete ich prompt.

„Hast du dich auf irgendetwas eingelassen?"

Ich habe verneinend geantwortet.

„Nun, ich denke darüber nach, etwas zu beginnen", verkündete er feierlich.

„Eine Hundehütte ? " Ich habe nachgefragt.

„Nein – ein Anleihengeschäft, Ran."

„Ich wünsche dir Glück, mein Junge", sagte ich zu ihm.

„Nichts davon –" er grinste, „ich möchte, dass du mit mir reingehst."

Ich blickte ihn sprachlos und erstaunt an.

„Habe ich Bauch voll gesagt?" verlangte er und nahm seine abscheuliche Zigarre ab.

„A – ja", keuchte ich, „und noch mehr."

„Ha! So bin ich", lachte er. „Ideen kommen zu mir und ich handle danach."

„Aber – was habe ich getan –", begann ich stammelnd, „um das zu verdienen –"

„Du bist der Mann für mein Geld", brach er laut aus, „Ich mache manchmal einen Fehler bei der Auswahl eines Pferdes, aber niemals bei der Auswahl eines Mannes, Ranny , mein Junge, niemals!"

Als Heinrich der Fowler in aller Ruhe Finken fing und ihm plötzlich die Nachricht überbrachte, dass er zum Kaiser gewählt worden sei, bezweifle ich, dass er sich in diesem Moment noch vollkommener gefühlt hatte als ich. Aber es war mir einfach zu schwer, es mit Fred Salmon ernst zu meinen.

„Diesmal bist du an den richtigen Mann geraten, Fred", ich gab ihm eine Parodie auf seinen eigenen Tonfall, „daran besteht kein Zweifel!"

„Das kann ich wetten, alter Hoss", rief er, „weiß ich das nicht?"

„Das heißt", fuhr ich fort, „wenn Fitness, Ausbildung, Erfahrung, Kapazität, Vorliebe und Kapitalreichtum Faktoren sind, haben Sie den einen Mann ausgewählt –"

"Yah!" unterbrach ihn Fred, „Ich weiß alles darüber. Versuchen Sie es nicht mit Sarkasmus, alter Junge. Ich weiß alles, was Sie sagen können, und noch viel mehr. Aber ich habe Ihnen doch gesagt, dass es der Schnitt Ihrer Tasse ist, den ich will. Was nützt das." Ist der am besten trainierte Zweijährige, wenn er ein Hammerkopf ist? Bei einem Mann ist es wie bei einem Pferd. Du hast das richtige Aussehen – und das ist es, was zählt!"

Der Spott meines Dankes und alle weiteren Versuche einer ungeschickten Satire wurden von Fred völlig ignoriert.

„Ich weiß, Sie sind in einer angenehmen Lage", sagte er und überflog nachdenklich meine Bücher, die seltsamerweise für jeden Reichtum suggerieren . „Aber scheiß drauf, Mann, du willst bestimmt mehr Geld für irgendwas – mehr Bücher vielleicht So wie ich es tue. Du musst es in deiner sogenannten Bohne umdrehen, nehme ich an. Alles klar. Aber denk dran – ich akzeptiere kein Nein als Antwort."

„Mit dieser geringfügigen Einschränkung, nehme ich an, habe ich eine große Entscheidungsfreiheit?" Ich habe es gewagt.

„Oh ja", grinste er. „Abgesehen davon, dass du reinkommst, kannst du so weit gehen, wie du willst. Salmon und Byrd!" rief er plötzlich. „Wie ist das für ein Firmenname? Meine Güte! Da ist Genie drin! Vielleicht war es der Grund, warum ich zu Ihnen gekommen bin. Ich mache nie etwas falsch. Salmon und Byrd – Gott! Es ist so gut, dass es mir Angst macht!"

„Salmon und Byrd", wiederholte ich ihm mechanisch nach. „Die *Speisekarte kommt mir für* einen *Viveur wie Sie* unvollständig vor . Fügen Sie ein wenig Garnelensalat hinzu – oder zumindest eine Artischocke."

Er grinste, aber er ließ sich von meiner Leichtfertigkeit nichts anmerken.

„Nein, nein", er schüttelte den Kopf. „Nichts davon. Verderben Sie keine schöne Sache. Es ist – wie nennen sie es – ein Sakrileg. Ein guter Firmenname – es ist die halbe Miete. Bei George! Das war ein Tag voller Arbeit für mich. Ich wusste es nicht." Es würde so reichhaltig werden. Wir sollten im Knickerbocker – oder bei Claridge's – darauf zu Abend essen. Was sagen Sie?"

Blitzartig sah ich, wie sich die Aussicht auf Freds Leben vor mir ausbreitete – Lärm und Gelächter, heftige Anfälle mit teuren Gerichten in teuren Lokalen, klirrende Gläser – die Welt des Geldverdienens, die sowohl aus ausschweifenden Ausgaben als auch aus halb scherzhafter Hälfte besteht - fanatisches Erhalten. In diese Welt lud mich Fred ein.

„Um sechs Uhr gibt es Abendessen, wenn Sie bleiben möchten", schlug ich sanft vor.

„Nein, nein, danke", sagte Fred nachdenklich. „Das würde ich gerne tun. Aber heute Abend irgendwie nicht. Ich konnte nicht. Kommen Sie besser mit. Und wir besprechen die Einzelheiten."

Ich widerstand jedoch seinem Drängen und er ließ mich mit diesem parthischen Pfeil zurück:

„Denken Sie darüber nach, so viel Sie wollen, Randolph, mein Junge. Aber es ist ein Versuch. Nichts, was Sie dagegen sagen können, wird den Gründen, die dafür sprechen, das Wasser reichen. Allein der Firmenname ist hunderttausend Dollar wert. Betrachten Sie es als erledigt . Ich habe mich in meinem ganzen Leben noch nie so sicher gefühlt. So lange, mein Junge. Du wirst von mir hören."

Er drehte nicht einmal den Kopf, als er mein fast hysterisches Gelächter hörte, als er die Tür schloss. Bisher hatte ich mich, wie bescheiden und unbedeutend auch immer, immer als Priester im Tempel der schönen Dinge angesehen. Der Gedanke, dass Fred mich für den Geldwechsler beansprucht hatte, war erniedrigend.

Nie wieder möchte ich die Märtyrerminuten der Qual erleben, die ich in den letzten vierundzwanzig Stunden durchgemacht habe.

Aus irgendeinem Grund, den man sich nicht erklären kann, bekam Jimmie plötzlich Fieber. Dieser helle kleine Wirbel aus Leben sah auf einmal weiß aus, lehnte sein Essen mit dem blassen, mitleidigen Lächeln eines Achtzigjährigen ab, und im Handumdrehen, so schien es, brannten seine Wangen, seine Augen glitzerten trocken und seine Lippen waren ausgetrocknet. Als ich an sein Bett gerufen wurde, beugte ich mich über ihn und die Luft um mich herum schien sich zu verdunkeln. Ich glaubte, dass Lauras Kind gefährlich krank war. Das Herz in mir wurde bleiern und sogar Griselda zeigte sich alarmiert. Dann und dort schwor ich mir innerlich, dass kein Fremder sich um dieses Kind kümmern sollte, wenn es genesen würde, solange ich mich selbst um es kümmern könnte.

Der nächstgelegene Arzt, der eine Erdgeschosswohnung darunter bewohnt, ein brutaler Mann von etwa fünfunddreißig Jahren, zog es vor, weise und unergründlich auszusehen, wenn er heraufkam. Ruhig und ernst verschrieb er mir Öl und mit einem gemurmelten „Das werden wir morgen sehen" ließ er mich voller Zweifel und Angst zurück.

Die einzige Person, die ein gewisses Maß an Ruhe an den Tag legte, war Alicia. Und obwohl sie selbst noch ein Kind ist, gestehe ich, dass sie ein Gefühl der Abneigung gegen das empfindet, was mir angesichts unserer Verunsicherung als Gefühllosigkeit erschien. Ich sah Visionen von einer Vielzahl von Krankheiten, von Quarantäne, von Jimmies möglichem Tod und davon, wie ich für immer ein Gefühl namenloser Schuld vor Lauras Erinnerung trug. Ich sagte ihnen, ich solle die Nacht wach bleiben.

„Oh nein, Mr. Byrd", beharrte das Mädchen mit plötzlicher Heftigkeit. „Tu das nicht. Ich mache mir einen Platz im Esszimmer und lasse die Tür ihres Zimmers offen. Ich werde ihn hören, wenn er aufwacht."

„Ich fürchte, Alicia, du nimmst das nicht ernst genug", sagte ich ihr streng. Sie sah mich einen Moment lang wehmütig an und lächelte dann leicht.

„Ja, Sir, das tue ich", antwortete sie. „Aber es nützt nichts, wenn wir uns alle auf einmal verausgaben, wenn es eine echte Krankheit ist. Aber ich glaube nicht, dass es etwas Großes ist."

"Wie kannst du das wissen?" fragte ich misstrauisch.

„Das glaube ich einfach", behauptete sie. „Im Heim ging es den Kindern immer so schlecht. Am nächsten Tag ging es ihnen wieder so gut wie nie zuvor."

„Aber das ist nicht das Heim", erwiderte ich streng. Das Mädchen errötete. Ich sah, dass ich sie verletzt hatte.

„Aber er ist ein Kind", beharrte sie hartnäckig und mit leiser Stimme. Ich schüttelte den Kopf.

„Ich werde im Arbeitszimmer sitzen", sagte ich ihr, „bei offener Tür. Ich werde ihn hören, wenn er ruft. Du gehst besser zu Bett."

Ihre großen, eindringlichen Augen blickten mich einen Moment lang an und dann verließ sie mich. Im Arbeitszimmer zündete ich ein Feuer an, zog den großen Stuhl heran, zündete eine Zigarette an und bereitete mich im Schlafrock und in Hausschuhen auf die Nacht vor, entschlossen, sie wach zu verbringen.

In meinem Kopf drehten sich viele Dinge. Fred Salmons absurder Vorschlag, der seltsame Trick der Umstände, der mich plötzlich für ein Haus voller Kinder verantwortlich gemacht hatte, der Aufenthaltsort von Dibdin , die erstaunliche Vielfalt an Rechnungen, das brennende Fieber des kleinen Jungen. Vor dem glühenden Feuer begann die Schläfrigkeit meine Augenlider zu befallen. Um dem entgegenzuwirken, habe ich die Sonate „Der Nigger von der Narzisse" von Conrad aufgeschrieben und die Beschreibung des Kapsturms noch einmal gelesen, die weniger eine Beschreibung als vielmehr der Ausdruck des Sturms selbst ist. Wie immer beim Lesen dieses Buches war ich bis zum Schmerz überwältigt davon, was Sprache bewirken kann. Und als ich darüber nachdachte, erlaubte ich mir, für ein paar Sekunden einzuschlafen. Plötzlich erwachte ich mit einem Zittern und schaute auf meine Uhr. Zu meinem Erstaunen war es halb sechs Uhr morgens.

Voller Schuldgefühle stahl ich mich hinaus und schlich auf Zehenspitzen ins Esszimmer. Das Licht brannte. Ich sah drei Stühle mit einem zerknitterten Kissen darauf und Alicia glitt schläfrig lächelnd aus dem Kinderzimmer.

"Wie ist er jetzt?" Ich fragte mit gedämpfter Stimme, in der Absicht, ihr den Eindruck zu vermitteln, dass ich die ganze Nacht zugeschaut hatte.

„Ruhig schlafen", war die Antwort. „Sein Fieber ist größtenteils verschwunden."

„Das ist großartig", murmelte ich verlegen. „Du bist – äh – früh auf, nicht wahr?"

„Ich lag einfach hier auf diesen Stühlen", antwortete sie leise. „Ich habe ungefähr jede halbe Stunde bei Jimmie vorbeigeschaut. Er hatte eine sehr gute Nacht." Mit einem scharfen Anflug von Verärgerung, gemischt mit Erleichterung, fühlte ich mich nackt und entlarvt. Wir sahen uns einen Moment lang schweigend an, dann brach ich in gedämpftes Gelächter aus, in das sie leise einstimmte. Und obwohl ich mich für einen Idioten hielt, schwöre ich, dass ich dieses Kind nicht weniger wegen seines Sinns für Humor als auch wegen seiner stillen, unerschütterlichen Beständigkeit in mein Herz hätte drücken können.

Wie Sonnenlicht nach einem Sturm lässt Jimmies Genesung die Wohnung erneut klingeln, und wenn es zu laut klingelt, schließe ich meine Tür.

Ich schließe meine Tür, aber nicht wegen der Rechnungen. Diese strömen immer wieder mit dem beharrlichen Summen eines Hornissenschwarms herein, und jeden Tag sehe ich sie mit noch hilfloserem Entsetzen. Ich rechne und addiere und rechne, aber ich scheine nicht in der Lage zu subtrahieren. Ich kann mir nicht vorstellen, wie wir ohne die gekauften Dinge auskommen könnten. Mein bescheidenes Girokonto ist bereits fast erschöpft und es ist unmöglich, dass vor April nichts mehr eingeht.

Heute bin ich in meiner Verwirrung mit der Hochbahn nach Süden in die Region des Geldes gefahren. Was ich dort tun sollte, wusste ich kaum, aber eine namenlose innere Notwendigkeit schien mich zu treiben, etwas zu tun. Ich hatte eine vage Vorstellung davon, mich mit Carmichael zu beraten. Aber als ich am unteren Broadway ankam und tatsächlich vor Carmichaels Tür stand, floh ich voller Abscheu vor mir selbst, aus dem hinreichend transparenten Grund, dass ich ihm wirklich nichts zu sagen hatte. Ich fühlte mich wie ein Debütanten-Taschendieb, der abrupt von der Schwelle seiner Berufung abweicht, weil er das Fehlen einer Berufung erkennt oder von Feigheit überwältigt wird.

Auf der Straße blickte ich auf die treibenden Menschenmassen, schwärmend, strömend, mit angespannten Gesichtern, angetrieben von unsichtbaren Peitschenhieben der Not, des Verlangens, getrieben wie die Seelen in Dantes Hölle von dämonischen Mächten, die immer rufen: „Zahle deinen Weg!" Bezahl deinen Weg!" Sie hörten jetzt nicht den Schrei, das ständige Knallen der höllischen Peitschen, aber ich hörte sie und zitterte innerlich. Für mich selbst stellte ich mir die meisten dieser wogenden Gestalten auf einer Ebene des Lebens vor, die wenig Probleme hat, die immer „glücklich" ist mit dem dumpfen, nicht jubelnden Glück des Sklaven oder des Gefangenen, der eines Morgens mit einer Art zügig ins Büro kommt angelaufene metallische Fröhlichkeit, die bei Childs' oder an einer Theke ohne Hocker zu Mittag essen, sich in einem mit ihresgleichen vollgestopften Auto an einen Riemen klammern, abends einen Filmpalast besuchen und im Rahmen ihres Einkommens leben, weil sie es müssen. Und obwohl alles andere abscheulich war, machte mich dieses letzte Detail neidisch auf sie.

Zahlen Sie, wie Sie wollen! Zahlen Sie, wie Sie wollen! Der Schrei pochte in meinem Puls, als ich wegkam, dröhnte in den Autorädern, während ich nach Norden fuhr, dumpf eindringlich im Lärm der Straßen um mich herum.

Sobald ich vor meiner eigenen Tür war, umhüllte mich die Wärme wie Sommerluft und mit der Wärme kam das freudige Lachen der Kinder, die im Esszimmer spielten. In brodelnder, fröhlicher Aufregung stürmten sie auf mich zu, als ich zu ihnen hereinschaute und verlangte, dass ich zwischen ihnen nach den Regeln ihres Spiels urteile.

„Nur weil sie ein Mädchen ist", beschwerte sich Randolph laut und deutete auf Laura, „will sie immer Königin sein."

„Das liegt nicht daran, dass ich ein Mädchen bin", unterbrach Laura keuchend. „Das liegt daran, dass es fair ist. Jungen wollen nie fair sein, Onkel Ranny , das ist es. Er ist seit einer halben Stunde König und möchte immer, dass wir unmögliche Dinge tun, damit er für immer König sein kann."

„Und ich möchte auch König sein", verkündete Jimmie lautstark.

Ich unterdrückte den aufkeimenden Aufstand, so gut ich konnte, und besänftigte die Leidenschaften der Prätendenten. Ich erinnerte sie daran, dass dies eine Demokratie sei und dass das Königshaus in unserem Land nur auf die Begrüßung eines Besuchers zählen könne.

„Ach, weiß ich das nicht?" sagte Randolph heftig. „Ich wäre für nichts wirklich König."

Es war mir eine Freude, aus dem Tumult der Außenwelt in diese sprudelnde Quelle liebevollen jungen Lebens einzutreten. Jimmie, Laura, Randolph, kleine Funken funkelnder Persönlichkeit flackerten unruhig über ihren kindlichen Köpfen und es war meine Aufgabe, sie in stetige Flammen zu verwandeln. Das war es, was ich meiner Schwester Laura schuldig war, und das war der Weg, den ich unwiderruflich eingeschlagen hatte. Aber jetzt, allein in meinem Arbeitszimmer, höre ich im Summen und Gerücht der Straßen immer noch den eindringlichen Ruf: Zahle deinen Weg! Zahlen Sie, wie Sie wollen!

KAPITEL VIII

Das Unglaubliche ist passiert. Nein, nicht das Unglaubliche. Das Unglaubliche passiert immer. Es ist das Unmögliche, das geschehen ist.

Ich, Randolph Byrd, bin jetzt ein Geschäftsmann – kein Tempelpriester, sondern ein dreister Geldwechsler wie immer.

Das Summen, der Lärm und das Rasseln davon sind ständig in meinen Ohren wie das Surren von Maschinen im Gehirn des Fabrikarbeiters. Ich kann nicht denken oder mich in Gedankenstimmung versetzen. Das Geräusch des Tickers ist ständig in meinem Kopf und meine Nerven sehnen sich nach Bewegung.

Fred Salmon hat seinen Willen erfüllt.

„Du musst es rühren und anstoßen und deine eigene Trompete blasen", ist sein Motto, und er bringt mir das Blasen bei. Die Firma Salmon and Byrd ist eine Realität und auf alberne Weise macht sich Fred den Humor des Namens zunutze und tut sein Bestes, um mich dazu zu bringen, ihn zu unterstützen. Ich sage, Fred hat alles geschafft. Aber im Grunde sind es Lauras Kinder, die unschuldig die Hauptursache für mein Debakel sind .

„Weißt du, was du bist?" Fred hat heute in einem Geistesblitz auf mich geschossen – er ist heutzutage mit einer Fülle von Geistesblitzen ausgestattet. „Du bist der ursprüngliche „Old Man Who Lived in a Shoe"! Es sind die Kinder, die dich zum Spiel gebracht haben. Meine Güte! Ich wünschte, wir könnten diese Tatsache auf unseren Briefkopf setzen!"

Bei Fred bedeutet das Ausdenken einer idiotischen Idee, sie auszusprechen und in die Tat umzusetzen. Und ich lebe in ständiger Angst , dass einige unserer Kunden und Klienten, bisher nur sporadisch, nach den Kindern fragen, mit denen ich nicht weiß, was ich tun soll. Fred ist Elisabethaner. In den weitläufigen Tagen hätte er herumtollen und stolzieren und Dirnen machen und Risiken mit leichtsinnigem, scharfem Humor zwischen den Besten und den Schlimmsten von ihnen eingehen. Er ist ein Freibeuter, der mit fröhlichem Lachen würfeln kann, wenn die Dinge unter den Waffen der Katastrophe am düstersten drohen. Er ist ein Rätsel. Kurz gesagt, er ist mein genaues Gegenteil.

Dennoch hat er mich zu seinem Partner und Komplizen gemacht. Früher dachte ich, ich sei unnachgiebig, aber in seinen Händen bin ich wie Lehm.

Es ist jetzt Ende März. Den kalten Windböen folgen oft herrliche Tage mit strahlendem Sonnenschein, die bereits die Geburt eines neuen Frühlings versprechen. Wie sehr würde ich mich am Blumenmarkt in der Nähe des Laurentian oder daran erfreuen, den Hügel hinauf nach Fiesole zu laufen, vorbei an den märchenhaften florentinischen Villen, oder im Lungarno und über die Ponte Vecchio nach San Miniato – zu den Pitti – den Uffizien – zu schlendern Sanfte Atmosphäre von Fra Angelicos Klöstern – was für absurde Fantasien! ... Ich bin im winterlichen New York, angebunden an einen Makler oder, wie der Briefkopf sagt, an Investmentbanker. Und obwohl wir noch keine Kabel erhalten haben, verfügen wir über eine faszinierende Code-Kabeladresse: „ Sambyrd !" Unsere Größe kennt kein Ende.

Sambyrd ! Wie das alles zustande kam, liegt für mich immer noch in einer Art halbdurchsichtigem Geheimnis – halbdurchsichtig, denn eines sehe ich schon jetzt klar: Mein Einkommen reichte hoffnungslos nicht aus, um drei Kinder großzuziehen, und mein Kapital war bereits angegriffen . Nachdem das Kapital weg war, blieb mir nur noch das Adressieren von Umschlägen, die Kinder in einem Heim wie dem, aus dem Alicia kam, und ein allgemeiner Zusammenbruch und eine Katastrophe!

Und dann war da noch Freds Begeisterung.

„Geld", sagte er sentimental, „ist eine sehr einfache Sache. Es kommt einem nicht von alleine, aber man kann es bekommen. Jeder muss seinen eigenen Weg finden. Das ist mein Weg – Salmon und Byrd." . Wirst du dich mir anschließen und es auch auf deine Weise schaffen?"

Und ich kämpfte wie ein Fisch im Netz, wie ein Vogel in der Schlinge, wie jedes Tier, das in der Falle gefangen ist, und konnte keinen meiner eigenen Wege erkennen.

„Aber was", fragte ich mit einer Art verzweifelter Empörung, „kann ich in diesem Geschäft tun?"

„Du kannst lernen", sagte Fred. „Und Sie werden etwas schaffen, bevor Sie es merken. Und wenn wir wachsen , werden Sie mehr machen."

Und dann machte ich die verblüffende Entdeckung, dass es im Leben keine Parallelen gibt. Autoren plappern vielleicht über Typen und Statistiker über Mittelwerte, Durchschnittswerte und Faktenpopulationen, aber mit Schmerz wurde mir klar, dass ich bei all meinen Büchern keinen Leitfaden oder keine Inspiration kannte. Der Fall eines jeden Gesegneten von uns ist einzigartig. Mir fiel niemand in genau meiner Situation ein. Eine erbärmliche, niedergeschlagene Melancholie überkam mich über meine verhängnisvolle Verspätung, als ich erfuhr, dass die Welt wie ein hungriges Tier nach Entscheidungen schrie. „Entscheiden! Entscheide! Entscheide!" es scheint mit geifernden Kiefern zu brüllen: „Oder ich verschlinge dich! Und wenn du dich nicht entscheidest, werde ich dich trotzdem verschlingen." Die Drifter sterben kampflos. Bisher war ich abgedriftet, aber jetzt muss ich den Willen zu einer Wahl unterdrücken.

Und so gab ich nach.

Die Hälfte meines Kapitals ist bereits in unsere Büros geflossen, und wenn Stühle, Schreibtische und Tische zum Erfolg führen, werden wir beide Millionäre. Es gibt prächtige Ledersofas, auf denen ich nie im Traum herumlümmeln würde, aber Diskussionen und Geldtransaktionen müssen offenbar innerhalb luxuriös gepolsterter Wände stattfinden. Geld bringt Geld hervor, erzählt mir Fred immer wieder, und so wie Bienen von Honig angezogen werden, so werden die wohlhabenden Investoren in Scharen in unseren reich ausgestatteten Bienenstock strömen. Das Dröhnen des Tickers und das Geräusch einer Schreibmaschine sind die einzigen zulässigen Geräusche, und der Rauch von Zigarren muss am wohlriechendsten sein.

Ich weiß kaum, warum ich ironisch sein sollte. Noch nie habe ich in kurzer Zeit so viel Spaß gehabt. Da war der Eingang unseres ersten Kunden, Signor Visconti. Er kam, dieser unternehmungslustige Mailänder, als Antwort auf einen der Hunderten einzelner Rundbriefe, die wir auf prächtigem Briefpapier an kleine Banken und Investoren verschickten, und kündigte unsere seltenen Schnäppchen mit Wertpapieren an, die so sicher waren, dass der Felsen von Gibraltar im Vergleich dazu aus Pappe bestand mit einem Goldschnitt, den nur die besten Regierungspapiere in ihrer Gegenwart zu knistern wagen durften; so einträglich, dass – jedenfalls – Herr Visconti, bewundernswert gekleidet, hereinkam.

Der jungen Frau, die seinen Namen vorbrachte, war beigebracht worden, nicht nervös zu wirken. Fred errötete vor Vergnügen und führte einen kurzen, aber exquisiten Kriegstanz auf dem Teppich auf.

„Sagen Sie ihm, dass ich ihn sofort sehen werde", murmelte er der jungen Frau zu und ließ sich triumphierend auf dem Ledersessel neben mir nieder.

„Warum siehst du ihn dann nicht?" Ich konnte nicht umhin zu fragen.

„Das würde nicht gehen", Fred schüttelte geheimnisvoll den Kopf. „Ich muss ihn mindestens ein oder zwei Minuten warten lassen – obwohl ich darauf brenne, mit meinen Krallen in ihn einzudringen."

Ich habe ihn ausgelacht.

„Das ist es, was du tust, mein Junge", gab mir Fred mit der gedämpften Stimme eines Verschwörers kurze Anweisungen. „Etwa eine Minute, nachdem ich dich verlassen habe, nimmst du Hut und Mantel und gehst durch den Raum, in dem ich mit ihm rede. Ich werde dich nicht bemerken. Wenn du fast an der Tür bist, rufe ich dich." zurück. Sie werden es eilig haben, aber Sie werden zurückkommen. Ich werde Sie Herrn Visconti vorstellen, dann sage ich vertraulich, aber laut genug, dass er es hören kann: „Sie gehen da so aus." Fesseln?' „Ja", antworten Sie, „aber ich komme bald zurück." „Während Sie gerade dabei sind", sage ich, „können Sie Spifkins sagen , dass wir ihm die zweihunderttausend Dollar zum Vierdreiviertel auf Abruf zur Verfügung stellen können." Sie nicken nur schnell, wie ein vielbeschäftigter Mann, grüßen Herrn Visconti und gehen.

"Wo gehe ich hin?" Ich stammelte benommen.

„Gehen Sie zu einer Telefonzelle unten in der Lobby und rufen Sie mich an. Und wundern Sie sich über nichts, was ich sage, bis ich auflege. Dann können Sie um den Block herumgehen und zurückkommen. Ist das klar? "

„Klar wie ein Asphaltbelag", antwortete ich verwirrt.

„Dann ist alles in Ordnung", grinste er und verließ mich.

Dennoch kam ich seinem absurden Vorwurf nach, wurde mir gebührend dem gut gekleideten, wohlgenährten, dunkelhäutigen italienischen Bankier aus der Macdougal Street vorgestellt und machte mich auf den Weg zur Telefonzelle in der Lobby des Gebäudes darunter. Und das hörte ich in Freds höflichstem und einschmeichelndem Ton.

„Oh, überhaupt nicht, Mr. Ferris – ich freue mich immer, von einem Kunden zu hören. Ah – ja, Mr. Ferris. Wir können Ihnen diese Anleihen immer noch überlassen. Obwohl sie in Wirklichkeit an einen anderen Kunden verkauft werden. Aber ich denke, wir Ich kann ihm etwas genauso Gutes geben, das ihm genauso gut passt. Ja, das wird in Ordnung sein. Hunderttausend, nicht wahr? Na ja – ha! ha! Besser spät als nie. Lass dich davon nicht stören Sie. Ja, ja, Mr. Ferris. Schicken Sie sie in Ihr Büro, sobald mein Partner zurückkommt. Ich bin gerade ein wenig mit einem Kunden beschäftigt. Oh, erwähnen Sie es nicht, erwähnen Sie es nicht! Eh? Ja, danke. Im Waldorf also gegen fünf. Ta-ta. Und er legte den Hörer auf.

Einen Moment lang stand ich mit dem Telefonhörer in der Hand sprachlos in der dampfenden Kabine und taumelte dann, von hilflosem Gelächter geschüttelt, hinaus.

Als ich zurückkam, war Visconti mit einem breiten Lächeln gerade dabei, von Fred mit herzlichen, freundschaftlichen Worten hinausgeführt zu werden. Wir alle schüttelten uns auf der Schwelle in herzlicher, geschäftiger Begeisterung die Hände und einen Moment später waren Fred und ich allein.

„Ich habe gerade diesen tollen Pfirsich von Guinea an Hesperus Power-Anleihen im Wert von zehntausend Dollar verkauft", kicherte Fred in unbändiger Freude.

„Aber woher", fragte ich, „haben Sie die Anleihen zum Verkauf her?"

„Ich habe sie noch nicht", er ging nervös und jubelnd im Raum auf und ab. „Aber wir bekommen sie im Handumdrehen – bei der National City Bank. Da drüben gibt es jede Menge davon. "

Etwas Dunkles, Schweres und Kaltes schien in mein Inneres auf die lebenswichtigen Teile gefallen zu sein und ließ mich für einen Moment erschauern.

„ Das ist also so ein Geschäft?" Ich murmelte.

„So beginnt ein solches Geschäft", antwortete er gelassen.

Dieses Zwischenspiel mit dem eigentlichen Geschäft nach der wilden Tätigkeit, ein Büro zu mieten, auszustatten und zu möblieren, Briefpapier drucken und gravieren zu lassen, einen Ticker zu installieren und die geheimnisvollen Kontakte zu knüpfen, die Freds Aufgabengebiet waren, war so berauschend, dass ich es ohne große Prüfung akzeptierte . Was könnte ich schließlich tun? Dies war die Furche, in die mein Pflug gesteckt wurde, und ich nehme an, dass dies der Brauch des Landes ist.

„Wie", fragte ich unwillkürlich, „haben Sie den strahlenden Visconti gelandet?"

„Oh, er ist ein guter Pfadfinder", erklärte Fred. „Er betreibt ein Bankhaus für seine Landsleute in der Macdougal Street. Er hat gesehen, dass wir neu sind, und er gibt jungen Leuten gerne eine Chance. Er war ganz offen. Sie sehen, es ist nichts für die großen Häuser, zehn Anleihen oder so zu verkaufen." Aber er weiß, dass für uns die bloße Eröffnung viel mehr bedeutet als die Provision. Es bedeutet einen Verkauf. Oh, er ist ein Sport, klar."

„Das überrascht mich mehr, als ich sagen kann", sagte ich ihm.

„Selbst in diesem Geschäft gibt es ein paar gutherzige Kerle", knurrte Fred, „und vergiss das nicht."

„Glauben Sie", fragte ich mit einem Anflug von Scham, „er hat Ihr Telefongeschäft und Ihr Geschwätz mit mir in der Kabine durchschaut?"

„Verdammt, wenn ich nicht glaube, dass er es getan hat!" brüllte Fred. „Aber egal. Er ist ein Sport. Und eines Tages, wenn wir ganz groß sind, werden wir ihm zeigen, dass wir seine Almosen zu schätzen wissen, indem wir ihn zu etwas Gutem anregen – sehen Sie, ob wir das nicht tun!"

Ich fühlte mich so beschämt, als hätten wir ein Verbrechen begangen. Dennoch nehme ich an, dass dies die gewöhnliche, vergleichsweise harmlose Schikane selbst ehrlicher Geschäfte ist, Überbleibsel orientalischer Schimpferei und Gaunertums, die immer noch bestehen. Ich hoffe, dass wir daraus erwachsen werden. Allerdings vermute ich manchmal, dass Fred ein gewisses übertriebenes Temperament an den Tag legt, das ihn dazu bringt, lieber auf solche Veränderungen zurückzugreifen, als darauf zu verzichten.

Ein Mann, der einige Anleihen gekauft hatte, rief an und erkundigte sich, ob wir sie zurücknehmen würden. Es gab keinen Grund, warum Fred etwas anderes anbot als den Versuch, sie loszuwerden. Doch stattdessen war seine grandiose Antwort:

„Na ja, wir werden diese Anleihen auf jeden Fall zurücknehmen, Mr. Smith – und so viele weitere, wie Sie haben. Ja, zerstören Sie sie auf jeden Fall."

Nachdem er den Hörer aufgelegt hatte, drehte er sich voller Bestürzung zu mir um und murmelte:

„Was zum Teufel sollen wir jetzt mit diesen Dingern machen?"

Ich gestehe einen Anflug echten Zorns über seine dämliche Unwahrheit.

„Sie wissen nicht, was Sie tun sollen?" Ich stotterte. „Warum um alles in der Welt haben Sie dann so gesprochen, als ob ein Dutzend Käufer hintereinander auf Sie warten würden?"

„Weil das ein Geschäft ist", versuchte er mich herunterzubrüllen. „Dieser Teufel wird mehr Vertrauen in uns haben, wenn wir zulassen, dass er seine Abmachung zurücknimmt, als wenn er viel Geld damit verdient. Kennst du die menschliche Natur nicht?"

„So etwas ist nicht die menschliche Natur", erwiderte ich bitter. „Sag mir, was du dagegen tun wirst."

„Lasst uns beide ans Telefon gehen", sagte er fröhlich, „und jeder ruft so viele Leute wie möglich an und bietet ihnen diese Bindungen an, bevor diese schwache Schwester kommt."

„Ein verzweifeltes Heilmittel", knurrte ich gereizt. „Lass mich sehen, wie du es tust."

Fred zündete sich eine Zigarre an und blickte aus dem Fenster. Als er sich umdrehte, war sein Gesicht höflich und gütig. Er sah eher wie ein Mann aus, der gerade dabei war, eine Reihe Weihnachtsstrümpfe zu füllen. Dann begab er sich zum Telefon. Mit heiterer, freundlicher, nachklingender Stimme begann er, einem nach dem anderen auf seiner Liste sein Geschenk darzubringen, als ob eine innere und spirituelle Gnade ihn unwiderstehlich zur Wohltätigkeit drängte. Sein Gesicht war trotz einer Reihe wiederholter Weigerungen zu einem breiten Grinsen verzogen, und ich gestehe, dass ich über das, was ich für sein Unbehagen hielt, eine Art widerspenstige Freude verspürte. Seine Akzente verloren jedoch nie ihre samtige Qualität, und er verriet auch nicht mit einer einzigen Note eine Spur von Enttäuschung. Im Gegenteil, er erwärmte sich mit großer Begeisterung für seine Arbeit.

Plötzlich teilte ihm die junge Frau am Telefon mit, dass er angerufen würde. Er hörte zu.

"Herr smith?" er antwortete sanft. „Hallo! Bringen Sie uns diese Anleihen? Was? Haben Sie sich doch entschieden, sie zu behalten? Na ja", mit einem Lachen, „Dann sei der Herr mit Ihnen, Mr. Smith. Wir hätten sie seit Ihnen zehnmal verkaufen können." rief mich an. Nein, nein. Das spielt keine Rolle. Ich werde etwas anderes für die anderen finden. Sie sind sehr klug, Mr. Smith – das gebe ich Ihnen. Nein, es ist alles in Ordnung. Kommen Sie und sehen Sie uns. Auf Wiedersehen – auf Wiedersehen, Herr!"

Als er sich vom Telefon abwandte, standen ihm Schweißperlen auf der Stirn und auf den geschwollenen Wangen, und er grinste freundlich.

„Puh", pfiff er und fuhr sich mit einem Taschentuch übers Gesicht. „Das hat großen Spaß gemacht. Aber warum wollen sie mit solchen Dingen in den unschuldigen Morgen einbrechen! Nun ja, so ist es, Randolph, mein Junge", fügte er leichthin hinzu und wandte sich anderen Dingen zu. Auf seine Art erregt Fred meine Bewunderung. Denn dies ist nur ein Beispiel von vielen, ein roter Faden im Gefüge unseres täglichen Lebens. Wie sehr sehne ich mich danach, ein paar Seiten von „Urn Burial" zu lesen, um alles zu vergessen!

Es ist noch zu früh, um zu wissen, ob wir erfolgreich sind oder nicht. Aber jeder von uns bezieht ein kleines Gehalt, und das ist für mich eine unmittelbare Hilfe.

Was für ein seltsames Durcheinander ist unser Leben! Seltsame und ehrfurchtgebietende Kräfte, die Stars in ihren Kursen scheinen Lauras Kinder zu verteidigen, damit ich ihnen keinen Schaden zufüge. Aber um sie zu behalten und großzuziehen, muss ich auf eine Art Olla-Podrida aus Hintertreppenschichten und Geräten zurückgreifen, wie ich sie beschrieben habe, die meine Wange brennen lassen. Aber ich nehme an, es ist so, wie Dibdin sagt: Wir sind alle die Minister und das Gefolge dieses erhabenen Fürsten der Welt, des Kindes, sei es in Hofkleidung oder in Flitter und Livree. Für mich ist es jedoch immer noch ein Kampf, diese unausweichliche Wahrheit zu begreifen. Vielleicht werde ich als Belohnung dafür, als eine Art Pourboire des Schicksals, grausam reich, eine Art Mæcenas , eine schillernde Figur unter Gelehrten, und einige neue Tudor- oder frühe englische Texte oder neuere Klassikersammlungen finanzieren?

Meine Pfeife ist ausgegangen. Ich habe mir angewöhnt, eine Pfeife auf eine Weise zu pfeifen, die die Seele von Dibdin erfreuen würde . Dibdin ! Jeden Tag erwarte ich, von ihm zu hören, aber meine Erwartung ist immer noch vergebens. Die Kinder sind alle im Bett und ich sitze hier, erfüllt von dem Gefühl, dass ich für sie alle verantwortlich bin, ob sie schlafen oder wachen, für ihre Ernährung und Existenz, für all diese Maschinerie, die uns sechs am Laufen hält, und dieser Gedanke erfüllt mich mit Ehrfurcht – und doch liegt darin auch eine Art angenehmer Stolz. Dibdin würde sagen, dass ich ihn an eine brütende Henne erinnerte, und Dibdin hätte recht. Eine brütende Henne ist ein Vorbild für Verantwortung für die ganze Menschheit.

Doch obwohl ich das alles oder mein Unternehmen mit Fred nicht mit jugendlichem Selbstvertrauen betrachten kann, kann ich mich doch des Gefühls kaum erwehren, dass etwas von der Jugend und Männlichkeit, die ich als Einsamer unter Büchern verbracht habe, etwas Aufwühlendes und Aufbrausendes, das ich unterdrückt haben, kämpft um ein Ventil. Freds Geschäftsmethoden erfüllen mich mit unwiderstehlichem Gelächter, auch wenn ich bei manchen davon zusammenzucke. Sein ständiger Spieltrieb und seine gute Laune sind ansteckend.

Heute kam er mit ernster Miene zu mir und teilte mir mit, dass Sampson and Company, ein Haus, von dem wir manchmal ein paar Anleihen kaufen, wissen wollte, ob wir uns ihnen bei der Übernahme der rumänischen Anleihe anschließen würden.
"Und was hast du gesagt?" Ich erkundigte mich mit gleichem Ernst.
„Natürlich habe ich ihm gesagt, dass ich meinen Partner konsultieren muss.“
„Was haben sie dazu gesagt?“
„‚Oh, sicher‘, sagte er, ‚aber es ist kein großer Kredit – nur fünfzehn Millionen . Wir möchten, dass Sie nur etwa drei Millionen aufnehmen .‘“
Ich sah ihn fragend an.
„Nun, was sagen Sie, Partner, sollen wir es nehmen?“
Ich musterte seinen verblüfften Gesichtsausdruck und brüllte vor Lachen.
Er gesellte sich zu mir und lachte, bis ihm die Tränen über die Wangen liefen.
„Aber schauen Sie mal“, begann er, die Extravaganz seines Verhaltens blieb auch privat bestehen, „drei Millionen sind nicht so viel – und der Gewinn wäre groß.“
Solange es ein Scherz war, gefiel mir der Witz. Aber bei Fred ist die Grenze zwischen Scherz und Ernst sehr dünn und oft nicht zu unterscheiden.
„Reden Sie nicht schlecht“, sagte ich ihm. „Möchten Sie den Weg zur Insolvenz abkürzen?“
„Nun, es wäre für einen guten Zweck“, grinste er. „Muss helfen, liebes altes Rumänien !“ Und indem er eine Musical-Komödie summte, verließ er mich.
Aber ich bin mir immer noch der Angst bewusst, dass Fred in irgendeinem Moment unwiderstehlicher Pracht den armen kleinen Salmon und Byrd dem Teufel oder der Tiefe überlassen könnte.

KAPITEL IX

Heute ist für mich ein ganz besonderer Tag. Der rote Brief stammte von Dibdin . Tatsächlich ist sein kurzes Gekritzel in der eigentümlichen, schweren, schmucklosen Schrift, die ich liebe, auf dem sorgfältig linierten Papier und in der violetten Tinte des Hotel de France in Papeete geschrieben. Aber es war so herrlich erheiternd, seine liebe alte Faust wiederzusehen – fast so, als würde man den Mann selbst sehen. Das Blatt ist vor mehr als zwei Monaten datiert und vor sechs Tagen in San Francisco abgestempelt. Ich frage mich, welches Tier , das mit dem Versenden betraut ist , es in der Tasche herumgetragen hat.

Ohne ein Wort der Einleitung beginnt es in Dibdins schroffer Art.

„Ich denke an dich. Wie geht es den Kindern – und dir, alter Leseratte ? Abnutzungsspuren, aber trotzdem intakt. Ich werde es nicht der Post anvertrauen . Ich bringe es dir.

„Ich lege einen Scheck über tausend Dollar bei. Seien Sie jetzt kein Idiot, wie schwierig das auch sein mag. Ich weiß alles, was Sie sagen können, und glauben Sie mir, es ist überhaupt nichts wert. Benutzen Sie es auf irgendeine Weise für …" Kinder und geben mir ein glückliches Gefühl hier draußen zwischen den Wracks und Faulenzern der weißen Menschheit. Ich wünschte, ihr könntet eines Tages hierher kommen und sehen, vor welchen Kreaturen, die einst weiße Männer waren, sich beugen, nur um ein wenig Arbeit zu vermeiden. Aber das ist nebenbei Ich zähle darauf, dass du tust, was ich verlange, sonst machst du mir Ärger.

„Die gesegnete alte Wanne. Ich bin in drei Tagen mit Segeln nach Suva gefahren. Und von Suva aus fahre ich zu den Marquesas. Du wirst bald wieder von mir hören. Wenn du das Risiko eingehen und mir schreiben willst, das Hotel de France „„ Papeete, ist immer noch die beste Adresse, die ich Ihnen anbieten kann. Ihr Dibdin ."

Das war alles – nach Monaten des Wartens. Ich wünschte, der alte Kerl hätte ein bisschen mehr Freude daran, Briefe zu schreiben, als es den Anschein hat. Trotzdem war ich begeistert. Der unbändige Landstreicher! Er spricht von den Marquesas, als stünden sie vor der Tür.

Was seinen Scheck betrifft, war mein erster Impuls, ihn sofort zu vernichten. Ich werde es jedoch als Andenken an Dibdins absurde Großzügigkeit behalten. Es müsste ein verzweifeltes Bedürfnis sein, das mich jemals dazu zwingen würde, es zu benutzen. Dibdin träumt kleine Träume von Salmon und Byrd.

Ich rief die Kinder herbei, um ihnen den Brief zu zeigen. Und obwohl sie davon weniger begeistert waren als ich, schienen sie doch erfreut darüber zu sein, dass ich nach einem Tag im Büro fröhlich und fröhlich wirken würde, statt müde und erschöpft. Fürsorge ist das Zeichen unvollständiger Leben. Und was ich brauchte, war ein Brief von Dibdin .

Ein Hauch der weiten Welt ist mit dieser angenehmen, kräftigen Note zu mir gekommen, der Jenseitigkeit, der Freiheit, des Umherstreifens und Wanderns, etwas von der Lebensfreude, die ich früher verspürte. Früher fühlte ich mich (glaube ich zumindest) wie eine Laute, sensibel für jeden Atemzug und jedes Zeichen der Schönheit, für alle subtilen Melodien des Lebens. Meine Nerven sind jetzt abgestumpft und reagieren nur noch auf das Offensichtliche. In der umgekehrten Geschäftswelt ist das meiner Meinung nach ein Fortschritt. Dibdins Brief hat etwas von meinem alten Ich zurückgebracht, zumindest eine Nostalgie an andere Tage.

Und hier schlägt mich mein Gewissen. Es ist lange her, dass ich Gertrude gesehen habe. Ich muss dieses Versäumnis sofort korrigieren. Schließlich hatte Gertrude viel Geduld mit meinen Launen. Und der Gedanke an die alte Freiheit wird durch die Jahre ihrer Freundschaft durchdrungen. Gertrude hat sich nie eingemischt.

Ich habe Gertrude gesehen und sie war nachsichtig und liebenswürdig, als ich ihr Dibdins Brief las.

„Ich glaube, Ranny ", sagte sie erfreut, „du entwickelst dich weiter. Weißt du, ich denke, dass Berufserfahrung sehr gut für dich ist?" Es war sehr angenehm zu sehen, wie Gertrude zusammengerollt in einem sehr hübschen Teekleid auf einem Sofa saß und bequem ihre Zigarette rauchte. Ich hatte plötzlich das Gefühl, dass die Vernachlässigung der weiblichen Gesellschaft ein Fehler für jeden Mann ist, vor allem für mich selbst.

„Ich bin froh, dass mein Partner nicht hier ist", sagte ich ihr. „Er könnte mich verraten."

„Es ist mir egal", antwortete sie. „Sie sind heute ein stärkerer Mann als noch vor ein paar Monaten oder sogar vor ein paar Wochen. Hier ziehen Sie Geld an. Tausend Dollar sind immer tausend Dollar."

„Ja, in der Tat! Lass Morgan sich auf seine Lorbeeren freuen", vertraute ich. „Seine Tage sind gezählt."

„Seien Sie nicht absurd", lachte sie. „Du wirst reich sein, bevor du es weißt. Aber das ist nicht der Punkt. Viele andere Dinge wirst du auf eine neue Art und Weise sehen. Du warst ein Sentimentalist, Ranny ", erklärte sie weiter. „Das Geschäft gibt einem Mann Urteil statt Sentimentalität. Sie werden verstehen, dass mein Rat an Sie in einer Reihe von Dingen, einschließlich der Kinder, sinnvoller war, als Sie vermutet haben. Sie werden erkennen, dass sogar Kinder betreut werden können Besser von tüchtigen Leuten, die dafür ausgebildet sind, als von einem unerfahrenen Junggesellen und einem kleinen Findelkind. Mach dir darüber jetzt keine Sorgen", fügte sie hastig hinzu, „aber du wirst es herausfinden."

Mein Antwortgrinsen muss von einem kränklich blassen Farbton gewesen sein, denn ich gebe zu, dass mir bei ihren Worten ein Schauer über den Rücken lief.

„Ich dachte", warf ich ein, „dass das alles vorbei und zwischen uns geklärt wäre."

„So ist es, Ranny , meine Liebe", antwortete sie schnell. „Verstehen Sie mich nicht falsch. Ich rate jetzt nicht. Ich prophezeie nur."

„Oh, in diesem Fall", versuchte ich zu versöhnen, „wird es ein angenehmes Spiel sein, zuzusehen, wie wahr Ihre Prophezeiung wird."

„Ja", sagte sie eifriger. „Erzählen Sie mir jetzt von Ihrem Geschäft. Es muss furchtbar interessant sein."

„Es ist schrecklich", stimmte ich zu, „und furchtbar gemacht." Und ich fuhr fort, zu ihrer Belustigung einige der Mittel und Wege des genialen Fred Salmon zu beschreiben.

„Wie herrlich", war ihr lachender Kommentar. „Weißt du, Ranny , dass ich, wenn wir verheiratet sind , ziemlich oft in dein Büro komme?"

„Komm jetzt besser", schlug ich vor. „Wer weiß – ob es bis dahin ein Büro geben wird?"

„Oh, es dauert nicht so lange zu warten – vielleicht im Juni – oder wenn Sie Ihren Urlaub nehmen."

„Je früher, desto besser", sagte ich ihr ganz aufrichtig. „Ich sehe keinen Sinn in einer weiteren Verzögerung –", worüber Gertrude erfreut zu sein schien.

„Oh, eines Tages werde ich es dir überlassen", lächelte sie fröhlich. „Willst du jetzt etwas Tee oder etwas trinken?"

Eine sehr umgängliche Person ist Gertrude. Da, wie ein großer Mann sagte, eine große Leidenschaft so selten ist wie eine große Oper, gehe ich davon aus, dass, ungeachtet der gegenteiligen Meinung von Romanciers und Romanautoren, Kameradschaft die Grundlage praktisch aller erfolgreichen Ehen ist. Eines hat mich meine bisherige Geschäftserfahrung gelehrt: eine Abneigung gegen vage und unbestimmte Bedingungen. Je früher Gertrude und ich heiraten, desto besser wird es mir gefallen.

Kaum hatte ich die letzten Worte oben aufgeschrieben, als etwas geschah, das sie Lügen strafte. Ich bin immer noch voller Wut über das, was ich gelernt habe.

Alicia, von der ich geglaubt hatte, sie läge im Bett, klopfte sanft an meine Tür und kam herein. Ihr süßes, offenes Gesicht war so voller Schmerz und Angst, dass ich bei ihrem Anblick von meinem Stuhl aufsprang. Ich schien sie in diesen Monaten kaum zu bemerken, aber ich merke, dass sie mir genauso ans Herz gewachsen ist wie alle anderen Kinder. Ihr Leiden zu sehen, schien zutiefst unerträglich.

„Was zum Teufel", keuchte ich, „ist das los, Alicia?" Sie konnte vor lauter Tränen kaum sprechen. „Ist es eines der Kinder?"

„N-nein, Sir", schluchzte sie. „Sie – sind – in Ordnung."

„Was um alles in der Welt kann es dann sein?" „Forderte ich, legte meinen Arm um diese kleine Niobe und setzte sie sanft auf den großen Stuhl. „Komm, mein Lieber, erzähl mir davon." Sie bemühte sich, ihr Schluchzen zu unterdrücken.

„Du wirst – wirst – mich wegschicken", weinte sie. Die gleiche alte Geschichte. Das, dachte ich, muss die Obsession dieses Kindes sein.

„Bin ich?" Ich sprach so sanft, wie ich konnte, und nahm ihre kleine kalte Hand in meine: „Und warum soll ich das tun?"

„Ich weiß es nicht", schluchzte sie bitterlich. „Ich vermute, weil ich hier nicht von Nutzen bin – weil du mich nicht willst." Ich lachte sie ausgelassen aus, um sie von dieser Vorstellung abzubringen.

„Und wer", fragte ich, „hat so etwas gesagt?" Sie antwortete nicht. „War es Griselda?"

„Nein, Sir", hauchte sie.

„War es eines der Kinder?"

„Oh nein, Onkel Ranny – ich meine Mr. Byrd. Sie mögen mich."

„Was war denn?" Ich bestand fröhlich darauf. „Komm, sag es mir. So einen Blödsinn habe ich noch nie gehört. Komm, erzähl mir die ganze Geschichte, Alicia."

„Ich – ich war heute Nachmittag auf dem Platz", begann sie und trocknete sich die Augen mit einem sehr nassen und zerknitterten kleinen Taschentuch, „spielte mit Jimmie, während Laura und Ranny Rollschuh liefen –" und sie hielt inne.

„Ja, ja", drängte ich, „und dann?"

„Eine Dame blieb stehen, um mit mir zu sprechen – es war Miss – Miss Bayard."

„Fräulein Bayard?" Ich wiederholte verwundert. Es war seltsam, dass Gertrude es nicht erwähnt hatte. Sie muss, dachte ich, den Vorfall vergessen haben. „Und was", fragte ich, „hat Miss Bayard gesagt?"

„Sie sagte", und Alicias Lippen bebten mitleiderregend, „,bist du noch hier, Kind?'"

"Ja mach weiter!" Ich konnte mir angesichts der ahnungsvollen Wut, die in mir aufstieg, kaum trauen, zu sprechen.

„Ich habe es ihr gesagt, ja, Ma'am." Alicia sprach etwas lockerer und hatte offensichtlich das Gefühl, dass ich nicht gegen sie war. „Und Miss Bayard sagte", fuhr sie fort, „dass sie dachte, ich wäre schon vor Wochen weggegangen. Ich verstand nicht, was sie meinte, und fragte sie, wohin ich ihrer Meinung nach gegangen sei. ‚Hat das niemand vom Heim.' Kommst du, um nach dir zu suchen?' Sie fragte mich. Und ich sagte ihr, dass Miss Smith gekommen sei. Und sie fragte mich, ob Miss Smith nichts gegen mich unternommen habe. Und ich sagte ihr, dass Miss Smith es getan habe – dass sie gesagt habe, ich könne bleiben.

„Und was hat sie dazu gesagt?" Ich schnappte nach Luft, inzwischen war ich wütend vor Wut.

„ Sie sagte, es sei sehr seltsam – dass sie es nicht verstand. Sie sagte es mir nicht. Sie schien mit sich selbst zu sprechen. Und dann nickte sie nur kurz und ging weg."

„Nur kurz genickt und weggegangen", wiederholte ich ihr mechanisch nach. „Und deshalb dachten Sie, ich hätte vor, Sie wegzuschicken?"

„Ja, Mr. Byrd", murmelte sie mit einer Niedergeschlagenheit, die bei jungen Menschen so zutiefst rührend ist, dass einem das Herz wehtut.

„Nun", und ich hoffe, mein kränkliches Lachen war so beruhigend, wie es sein sollte, „und wenn ich dir sage, dass ich überhaupt nichts darüber wusste – wird es dir dann besser gehen?" Sie nickte. „Und wenn ich dir sage, dass ich nicht vorhabe, dich wegzuschicken, sondern dass ich nicht ohne dich auskommen könnte; dass du in diesem Haus notwendig bist, dass du für mich genauso bist wie alle anderen Kinder; die ich mache." keinen Unterschied zwischen euch; kurz gesagt – dieses Haus ist euer Zuhause, bis – bis ihr erwachsen seid und heiratet – solange ihr hier sein wollt –" und ich setzte mich auf die Seite des Stuhls, zog sie zu mir und tätschelte sie, so wie ich vielleicht die kleine Laura gestreichelt hätte. "Ist das in Ordnung?"

„Ja, Onkel – Mr. Ranny ", flüsterte sie, ihr Kopf senkte sich zu mir wie der eines Kindes , und ein tiefer, zufriedener Seufzer entfuhr ihr. „Ich will nichts anderes auf dieser Welt!"

Wie schön ist die Zuneigung auf einem Kind!

„Jetzt geh zu Bett, Alicia", drängte ich sie sanft, „und kümmere dich nicht um irgendetwas in der Art. Miss Bayard hat wahrscheinlich Witze gemacht, aber – das wird sie nicht noch einmal tun – wenn sie weiß, wie." Es hat dir ein schlechtes Gefühl gegeben.

Sie bewegte sich wie in Trance und erhob sich langsam. „Wie läuft die Schularbeit?" Ich fragte sie. "In Ordnung?"

„Ja, Mr. Byrd", murmelte sie, „außer für Latein – ich investiere nicht genug Zeit dafür, sagt der Lehrer, besonders für die lateinische Komposition."

„Ah, das müssen wir beheben. Sie müssen kommen und sich von mir helfen lassen. Was lesen Sie auf Latein?"

„ Cäsars Kommentare", sie lächelte beschämt wie ein unruhiges Kind, das wieder glücklich ist.

„Ah, dann *musst du* es richtig machen. Denn was würde passieren, Alicia, wenn du der Welt gegenübertreten würdest, ohne zu wissen, wie Cæsar die Belgier besiegt hat! Und wenn du ins Leben gehen würdest, ohne die Ausrüstung von Cæsars Licht genau zu kennen -bewaffnete Infanterie, von den Gewohnheiten der Gallier und dem richtigen Gebrauch des Katapults oder dem richtigen Einsatz des Streitwagens, könnten die Konsequenzen kaum weniger als schändlich sein! Kommen Sie besser zu mir und lassen Sie sich von mir klarstellen. Ich weiß, dass Sie das Indirekte verstehen Diskurs von der Art, wie du mir heute Abend deine Geschichte erzählt hast. Aber der Konjunktiv, mein Lieber – ach, der Konjunktiv muss dir näher sein als ein Bruder und näher als Hände und Füße!"

Sie lachte ein fröhliches, köstliches Gelächter, und als sie gute Nacht sagte , legte ich meine Hand auf ihr weiches, seidenes Haar und schickte ein sehr strahlendes, glückliches kleines Mädchen aus dem Zimmer.

Aber jetzt, als meine Gedanken wieder zu Gertrudes überraschender *Demarche wandern* , überkommt mich erneut eine unkontrollierbare Empörung. Zu bedenken, dass sie es war, die vor Wochen den Besuch dieser kleinen Inspektorin , Miss Smith, angestiftet hatte! Es ist unglaublich. Die hinterhältigen Methoden von Gertrude sind für mich neu.

Ich habe Gertrude am Telefon angerufen. Und trotz der späten Stunde bestand sie mit etwas winterlicher Stimme darauf, dass ich besser sofort heraufkomme und sie, wie sie es ausdrückte, besuche, die Sache ein für alle Mal zu regeln. *Je m'y rend* . Es ist genau das, was ich mir wünsche, die Sache ein für alle Mal zu regeln.

Mein Wunsch wurde stürmisch befriedigt. Obwohl ich innerlich empört war, kehrte ich zu Gertrude zurück, mit der Absicht, sehr langweilig und sehr vernünftig zu sein, und hoffte wider alle Hoffnung, dass die unschöne Tatsache irgendwie geklärt würde. Aber Gertrude schien zu dem Schluss gekommen zu sein, dass die Empörung eigentlich ihr zuzuschreiben sei.

„Hallo, Ranny ", begrüßte sie mich leichthin in dem grauen Ton, der einem Sturm vorausgeht. „Was meinst du damit, mit mir zu sprechen, wie du es am Telefon getan hast?"

„Ich – ich meine das so", stockte ich, aber das war das letzte Mal, dass ich stockte, als ich mit ihr sprach. „Haben Sie den Fall Alicia dem Heim gemeldet oder nicht und eine Inspektorin zu mir geschickt?"

Sie beobachtete mich einen Moment lang mit zusammengekniffenen Augenlidern, und dann, offensichtlich zu dem Schluss gekommen, dass ein wenig Aufsässigkeit mich in meinen normalen Zustand der Brei zurückversetzen würde, antwortete sie kühl:

„Und wenn ich es täte – was wäre damit?"

„Ich möchte nur die Wahrheit wissen", antwortete ich ihr ruhig. „Lügen sind für mich so abscheulich." Sie zuckte merklich zusammen, richtete sich aber hochmütig auf.

„Na ja, dann habe ich es nicht getan!" sie erwiderte hochmütig. „Aber was wäre, wenn ich es getan hätte? Jemand hätte es melden sollen", fuhr sie mit wachsender Wut fort, mit der sie mich zu zerschlagen glaubte. „Ich finde es unanständig von dir, ein Mädchen in diesem Alter im Haus zu haben, das nicht mit dir verwandt ist. Die Tatsache, dass du ein Idiot bist, macht es nicht weniger unanständig. Ich bin die einzige Freundin und jemand, den du hast." Ich muss dafür sorgen, dass du dich nicht zu einem noch schlimmeren Idioten machst, als die Natur dich von Anfang an geschaffen hat. Verstehst du jetzt, mein ausgezeichneter Freund?"

Und nachdem sie diese Salve abgefeuert hatte, stand sie keuchend da, als würde sie meine Ruinen betrachten. Im Moment konnte ich sie jedoch nicht in Betracht ziehen. Ich wusste nur , dass rote Blitze vor meinen Augen erschienen, dass ich die wörtliche Wahrheit sagte, als ich ihr sagte:

„Für mich und den Schuldigen wäre eine solche Tat gleichermaßen verachtenswert."

„Das sagst du mir?" Sie schnappte nach Luft und trat einen Schritt vor, mit einer gefärbten Anspielung von Ungläubigkeit, seltsam angesichts ihrer Ablehnung.

„Zu dir – ja", sagte ich leise, denn jetzt hatte ich mehr Selbstbeherrschung. „Und verächtlich ist nur ein milder Euphemismus für das, was ich wirklich denken sollte." Sie starrte mich einen Moment lang sprachlos an.

" *Du* denkst!" sagte sie mit spöttischer Verachtung. „Sie haben sich als eine Art Narr Gottes ausgegeben – aber was Sie sind, ist das Werkzeug des Teufels."

„Pass auf dich auf, Gertrude", warnte ich sie. „Vielleicht sagen Sie etwas, das Sie noch mehr bereuen werden."

Sie winkte mich verächtlich ab.

„Das sage ich mal", erwiderte sie ruhig, setzte sich hin und ballte die Hände, um die Kontrolle zu behalten – aber in Wirklichkeit begann sie eine neue Offensive. „Du gehst besser nach Hause, Ranny , und entschließt dich, das Mädchen wegzuschicken Hast du Mädchen aus der Gosse geholt?"

"Stoppen!" Ich schrie: „Ich will kein Wort mehr hören" und wandte mich ab, als wollte ich gehen, da ich nicht traute, noch mehr zu sagen.

"Komm zurück!" „, rief sie und sprang vom Sofa auf. „Komm zurück und hör zu: Entweder du schickst das Mädchen weg, oder ich habe nichts mehr mit dir zu tun. Ist das verstanden?"

Ich lachte sie freudlos aus.

„Wählen Sie zwischen ihr und mir", sagte sie mit einem Hauch von Melodram, dem nur wenige Frauen zu entkommen scheinen.

„Sei nicht theatralisch", sagte ich ihr, jetzt hatte ich mehr Kontrolle über mich. „Dieses Mädchen ermöglicht es mir, Lauras Kinder großzuziehen. Sie bedeutet mir nicht mehr als alle anderen. Aber wie dem auch sei, sie bleibt – verstehen Sie das bitte, Gertrude: sie bleibt!"

„Dann hast du dich entschieden?" sie forderte in wütender Verblüffung.

„Ich habe keine Wahl angekündigt. Aber das Mädchen bleibt."

"Gott sei Dank!" Sie hob ihre Hände nach oben und ich hoffe, dass ihr Gebet erhört wurde. „Ich wusste, dass ich an einen Narren gebunden war", fügte sie hinzu, als hätte ich sie gefesselt, „aber ich wusste nicht, dass er auch ein Schurke war. Endlich bin ich frei!"

Ich ging hinaus, ohne mir eine Antwort zuzutrauen.

Ich hoffe aufrichtig, dass Gertrude ihre Freiheit mehr genießen wird als ihre Knechtschaft. Ich bin jedenfalls froh, dass sie dementiert hat.

Als ich jedoch unter einem Sternenhimmel nach Hause ging, war ich erstaunt, wie meine Wut schnell nachließ; das Gefühl der Niederlage, der

Enttäuschung über die menschliche Natur, das einem neuen Gefühl der Freiheit Platz machte, einem Hochgefühl, das ich seit Jahren nicht mehr erlebt hatte. Ich verspürte auf jeden Fall einen Anflug von Hochgefühl im Sog der anderen gemischten Gefühle. Es hat mich überrascht.

Die Ehe ist offensichtlich nichts für so beschämende Schurken wie mich. Wenn Gertrude erwartet, dass ich mit gebeugten Markknochen zurückkomme und um Vergebung bitte, bin ich sicher, dass sie sich irrt. Die Ehe ist nichts für mich. Das ist zumindest klar.

KAPITEL X

Die tänzerische Extravaganz in seinen Adern hat sich für meinen verehrten Partner Fred Salmon als zu viel erwiesen.

rumänischen Darlehens übernommen " habe.

Ich war verblüfft.

"Wie viel?" Ich schnappte leicht nach Luft und beobachtete ihn genau, denn ich konnte es nicht glauben.

„Nur eine dürftige Million", antwortete er mit abfälliger Überheblichkeit. „Es war alles, was ich tun konnte, um sie dazu zu bringen, uns überhaupt reinzulassen. Wenn deine kalten Füße nicht gewesen wären , hätte ich die drei Millionen genommen." Und sein Lachen irritierte mich unbeschreiblich.

Er meinte es ernst. Er machte keine Witze.

„Und wo zum Teufel", stotterte ich, „kriegen Sie das Geld auch nur für die erste Zahlung?"

„Hebe es, mein Junge, hebe es", beugte er sich und huschte über mich hinweg. „Wenn wir irgendetwas erreichen wollen, müssen wir Risiken eingehen. Eine Syndikatsbeteiligung wie diese und vielleicht noch eine mit der Zeitungswerbung, und wir sind zu Männern auf der Straße gemacht. Wir müssen es tun. Wollen alle ein Piker sein." Dein Leben? Ich nicht!"

„Du bist – verrückt –", stammelte ich schlaff. „Stark, völlig verrückt. Und wie wollen Sie das Geld aufbringen?"

„Indem du die Anleihen verkaufst, Kerl!" verkündete er mit distanzierter Überlegenheit.

„Haben Sie die Anleihen?"

„Nein. Sie sind noch nicht einmal in diesem Land. Wir stellen ihnen *Ad-Interim* -Zertifikate aus, bis die Anleihen eintreffen."

„Haben Sie die Zertifikate?"

„Nein", war die verblüffende Antwort. „Wir verkaufen sie zuerst, besorgen das Geld dafür , übergeben es an Sampson & Company, die Syndikatsmanager, und ziehen unsere Zertifikate. So funktioniert es. Natürlich , wenn wir ein größeres Haus wären, besser bekannt, es wäre einfacher. Aber wir werden es tun – keine Sorge – wir werden es tun!"

„Du meinst", tastete ich, „wir müssen etwas verkaufen, das wir noch nicht einmal in der Hand haben, und dafür Geld bekommen?"

„Das ist es, worauf es hinausläuft", grinste er, wenn auch weniger unbeschwert als zuvor.

Ich spürte, wie ich zu Staub zerfiel.

„Setz dich nicht so hin!" rief er und betrachtete mich, als würde man von der Seite eines großen Passagierschiffs auf ein treibendes Wrack herabblicken. „Machen Sie sich an die Arbeit! Gehen Sie ans Telefon und verkaufen Sie ein paar rumänische Anleihen!" Und er lachte in seiner absurden triumphalen Art, die mich eines Tages zur Verzweiflung treiben wird. „Beginnen Sie mit Ihrem Freund Visconti", schlug er vor. „Er scheint Gefallen an dir gefunden zu haben. Sprich mit ihm auf Dago."

Ich hatte mich schon oft gefragt, was ich in dieser speziellen Kombüse zu suchen hatte. Sich ohne Begeisterung in einen neuen Beruf zu begeben, für einen Klostermönch wie mich, als Chaffer und Krämer auf den Markt zu gehen, inmitten einer Rasse, die ich nicht einmal verstehen wollte, und deren Ideale und Karriere, was das betrifft, anzunehmen Ich war nicht einmal neugierig, es war schon schwierig genug. Mit der Peitsche meiner Not hatte ich mich wie ein Flagellant in den Alltagstrott gestürzt, bis die Sitte ihm die undankbare Vertrautheit verliehen hatte, die das Laufband für das Maultier haben muss.

Aber als ich mich auf dieses düstere Unternehmen von Fred einließ, das mir mit der Angst vor hundert lauernden Fallstricken auferlegt war, in die ich unfehlbar stolpern würde, und voller Angst vor einem sicheren Scheitern, empörten sich alle meine Instinkte dagegen. Dennoch ließ ich mich wie eine verlorene Seele treiben, weil ich musste.

Es ist eine Ehre für die menschliche Natur, dass in ihr mehr Milch und Blut menschlicher Güte steckt, als Pessimisten ihr zutrauen. Nachdem der ausgezeichnete Visconti mir schweigend zugehört hatte, während ich ihm lahm und schuldbewusst mein Angebot erläuterte, antwortete er höflich auf Italienisch.

„Wenn Sie sie empfehlen, Signor, werde ich sie nehmen. Ich kann nicht viele nehmen, aber ich nehme fünf."

Ich dankte ihm, so gut ich konnte, aber ich schreckte zurück wie unter einem Schlag. Dieser Mann kaufte weniger rumänische Anleihen als vielmehr mein Wort. Außerdem hatte ich, obwohl die Anleihen in Ordnung waren, nichts, was ich ihm geben konnte, und wollte dennoch sein Geld. Ich konnte es nicht ertragen, und so informierte ich meinen ungeheuerlichen Fred.

„So ist es", sagte Fred nachdenklich und war für einen Moment in Gedanken versunken. Dann begann er, wie es seine Gewohnheit ist, plötzlich die Hitze einer neuen Inspiration auszustrahlen. "Ich habe es!" er weinte. „Hören Sie hier. Sie haben nur die Hälfte Ihres Kapitals in dieses Geschäft gesteckt. Sie haben im Tresor – wie viel ist es? 25.000 in Wertpapieren?"

Ich starrte ihn entsetzt an.

„Nun", fuhr er fort, „angenommen, Sie bringen sie herüber, hinterlegen sie bei Sampson and Company gegen diesen Betrag in *Ad-Interim-* Zertifikaten – oder leihen sich Geld dafür . Verstehen Sie?" Er schlug sich genüsslich aufs Knie, „dann haben wir diese Zertifikate zur Hand. Wir können sie direkt an Kerle wie Visconti weitergeben, die direkt rüberkommen, und so mit dem Spiel weitermachen. Wenn wir fertig sind, haben Sie alles, was Sie haben." Es ist getan, dass Sie sich – der Firma – Wertpapiere im Wert von 25.000 Dollar leihen, uns einen großen Schub geben und Ihre Wertpapiere zurück in den Tresor legen. Verstehen Sie das nicht?"

"NEIN."

„Ist das nicht klar?" fragte er in verletztem Ton.

„Klar wie Pech", antwortete ich wahrheitsgemäß.

„Macht nichts", er klopfte mir forsch auf die Schulter. „Gehen Sie und bringen Sie Ihre Wertpapiere vorbei. Ich werde es klarstellen. Natürlich erhalten Sie Zinsen für das Darlehen, das Sie der Firma gewähren."

Und wie das Maultier, das ich bin, gehorchte ich stumpfsinnig . Und jetzt arbeiten wir daran, ausländische Anleihen in Millionenhöhe an Menschen zu verkaufen, von denen die meisten keine Ahnung haben, ob Rumänien die Hauptstadt Roms oder eine zentralamerikanische Republik ist. „ *L'insuccess* ", erklärt Balzac, „ *nous accuse toujours la puissance de nos pretentious* ." Aber da ich in diesem Geschäft keine Ansprüche hatte, wären Verlust und Misserfolg doppelt demütigend. Was mache ich dann, frage ich mich wieder, in dieser Kombüse? Mittlerweile ist der Rest meines bescheidenen Besitzes an die Ansprüche verpfändet, die ich nie gehegt hatte.

Ich war in den Vororten auf Wohnungssuche. Für mich ist es müßig, zu versuchen, in irgendeiner Gegend ein Haus oder eine Wohnung zu finden, die sowohl für meine Verhältnisse als auch für die Kinder in New York geeignet wäre. Also bin ich zwei Samstage und zwei Sonntage lang auf der Suche nach einem Haus durch die tristen, günstigeren Vororte gestapft.

"Was!" rief Fred aus, als er davon hörte, „wirst du den Schuh nicht verlassen?"

„Ja", sagte ich ihm. „Der Schuh drückt, ich muss einen anderen finden."

„Nun, du bist ein lustiger alter Knacker", war sein lachender Kommentar. Ich könnte ihn besser beschreiben.

Wenn ich deprimiert und müde nach Hause komme , erwartet mich eine Flut kleiner Aufmerksamkeiten, die sehr gewinnend und rührend angenehm sind. Der kleine Jimmie bringt mir mit großen, ernsten Augen demonstrativ meine Hausschuhe und meinen Morgenmantel und beobachtet aufmerksam mein Gesicht, um auf die Belohnung für eine Belobigung zu warten. Wenn ich murmele: „Danke, alter Mann, sehr nett von dir", kann ich förmlich sehen, wie sein kleiner Puls vor Jubel in seinen Adern pocht.

„Bist du sehr müde, Onkel Ranny ?" erkundigt er sich und hält das hohe Drama tiefer Besorgnis aufrecht.

„So, so, alter Junge", sage ich ihm und küsse sein ernstes kleines Gesicht. "Nichts, über das man sich sorgen sollte." Einen Moment später höre ich, wie er sehr ordentlich durch das Esszimmer rennt und meine Müdigkeit überhaupt nicht bemerkt.

Laura in der Rolle der Hebe bringt mir ernst Tee auf einem kleinen Tablett und fragt, ob ich ein Buch wünsche oder sonst etwas, das sie mir bringen könnte.

Aber hinter all diesen Aufmerksamkeiten erkenne ich die leitende Hand von Alicia. Kann es sein, dass das Kind instinktiv geahnt hat, dass ich ihretwegen tatsächlich mit Gertrude gebrochen habe, dass die Seele der kleinen Frau in ihr heimlich in einem Gefühl des Sieges jubelt? Da sie nicht alle Bedingungen kennen kann, kann sie vermutlich höchstens ein vages, primitives Gefühl des Triumphs verspüren, den Willen einer anderen Frau besiegt zu haben. Vielleicht schreibe ich zu viel ihrer jungen Intelligenz zu, aber manchmal scheine ich in ihren Augen, in ihrer Haltung einen Anflug eines Beschützerinstinkts, eines fast mütterlichen Instinkts mir gegenüber wahrzunehmen, den ich noch nie zuvor bei ihr beobachtet hatte. Möglicherweise ist es nur ein Gefühl der Dankbarkeit. Auf jeden Fall sind diese Aufmerksamkeiten der kleinen Leute sehr beruhigend und dankbar, besonders jetzt, da Griseldas angesichts ihrer stark gestiegenen Arbeit in der Küche zwangsläufig zurückgegangen sind. Dennoch verblüfft es mich manchmal, wenn mir klar wird, für wie viele Seelen ich verantwortlich bin, für deren Schutz und Lebensunterhalt ich verantwortlich bin, für die komplexe Maschinerie, die ich ständig drehen muss. Solche Erfahrungen sollte man sich schon früh aneignen. Wie Herr Roosevelt würde ich frühe Ehen befürworten.

Ich habe ein Haus gefunden.

In Crestlands (spannend sind die Namen der Vororte!) 35 Minuten von der Grand Central Station entfernt, im Westchester County. Ich stieß auf ein Chalet -ähnliches Häuschen, das größtenteils auf einem Felsen gebaut war und meiner Meinung nach unseren Zweck erfüllen würde. Die Miete ist moderat und irgendwo auf dem „Gelände" soll es ein Spargelbeet geben. Ich weiß, dass es zwei Bäume mit knorrigen Wurzeln gibt, die sich in einem geschäftsmäßigen Kampf ums Dasein zwischen den Steinen ihren Weg nach unten bahnen, und es gibt ein paar Zentimeter Rasen für die Kinder. Bei so einem echten Gelände als Mitgift wird es niemanden überraschen, dass ich das Häuschen genommen habe.

„Der Breitengrad ist ziemlich ungewiss, und auch der Längengrad ist vage", fast so vage wie der von Rumänien ; Dennoch werde ich von nun an ein Bewohner von Suburbia sein.

Da es Sonntag war, nahm ich die Kinder am Nachmittag mit nach draußen, um ihr neues Anwesen zu begutachten. Mit der Miene eines Kastellans, der ein altes Schloss ausstellt, führte ich sie durch die Räume und zählte in den Worten des Immobilienhändlers ihre Vorzüge auf – schweren Herzens. Aber die Kinder kümmerten sich nicht darum. Randolph sah Visionen von einem Zelt oder einem Indianer-Tipi unter einem der knorrigen alten Bäume, und Jimmie stellte vor, wie er den Hang hinunter „ wollen " würde; Alle unsere „Gelände" sind „slope *et praeterea nihil"* . Doch als Laura einen vernachlässigten Rosenstrauch in der Nähe eines der Fenster entdeckte, klatschte sie vor Freude in die Hände.

„Das ist wie das Haus in ‚Peter Pan', Onkel Ranny ", rief sie erfreut. „Es werden Rosen reinschauen und Babys rausschauen."

Ich sah sie mit ergreifender Überraschung an. Es war so absolut die Stimme ihrer Mutter, als sie ein Mädchen war, der Geist und der Ausdruck. Genau dieses Merkmal hätte meine arme Schwester zuerst berücksichtigt; es könnte Laura selbst gewesen sein. Ich wandte mich ab, um ihre Freude nicht zu trüben. Die Poesie des Lebens ist das Einzige, wofür es sich zu leben lohnt, doch was für einen Tribut verlangt die Welt von diesem Gut!

Griselda hatte sich trotz aller Versuchung geweigert zu kommen.

„Gibt es eine gute Küche?" sie verlangte. Ich sagte ihr, dass ich dachte, dass es so wäre.

„Dann werde ich meine Zeit nicht damit verschwenden, nach den Vögeln in den Bäumen oder der Farbe auf dem Dach zu suchen", erwiderte sie energisch. Sie lehnte sogar Alicias Kommen ab. „Es gibt viel zu tun", protestierte sie düster.

Von Unbehagen und Elend soll niemand sprechen. Ich habe beides und noch so viel Unangenehmes bis in die Abgrundtiefe erklingen lassen, dass ich nie wieder mit den gleichen Augen auf die teilnahmslosen Gesichter der Männer im fahrenden Schnellzug blicken werde. Sie alle haben zweifellos genauso gelebt und gelitten wie ich, diese, meine Brüder!

Ich habe den Haushalt in meine Vorstadt verlegt, und das ist eine Klage *von profundis* .

Die legendäre Alraune ist ein gurgelndes Kind, so wie meine Bücher beim Herausnehmen weinten. Sie schrien nicht nur; Sie schluchzten und zitterten wie gebrochene Seelen, als sie von ihrem Ort vertrieben wurden, der sie so lange und so gut kannte und liebte. Jeder Gegenstand in der Wohnung war eine ganze Mandrake-Plantage. Ihr Wehklagen und Jubel hallen noch in ihrer neuen und veränderten Umgebung wider. Tatsächlich lugen Rosen herein! Für mich ist dies ein Haus der Trauer. Verloren und durcheinander und immer noch unsortiert stehen und liegen sie in Haufen, so dass ihr gefallener Zustand mein zerrissenes Herz zerreißt. Alicia, bei der ich mich traurig über diesen Zustand beschwerte, antwortete tröstend:

„Aber mein Englischlehrer in der Schule würde sagen, dass das ein ‚erbärmlicher Trugschluss‘ sei, Mr. Ranny . Bücher und Dinge fühlen sich nicht wirklich an, oder?"

„Nicht wahr!" rief ich bitter aus. „Lass emotionslose Pedanten reden, wie sie dummerweise wollen, Alicia. Nichts kann ergreifender erbärmlich sein als ein Trugschluss!"

„Ja, Sir", murmelte Alicia und half mir mit ehrfürchtigen Fingern schweigend, einige dieser Bücher zu platzieren. Sie hat ein zartes Gespür für die Liebesobjekte anderer Menschen, eine bezaubernde Eigenschaft einer Frau.

Und vom physischen Chaos im Châlet in Crestlands werde ich jeden Morgen wie verrückt in einem überfüllten Expresszug, dann in einem krampfhaft aufgereihten U-Bahn-Wagen herumgewirbelt, bis hin zum subtileren Chaos im Büro von Salmon und Byrd – um rumänische Anleihen zu verkaufen. Rumänische Anleihen überschwemmen diese Büros wie die Ratten in der Stadt Hameln. Ach, wird nicht irgendein Pfeifer, ob gescheckt oder nicht, kommen und sie alle ins Meer pfeifen? Die Antwort ist leider nein! Die Unmöglichkeit, seine Lasten abzuwälzen, ist der grundlegende Fehler der Schöpfung.

Nichts irritiert mich nach einem morgendlichen fruchtlosen Telefonieren oder wirkungslosen Herumlaufen mehr, als wenn Fred Salmon glatt lächelt, mir auf die Schulter klopft und mechanisch murmelt:

„Tolle Arbeit, alter Junge! Du machst das gut!"

Welchen Nutzen haben diese falschen Unsinnigkeiten? Am Samstag kam er mit der erfreulichen Nachricht zu mir, dass Imber und Smith, die zwei Millionen der Anleihen übernommen hatten, ihr Kontingent bereits verkauft hätten.

„Verdammt!" war die einzige Antwort, die ich finden konnte.

„Das ist es, was ich sage", antwortete er in seiner perfekten Rolle , alles für alle zu sein, und dann nachdenklich: „Ich denke allerdings, dass Smith ein Lügner ist." Ich wette trotzdem, dass er Smith genauso herzlich gratuliert hat, wie er mir den Rücken verletzt. Für alle Menschen alles zu sein, ist sicherlich eine der abscheulichsten Eigenschaften eines menschlichen Zweibeiners. Hin und wieder wünsche ich mir, dass ich aus dem Trubel von all dem herauskomme. Aber traurig und schwer wird mir klar, dass es vielleicht besser ist, die Übel, die man hat, zu ertragen, als zu anderen zu fliegen, die nur eine finstere Leere sind. Ich komme mir vor wie ein Mann auf einem Floß, während die sturmgepeitschten Wellen über mich hinwegspülen, während ich nach Luft schnappe und auf Rettung hoffe.

Ich frage mich, wie dieses Leben aussehen würde, wenn es bei meiner Rückkehr nach Crestlands nicht diese eifrigen kleinen Retriever gäbe, die mich holen, tragen und bedienen und mich mit ihrer fröhlichen jungen Frische umgeben würden. Aber ganz ehrlich muss ich zugeben, dass ich ohne sie mein altes, zurückgezogenes Leben führen würde, ungestört zwischen Büchern, das mir nun wie eine vergangene Inkarnation fern vorkommt.

Die Wochen vergehen und wir kämpfen unter unserer Last und versuchen verzweifelt, dem Zeitdruck Einhalt zu gebieten. In bestimmten schwierigen Momenten habe ich das kränkliche Gefühl, dass die Zeit gewinnen wird – und uns vernichten wird. Eine abscheulich neue Entdeckung, die ich gestern gemacht habe, nämlich dass Fred während der Geschäftszeiten zu trinken begonnen hat, raubte mir plötzlich das Leben wie eine Saugpumpe. Als mir dann die Bedeutung und das Ausmaß der Tatsache bewusst wurde, erschrak ich vor Angst und sprach so freundlich und freundlich mit ihm, wie es die Umstände zuließen, um ihm unsere Position zu zeigen und wohin sie uns führen könnte.

Sein erstes trotziges Knurren wich Reue. Er weinte rührselige Tränen und machte so starke Versprechungen, dass sie ihn überleben sollten, aber – ich bin erschüttert wie nie zuvor.

In der Zwischenzeit fordern Sampson und Company die fälligen Zahlungen für unser Anleihenkontingent, und Fred, der Lächelnde und Diplomat, drückt sich vor Interviews mit ihnen.

„Was wir brauchen, Ranny ", sagte er heute in verhaltener Stimmung zu mir, „ist Kapital, noch mehr Kapital. Wir sind in dieses Geschäft eingestiegen – manchmal hält es, bis du ein Seil bekommst, und manchmal –"

– „Selbst eine Rettungsleine ist zu spät", fügte ich hinzu.

Er hat nicht geantwortet. Aber nach einer Pause begann er von neuem:

„Könnten Sie nicht vorbeikommen und ein paar Ihrer reichen Freunde treffen – sehen, ob sie uns für eine Weile überbrücken könnten?"

„Reiche Freunde!" Ich krümmte mich wie ein Mensch vor Qual. „Wer sind meine reichen Freunde? Ich habe keine, wie du wissen solltest. Ich habe jetzt jeden Cent meines Kapitals investiert – entgegen deiner Geschäftserfahrung, Fred. Und hier sind wir angekommen. Wenn die Kinder meiner Schwester waren nicht von mir abhängig – aber andererseits", schloss ich verbittert, „sollte ich nicht hier sein, wie Sie wohl wissen."

Er senkte den Kopf.

„Hat deine Schwester nicht – war da nichts –?" Aber man muss ihm zugute halten, dass er es nicht geschafft hat. Wenn er, wie ich annehme, fragen wollte, ob Laura noch Geld übrig hatte, das ich gebrauchen konnte, überlegte er es sich offenbar anders und ging in düsterem Schweigen davon. Und da stehen wir.

Dort stehen wir in unserem Geschäft und die Bedürfnisse meines Haushalts wachsen. Griselda weiß nichts von meinen Angelegenheiten, und dennoch überrasche ich ihre dunklen Augen, die für eines ihrer Jahre einzigartig strahlend sind und mich manchmal aus ihrem dunklen, faltigen Gesicht beobachten, als würde sie das Jehannum erraten , das ich erlebe. Mehr denn je strebt sie danach, unglaubliche Sparleistungen zu vollbringen, während ich heuchlerisch vorgebe, mir dessen nicht bewusst zu sein.

Da es den Kindern im Winter gut geht und sie gewachsen sind, brauchen sie neue Sommergarderoben, die ich gekauft habe. Wenn es eine Katastrophe sein soll, dann wird uns die Schäbigkeit nicht verraten. Wie der Mann, der Abendkleider anzog, um mit der *Titanic zu versinken* , habe ich immer einen hartnäckigen Glauben an die Politik der guten Kleidung gehegt. Politik, Politik – die Spur der Politik liegt über mir wie ein stinkender Geruch – und wie rein und unbefleckt habe ich mich in meiner dummen Transparenz immer gefühlt! Wenn Gertrude es wüsste, würde sie sich jetzt darüber freuen, dass sie mich über Bord geworfen hat.

Ich beneide unsere Büroangestellten und Schreibkräfte, die um fünf Uhr nachmittags alle Sorgen ablegen und sie erst am nächsten Morgen wieder aufnehmen. Was für ein schwules Leben ist ihr Leben – wenn sie es nur wüssten. Sie scherzen und täuschen und bewerfen sich gegenseitig mit malerischem Slang und beziehen samstags ihren Lohn, ohne sich darüber im Klaren zu sein, wie nahe wir dem Untergang sind. Wenn wir zur Mauer gehen , werden sie bald andere Orte finden. Aber ich werde die Mauer finden. Ich wünschte, ich wüsste, was Fred empfindet, wenn er mit heftig gerüttelter Stirn über unsere Teppiche schreitet. Ich weiß jedoch nur, dass es sich bei mir um Untergangsgefühle handelt.

Das schwarze Schicksal steht vor der Tür.

Nach Tagen des Feilschens und Lügens und Herumschlurfens und Herumschlenderns sind wir als Firma am Ende.

Unsere vergeblichen und konzentrierten Bemühungen, etwas zu verkaufen, für das wir nicht über die nötigen Mittel und Verbindungen verfügten, führten dazu, dass wir die Dinge vernachlässigten, die wir hätten tun können.

Ich werde den abscheulichen Ausbruch des schwerbackigen Sampson nicht so schnell vergessen, als er uns wie durch den Firman eines Sultans gebieterisch in sein Büro rief und uns in seiner Sprache sagte, was er von uns hielt.

„Leute wie Sie gehören nicht auf die Straße – sie gehören ins Gefängnis. Zuweisen!" er knurrte: „Besser sofort zuweisen und verschwinden!"

Und nicht die geringste Bitterkeit dieses Moments war die bittere Erkenntnis, dass ich ihm nicht vorwerfen konnte, Fred geschmeichelt und in die Eitelkeit des Unternehmens gedrängt zu haben, denn in diesem Moment waren Fred und ich eins – mit diesem Unterschied: Was Fred war Das Leid würde von seinem Rücken rollen wie das Wasser eines Nashorns, während ich für immer mit seinen Worten obszön gebrandmarkt bleiben würde.

Es war sinnlos zu argumentieren, sinnlos zu protestieren. Für mildernde Umstände war weder Zeit noch Ort. Ich war zu voller Scham und Demütigung, um irgendwelche versöhnlichen Vorschläge zu machen, und ich hatte immer noch genug mulmigen Stolz, um nicht vor diesem fischäugigen Tyrannen zu lachen. Wir verließen das Büro dieses Mannes als Bankrotteur.

Ich frage mich immer noch, wie ich durch die grelle Dunkelheit, die mich umgab, den Weg zurück in unser eigenes Büro gefunden habe. Die Welt um mich herum – die pochende, drängende, eifrige Welt, von der ich in gewissem Maße ein Teil gewesen war – war plötzlich seltsam und gespenstisch und fremd, die gespenstische Stadt eines Traums. Die Menschen waren Schatten und ihre eiligen Schritte und Besorgungen waren so geheimnisvoll und hatten nichts mit meinem Leben zu tun wie die einer Ameisenkolonie. Die einzige Realität, die ich mir in diesem dunklen Moment, der mit der Ewigkeit übereinstimmte, nicht vorstellen konnte, war, dass *ich* der anämische Geist war, der am Mittag umherschlich, und die anderen die Realität.

„Wenn du nur nicht den Rest meines Kapitals genommen hättest", war der Gedanke, der unter meinem überwältigenden Elend pochte, „wenn du mir das nur hinterlassen hättest!" Aber ich konnte mich nicht dazu durchringen, Fred anzujammern. Ich schwieg eiskalt. Ein brennender Groll ließ mein Herz anschwellen, sodass ich nicht sprechen konnte. Die Zeitungspublizität, nach der sich Fred gesehnt hatte, würde ihn jetzt mit aller Macht erreichen.

Jetzt sind sie damit beschäftigt, die Leiche zu zerstückeln und die Überreste zu kolportieren , während ich düster zu Hause in Crestlands sitze wie jemand, der körperlos und tot ist.

KAPITEL XI

Ich hatte Zeit, mich angesichts der schäbigen Endgültigkeit meiner Karriere als Geschäftsmann abzustumpfen. Die abscheulichen Details und rechtlichen Formen unseres Scheiterns sind vorbei, und ich überlebe jämmerlich mit dem Kredit, den ich im Rahmen einer Versicherungspolice aufgenommen habe, aber ich habe immer noch keine Pläne für die Zukunft entwickelt.

Ich sitze im Schatten des Chalets und beobachte, wie Jimmie den Hang hinunterrollt und versucht, wieder aufzurollen. Die Sonne Anfang August brennt heiß am Himmel und selbst in Crestlands ist die Luft schwül. Und mein Puls wiederholt und wiederholt immer wieder: „Was soll aus uns werden?" Mein Puls – aber nicht mein Verstand. Dieser nutzlose Funktionär hat den Betrieb ganz einfach eingestellt.

Früher kam ich mir bei der Lektüre von Montaigne und Buckle weise vor, bei Rabelais und Cervantes humorvoll, bei Balzac oder Sainte-Beuve scharfsinnig und ein Mann von Welt. Aber keiner dieser einstigen Tröster scheint in der Lage zu sein, meinen Geist zu heben. Moderne junge Kritiker sprechen von Flucht in der Literatur, aber es scheint, dass man nur entkommen kann, wenn es nichts sehr Ernstes gibt, vor dem man fliehen kann. Wie ein Ausschweifer, der seinen Gaumen getötet hat, oder jemand, der über Nacht ein ungesundes Gericht geschluckt hat, der leidenschaftliche Geschmack für einen Aufsatz von Elia, der Geschmack, der unter der Zunge der Sätze in „ Religio Medici" rollt, das glühende Vergnügen an einem Dryden-Vorwort, alles diese sind jetzt unmöglich. Ihr Geschmack ist für mich gestorben. Meine Träume von einer Mæcenasship für Tudor Texts sind in Erfüllung gegangen.

Für die Freude an Büchern braucht es ein ruhiges Herz. Die Welt war zu sehr mit mir und weder Mohn noch Mandragora können die Auswirkungen davon verbannen. Es gibt keinen Balsam, der mich gesund macht.

Es gab jedoch einen Ausweg – wenn nicht durch Lesen, dann durch Schreiben. Ich kann jetzt die Hartnäckigkeit der Tagebuchschreiber auf der Welt durchaus verstehen. Kaum hatte ich die obigen Worte aufgeschrieben, erschütterte mich ein Schauer der Entschlossenheit und ich begab mich auf der Suche nach meinem Lebensunterhalt in die glühend heiße Stadt. Ich habe nichts außer Erschöpfung gefunden, aber es ist sicher, dass ich in Crestlands noch weniger finden werde.

Mit großen Augen blickte ich auf die belebten Straßen und war erneut überrascht, dass so viele dort Halt und Lebensunterhalt fanden, wo ich versagt hatte. Das Geheimnis dahinter wird mich immer verblüffen. Die zunehmende Düsternis ließ jedoch nach, als ich Andrews' Buchhandlung betrat. Sein Empfang war herzlich.

„Fremder", begrüßte er mich herzlich, „komm zu dir."

„Ich leugne nicht, dass ich gespürt habe, wie es ruft", gab ich zu.

„Natürlich hast du das – es gibt nichts anderes auf der Welt."

„Ah, wie viel mehr, Andrews!" Ich sagte es ihm traurig.

Ob er von meinem Versagen gehört hat oder nicht, kann ich nicht sagen. Wenn ja, war er Taktgefühl.

„Hier gibt es einige schöne Dinge, die Sie sehen können", verkündete er geschäftig, als er mich zu einem Tisch im hinteren Teil des Ladens führte. Ich habe mir seine schönen Sachen angeschaut und konnte ihm zu ein oder zwei davon einige nützliche Hinweise geben. Er ist tatsächlich auf einen Caxton gestoßen, den glücklichen Teufel! Das war in der Tat „mein Eigentum", wie Andrews klug genug erkannte. *Ça me connait* . Und seine Höflichkeit und seine Ehrerbietung waren angesichts meiner jüngsten Erfahrungen seltsam tröstend. Höflichkeit und Ehrerbietung kosten andere so wenig, aber wie erfrischend sind sie für die Selbstachtung!

Ich stapfe weiterhin über die Bürgersteige von New York und wünschte, mein Trampeln hätte mehr Sinn .

Jeden Morgen gehe ich mit einem schwachen Hoffnungsschimmer hinaus, und die schwache Grundlage meiner Hoffnung, wenn ich darüber nachdenke, ist ungefähr diese: In den Schlupfwinkeln der Menschen treffe ich vielleicht jemanden, einen alten Bekannten, der es weiß oder Hören Sie von etwas, wodurch ein gebrochenes Rohr wie ich, ein ausgesprochener Versager, die Chance bekommen könnte, seinen Lebensunterhalt zu verdienen. Eine ziemlich verzweifelte Situation, wenn man sie auf das grelle Licht der Klartextrede reduziert – aber das ist das Beste, was ich tun kann. Wenn Dibdin nur hier wäre! Verzweifelt brauche ich einen Freund. Aber mein früheres Leben hat mich getrennt und isoliert, so dass ich, wenn ich an Freunde denke und meine Gedanken krampfhaft hin und her huschen, nichts als Leere und leere Luft vorfindet. Fred Salmon meidet den Club. Er ist der Einzige, der mich aus der Vergangenheit erreicht hat, und das Ergebnis habe ich bereits aufgezeichnet. Ich bin nicht erpicht darauf, ihn kennenzulernen, auch wenn ich jegliche Feindseligkeit, die ich ihm gegenüber empfunden habe, abgemildert habe. *Das ist ein Mauvais Metier que celui de medire* . Ich finde, dass mein innerer Mensch besser ist, wenn ich neutral an Fred denke, wenn ich überhaupt an ihn denke.

Krankheit war das Einzige, was meinem unbeschreiblichen Pilgerweg fehlte, und so ist unfehlbar Krankheit aufgetreten.

Jimmie erkrankte am Samstag an den Masern und gestern folgte Alicia seinem Beispiel. Das Zusammenbrechen von Alicias Krankheit war wie das Zerbrechen einer Säule im Gebäude meines Haushalts. Das ganze unsichere Gefüge gerät ins Wanken. Und obwohl sie vor Fieber brennt, murmelt das unglückliche Mädchen voller Angst, dass die Strümpfe nicht mehr geflickt und die Knöpfe nicht zugenäht werden.

„Mach dir darüber keine Sorgen, kleines Mädchen", sage ich ihr immer wieder. „Griselda wird diese Dinge tun."

„Griselda hat so wie es ist zu viel zu tun", schluckt sie und die Tränen beginnen in ihren heißen Augen. Ich habe sie und Jimmie in meinem Zimmer isoliert und Randolph und Laura werden ermahnt, sich so weit wie möglich von ihnen fernzuhalten. Ich erinnere mich an die Zeit, als ich vor der Angst vor einer Ansteckung wie vor der Pest geflohen wäre, aber jetzt sind meine Ängste ganz anderer Natur. Bei Jimmie geht es jetzt besser, aber Alicia ist weitaus kranker, als sie weiß.

Griselda hat die Strümpfe übernommen, und nachts, wenn ich sitze und auf Geräusche von einem meiner Kranken warte, betätige ich die Knöpfe. Es ist merkwürdig, wie viel Kunst beim Annähen eines Knopfes steckt. Obwohl ich schon immer ein echter Junggeselle war, war ich noch nie gezwungen, dieses Handwerk zu erlernen. Aber ich habe von Griselda, die schief lächelte, als sie das Gesetz verkündete, gelernt, dass das Ganze, wenn man den Faden nach dem Nähen mehrmals herumdreht, im Verhältnis die Stärke eines Kabels annimmt. Um deine punktierten Finger kümmerst du dich anschließend.

Alicia erwachte um Mitternacht, setzte sich im Bett auf und erwischte mich bei meiner Aufgabe; sie stöhnte höchst traurig. Ich zog Jimmies kleine „Unterwäsche" hastig hinter mir, aber zu spät.

„Du wirst mich nie wieder wollen – oder brauchen – was nützt es, gesund zu werden?" sie jammerte schwach.

„Oh ja, das werde ich, Alicia – mehr denn je", beeilte ich mich, ihr zu versichern.

„Du tust jetzt alles, was ich tun sollte", drängte sie mit fieberhafter Beharrlichkeit. „Ich werde nicht mehr von Nutzen sein."

„Aber verstehst du nicht, Alicia", argumentierte ich und berührte ihre heiße Stirn, „dass ich Geld verdienen muss, während du die Knöpfe anfertigst? Ich sollte es jetzt verdienen, also werde genauso schnell gesund wie du." kann. Jimmie sieht es; es geht ihm schon viel besser. Diese Logik schien sie mehr zu beruhigen, als ich erwartet hatte. Sie ergriff impulsiv meine Hand und drückte sie an ihre Wange. Die enorme Rolle, die Zuneigung im Leben von Kindern spielt, ist für mich ein immer wiederkehrendes Wunder.

Alicia erholt sich wieder, *laut Domini* , und Jimmie rennt jetzt durch das kleine Haus und erfüllt es mit Lärm – was Musik in meinen Ohren ist. Laura und Randolph sind glücklicherweise bisher von einer Infektion verschont geblieben. Jimmie möchte den Hang wieder „ auf und ab" fahren, aber das ist immer noch *verboten* .

Jetzt kann ich meine Fahrten in die Stadt wieder aufnehmen und stelle mit Schmerz fest, dass ich schäbig werde. Die jährlichen Kleidereinkäufe waren für mich genauso regelmäßig wie meine Mahlzeiten, aber ich habe weder Kleidung für den Frühling noch für den Sommer bestellt. Seltsam, was für eine schädliche Wirkung die schäbige Kleidung auf das Bewusstsein hat! Der Anflug von Minderwertigkeit, den es mit sich bringt, berührt einige sehr empfindliche Stellen im Geiste, fast wie ein schlechtes Gewissen. Aber der Arzt aus der Nachbarschaft, ein nachdenklicher Kerl, der sich offensichtlich mit seinem Geschäft auskennt, obwohl er wie ein Alchemist von seinem Labor und seinen Experimenten spricht, hat sich die Kleidung verdient, auf die ich verzichten muss. Und von den beiden brauchte ich sie mehr.

Meine Suche ist beendet. Da ist wieder Jubel in meinem Herzen. Ich bin in einen Lebensunterhalt geraten; Wie der Maurer, der früher mit dem Essenseimer in der Hand davonkam, habe ich Arbeit gefunden.

Und die Art und Weise, wie es geschah, war ein seltsamer kleiner Schicksalsschlag, eine Launenhaftigkeit, die der ironischen Seele von Thomas Hardy gefallen hätte.

Ein alter Studienfreund von mir, Minot Blackden , den ich früher Leonardo da Vinci nannte, weil er so voller Ideen und Erfindungen war, habe, wie er sagte, die Kunst der Glasmalerei wiederentdeckt. Nach einem fünfjährigen Aufenthalt in Italien und einem bescheidenen Vermögen, das zum größten Teil in Glas oder Beize geflossen war, war er in sein Heimatland zurückgekehrt und hatte irgendwo in der Gegend der Bleecker Street ein Geschäft *à la* William Morris eröffnet fuhr mit dem Färben von Glas fort. Kürzlich hatte er einige Zeitungswerbung gemacht, und es gab Kürzungen seiner Arbeit.

Als ich auf meinen heißen und staubigen Wanderungen an einer Kirche vorbeikam, kam mir der Gedanke, dass hier vielleicht eine Chance wäre, ihm und auch mir selbst zu dienen. Indem ich eine interessante Broschüre über sein Handwerk schreibe, es reichlich illustriere und sie zusammen mit persönlichen Briefen an alle Sakristei im Land verschicke, könnte ich eine Flut von Bräuchen in sein Geschäft bringen. Mit diesem hoffnungslosen Vorschlag war ich auf dem Weg, Minot Blackden zu entdecken . Ich konnte seinen Laden nicht finden, aber ich traf meinen alten Bekannten von Salmon und Byrd, Signor Visconti, von Angesicht zu Angesicht.

In seinem Palmenstrandanzug und dem Panamahut machte Visconti im Vorgarten der Bleecker Street eine prächtige und beeindruckende Figur.

„Ah-h, Signor Byrd", rief er mit lateinischer Herzlichkeit und ergriff meine Hand mit seinen beiden, „Sie sind das, was Sie als Anblick für kranke Augen bezeichnen. Ich habe mich oft über Sie gewundert – Sie müssen in meine Banca kommen – wir." Muss eine Leetla- Erfrischung haben!"

Eine Erfrischung reizte mich im Moment und ich begleitete ihn gerne in sein Privatbüro in der Bank, das zwischen einem Schrottlager und einem Feinkostladen liegt. Mit charmantem Takt ging er auf das Pech von Salmon und Byrd ein und verwarf das Thema endgültig.

Kurz – für ihn – also mit viel Gestik und Illustration teilte er mir mit, dass er einen Mann für seine expandierende Bank suche, und bat mich, einen zu empfehlen.

„Ich will einen Fina- Mann –", erklärte er. „Amerikanischer Gentleman – der a leetla da italienisch spricht – der das aufgestellt hat, was man eine Fina nennt fronta – verstehst du mich?"

„Eine gute Front", überlegte ich laut, „und spricht Italienisch – nein, Signor Visconti, wir hatten keinen so jungen Mann in unserem Büro. Mir fällt niemand ein, den ich empfehlen könnte."

Er war offensichtlich ratlos.

„Ich glaube ", sagte er mit einer Geste endgültiger Entschlossenheit, „wenn ich einen Gentleman wie Sie finden könnte , Mr. Byrd, wäre er *genau das* , wonach ich suche. Ich weiß", fügte er hastig mit einem entschuldigenden Lachen hinzu , „Ein Mann wie Sie, Signor, wird schwer zu finden sein!" Und wieder lachte er herzlich, während er mich mit zusammengekniffenen Augenlidern beobachtete. Seine Absicht war jetzt offensichtlich. Ich schwieg einen Moment.

„Nun, wenn es dazu kommt, Signor Visconti", antwortete ich langsam, „ich tue im Moment nichts Besonderes. Ich bin vielleicht überhaupt nicht gut für Sie, aber – aber wenn –"

„Ah, Sie würden es mit dem alten Visconti versuchen, Signor!" Und seine Arme flogen empor wie Windmühlen. „Sie schämen sich nicht, in der Kolonie zu arbeiten, die Sie Amerikaner Guinea nennen ! – nein, nein!" Er bemerkte den abfälligen Schatten auf meinem Gesicht. „Ah, Sie verstehen – Sie kennen die großartige Geschichte des italienischen Volkes. Sie – aber, Mr. Byrd –" und mit einem bewundernswerten theatralischen Übergang wurde er plötzlich ernst und traurig – „Mr. Byrd, Sie sind genau der Mann, den ich sehe. " denn" und er ergriff beide meine Hände. „Aber, Meester Byrd – ich fürchte, ich kann es mir nicht leisten, das zu zahlen, was Sie erwarten würden. Ah, *sacra* – wenn ich könnte ! aber!- " und sein volles Lächeln voller trauriger und wehmütiger Reue schien trotz seines theatralischen Werts echt zu sein.

„Was wollen Sie bezahlen, Signor Visconti?" Ich habe nachgefragt.

„Ich kann nur bezahlen, um anzufangen", flüsterte er heiser, mit den runden Augen eines Mannes, der dem Unvermeidlichen gegenübersteht, „dreißig fünfzig , vielleicht vierzig Dollar pro Woche. Zu leetla , ich weiß", fügte er langsam hinzu und ließ seine Hände darauf fallen seine Knie resigniert.

„Sehr gut, Signor Visconti", sagte ich. „Wenn Sie es mit mir versuchen, komme ich gerne für vierzig Dollar."

Visconti stürzte sich förmlich auf meine Hand und der Handel kam zustande.

Ab Montag soll ich anfangen, meinen Lebensunterhalt zu verdienen.

Wer hat gesagt, dass Widrigkeiten der beste Lehrer sind? Möglicherweise ist es so, aber Freude ist der wirksamste Cocktail. Es gibt kein Stimulans wie einen kleinen Erfolg.

Ich bin eine erhabene Persönlichkeit.

Ich werde vor Stolz ersticken, so erhaben bin ich in der Banca e Casa Commerciale Visconti geworden.

Ich rufe bei der National City Bank an, um den Preis von Anleihen oder den Wechselkurs zu erfahren, und zwar auf Englisch, das vermutlich so tadellos ist, dass Signor Visconti sichtlich seine prachtvolle Brust aufbläht, während er zuhört. Es gibt eine Göttlichkeit, die unsere „ Frontas " formt und sie grob behauen kann, wie wir wollen.

„Visconti spricht", sage ich mit Bestimmtheit, und der Kopf von Visconti kräuselt seinen fein gefärbten Schnurrbart und wendet sich ab, strahlend vor kaum verhohlener Freude. Darauf hat der Chef von Visconti anscheinend gewartet. Im Geiste bete ich inbrünstig dafür, dass er nie desillusioniert werde, was meine Fähigkeiten betrifft.

Ich schufte, wie ich noch nie zuvor gearbeitet habe. Ich komme früh und gehe spät und lasse mir häufig mein Mittagessen vom angrenzenden Delikatessengeschäft schicken, das zweifellos von der angrenzenden Schrotthütte gepudert wird, und der „Chef", wie die anderen ihn nennen, lächelt mit einer seltenen Salbe, die Zustimmung bedeutet.

Mit Mühe können wir tatsächlich von meinem Einkommen leben. Wenn ich die Hälfte meines Kapitals zurückbekäme, die ich nicht in Salmon and Byrd stecken konnte – aber das löst deprimierende Gedankengänge aus. Allein meine Bibliothek steht zwischen mir und der Katastrophe, also habe ich wie ein umsichtiger Geschäftsmann damit begonnen, sie zu katalogisieren, und ich trainiere Alicia, mir zu helfen. Ich darf nicht noch einmal von einer so verzweifelten Aussicht überrascht werden, wie sie mir kürzlich bevorstand.

Wie sehr mein kleiner Haushalt von meiner letzten Phase der Verzweiflung betroffen war, wird mir erst jetzt klar, da ich sie überstanden habe. Gelächter und gute Laune scheinen wieder entkorkt zu sein. Wir spielen, toben und plaudern, mehr als in den Anfangstagen unseres *Familienlebens* – *wie* lange ist das her? – etwas weniger als ein Jahr, nicht länger!

Mittlerweile ist es Ende September und die Schulen haben wieder geöffnet. Wir sind alle vernünftig und fleißig beschäftigt, wie eine normale amerikanische Familie, und als ob ihr sogenanntes Oberhaupt ein hinreichend kompetentes Wesen wäre und nicht der stümperhafte, maskierte Amateur, der er ist. „Der nie unter Tränen sein Brot gegessen hat" – nun, wir haben die Armut sehr gut kennengelernt und fürchten sie weniger als früher – obwohl wir sie mehr hassen. Es mag ein Betrüger sein, aber wer behauptet, dass alle Betrüger harmlos sind? Ich würde diese Prämisse auf jeden Fall ablehnen, also katalogisieren wir die Bibliothek.

„Hier ist ‚The Anatomy of Melancholy' von Burton", verkündet Alicia und nimmt einen Band zur Seite.

„Kleines Quarto, gedruckt in Oxford, 1621", beende ich für sie.

„Ja", haucht sie und staunt mit großen Augen. „Wie kannst du dich an solche Dinge erinnern, Onkel Ranny ?" denn deshalb habe ich sie gebeten, mich anzurufen.

„Wie kann ich mich erinnern?" frage ich überrascht. „Wie kann ich mich erinnern, dass Sie Alicia Palmer sind, fast fünfzehn Jahre alt, oder dass Jimmie Pendleton fünf ist?"

„Aber wir – sind Menschen", beteuert Alicia, „und wir – deine." Ich gestehe, dass ich angesichts dieser süßen Investitur, die in ihren Worten zum Ausdruck kommt, eine leichte Erregung verspüre, aber ich scheine davon stumpfsinnig zu sein.

„Aber ein Mensch ist ein großartiges Buch", erkläre ich ihr sentimental, „und ‚Oxford, 1621' bedeutet eine Erstausgabe, Alicia – nicht nur eine Person, sondern eine Persönlichkeit. Dieses Buch ist ein ebenso stolzer Aristokrat, als ob es es wäre." Mit Kränzen übersät und voller normannischem Blut. Es gibt eine ganze Heraldik darüber – es ist ein Prinz unter den Büchern. Und das alles, Alicia, weil es das Interesse der Menschen geweckt und ihnen seit etwa der Zeit, als die Pilger zum ersten Mal in Plymouth landeten, Freude bereitet hat . Es ist ein Buch, das Doktor Johnson zwei Stunden früher aus dem Bett holen könnte, als er aufstehen wollte. Außerdem könnte es uns im Fall der Fälle eine Zeit lang ernähren, und das ist sehr wichtig, nicht wahr? Alicia?"

„Ja", atmet sie voller Ehrfurcht, was mich aus irgendeinem Grund erfreut. „Was für eine wunderbare Sache muss es sein, ein großartiges Buch zu schreiben." Und den nächsten Band fingert sie mit noch größerer Ehrfurcht.

„Das ‚Leben von Edward Malone' von Sir James Prior", liest Alicia. „Ist das auch ein Prinz unter den Büchern?"

„Nein", antworte ich. „Das ist nur ein Freund. Sehen Sie, Malone war in den Tagen von Doktor Johnson verliebt und wurde zum Trost Büchersammler und Shakespeare- Kommentator. Man sagt, die Iren seien wankelmütig. Aber hier ist einer, der das tut Ich könnte nie wieder lieben. Wenn ich also sein Leben lese, glaube ich, dass ich durch eine Art Nebel die schöne Frau sehe, die er verloren hat, und alles um ihn herum liegt mir seltsam am Herzen. Er würde uns nicht sehr lange ernähren, Alicia, aber er hat mir viele Stunden Freude bereitet."

„Sind Büchersammler – verliebt?" sie erkundigt sich mit sanfter Subtilität, und ich bin überrascht, dass ein Teil ihrer Jugendlichkeit gerade an diesem Punkt gestoppt werden sollte.

„Wenn du mich meinst", antworte ich leise, „dann kann ich dir sagen, dass ich es nicht war. Niemand hat mich jemals genug geliebt, um mich zu verärgern. Ich bin ein Sammler durch eine Art – spontane Degeneration."

Alicia wirft ihren schönen jungen Kopf zurück und lacht köstlich. Danach erwische ich sie dabei, wie sie vor sich hin lächelt, während sie die Titel aufschreibt.

Ich bin erstaunt, wie liebenswert das Kind geworden ist, seit es hier ist. Ihr dünner, verängstigter Gesichtsausdruck ist einem Ausdruck glücklicher Zuversicht gewichen. Allzu bald wird sie das Leben eines jungen Mannes mit Glück bereichern. Ihr Interesse an meinen muffigen alten Büchern hat ihr in meinen Augen einen Wert der Kameradschaft verliehen, den ich sicher nicht auf Kosten meiner Nichte und meiner Neffen übertreiben werde – obwohl Alicia kaum zu den Leuten gehört, die eine solche Situation ausnutzen. Dennoch muss ich auf der Hut sein.

Immerhin ist sie die Bevollmächtigte, Verwalterin der anderen und *Quis Verwahrung ipsos* – wer soll über Alicia wachen? Offensichtlich ist es meine Aufgabe, ihren Verstand zu verbessern, um sie zu einer besseren Beschützerin für sie zu machen.

Und Alicias Geist verbessert sich zusehends.

„Onkel Ranny ", fragte sie neulich, „darf ich fragen, was Sie die erste Ausgabe von Boswells ‚Johnson' gekostet hat?"

„Es kostet mich nichts als ab und zu eine schlaflose Stunde", sagte ich ihr. „Es ist nicht bezahlt. Aber ich schulde Andrews vierhundert Dollar dafür. Gott weiß, wann ich es bezahlen werde. Aber warum fragst du, Alicia?"

„Ich habe gerade in *Book Prices Current gelesen* , dass ein Exemplar bei Sotheby's in London für einhundert Pfund verkauft wurde."

"Bereits!" Ich murmelte und war in Bewunderung versunken, nicht wegen der Wertsteigerung – daran bin ich gewöhnt –, sondern wegen der Leichtigkeit des Mädchens, das Interesse und den Fachjargon für mein Hobby zu wecken.

„Oh, Mr. Andrews muss einen wundervollen Ort haben!" rief sie aus. „Das muss ein großartiges Geschäft sein. Wo ist er? Wie gerne würde ich es sehen!"

„Das wirst du eines Tages tun , Alicia", sagte ich ihr. „Er ist in der 29. Straße und ein ausgezeichneter Kerl."

Dann erklärte ich ihr, wie Andrews darauf bestanden hatte, das Buch in mein Regal zu stellen.

Alicia starrte mich einen Moment lang schweigend an, dann glitzerten plötzlich Tränen in ihren Augen.

„Wegen uns", sagte sie mit zitternder Lippe, „weil wir gekommen sind, konnte man es nicht kaufen!"

„Rede keinen Blödsinn, Alicia", fuhr ich sie an. „Ein Sammler hat fast genauso viel Freude daran, an Bücher zu denken, die er nicht bekommen kann, wie an die, die er kauft. Glaubst du nicht, dass du allein für mich mehr wert bist als ein alter Boswell?"

„Nein", murmelte sie düster, „aber ich werde versuchen, es zu sein."

BUCH ZWEI

KAPITEL XII

Viele Monate sind vergangen, seit ich das letzte Mal einen Eintrag hier gemacht habe, der als Aufzeichnung meines Lebens für spätere Jahre dienen soll, wenn ich alt und weiß geworden bin und die Erinnerung nur noch die Tage meiner Kindheit lebendig zurückgibt.

Es muss sein, dass das Anheizen des Ofens unten den ganzen Winter über oder meine Vertiefung in Viscontis das Nachdenken über die Ereignisse aus meinem Kopf verbannt hat. Allerdings wurde nicht die Reflexion verbannt, sondern nur die Energie, sie aufzuzeichnen. Die Leute, die auf dem Laufband arbeiten , hinterlassen nur wenige Rekorde. Und ich gehöre auf dem Laufband, sitze auf einem Bürostuhl, gehöre zur grauen Masse der Vorstadtbewohner.

Das Büro von Visconti, das zunächst wie ein seltsamer alter Kai in einer fremden Stadt für ein Schiff aus fernen Gegenden wirkte, ist mir vertraut und fast heimelig geworden, so dass ich spüre, wie sich die Seepocken um mein Schiff an der Anlegestelle sammeln.

Es ist immer das Gleiche. Ich komme und ich wehe und ich gehe. Der Stuhl und der Schreibtisch erwarten mich jeden Morgen und um zehn Uhr ist es, als hätte ich sie nie verlassen. Ich gehe einen Nachmittag lang in die Freiheit und verspüre für einen Moment das Verlangen, wie früher umherzuwandern. Die langweiligen Fassaden von New York haben für mich immer noch einen Reiz. Aber die Nestlinge, für die ich arbeite, sind in Crestlands und ich beschleunige automatisch meine Schritte zu ihnen.

Aber wird das alles bald ein Ende haben?

Heute hörte ich zum ersten Mal seit seinem Verschwinden von Pendleton , dem Ehemann der armen Laura .

Denn heute habe ich einen erstaunlichen Brief von Dibdin erhalten , und das ist es wohl, der mich dazu angeregt hat, wieder zu schreiben.

„Seien Sie vorbereitet", beginnt Dibdins Brief auf seine gewohnt schroffe Art, „seien Sie auf eine Art Schock vorbereitet."

„ Vor einer Woche kam ich mit einer halben Schonerladung voller Vorräte und Steine, Schnitzereien, Götzenbilder usw. in Yokohama an und machte mich auf den Heimweg.

Yokohama waren, werden Sie sich an das Grand Hotel am Bund erinnern." Ja, ich erinnere mich. Es war für mich der einzige Lichtblick in Japan auf meiner kurzen und enttäuschenden Reise vor sechs Jahren. Der Himmel weiß, warum ich dorthin gegangen bin. Nachdem ich mir die Tempel von Nikko, den heiligen Hirsch auf der Insel Miyajima und den Vulkankegel von

Fujiyama angesehen hatte, blieb mir nichts anderes übrig. Ich bin kein Ethnologe und es gab keine Buchhandlungen. Während ich auf meinen Dampfer wartete, war die einzige Zuflucht das gleiche Grand Hotel in Yokohama, wo man immer noch auf einem Stuhl mit Blick aufs Fenster sitzen kann, wie Geschäftsreisende in amerikanischen Provinzhotels sitzen, und über das Wasser nach Tokio blicken kann Rauch und Müßiggang und Klatsch. An einem Nachmittag gibt es Tee mit ausgezeichneten kleinen Kuchen – serviert von japanischen Mädchen in Kimonos, die so wunderschön sind, dass selbst eine Geisha zu bescheiden wäre, sie auf der Straße zu tragen. Die Farbe ist jedoch für westliche Augen gedacht. Die Damen, Amerikanerinnen und Engländerinnen aus Tokio und Umgebung, Ehefrauen von Kommissionskaufleuten, Agenten, Marineoffizieren, Diplomaten, Touristen, versammeln sich und tun, was sie können, um den Ruf zu zerstören – wie es überall auf der Welt üblich ist.

Es gibt auch eine Bar – die längste in Asien. Übrigens ist jeder Balken im Osten der längste, und Männer aus Hongkong, Shanghai, Peking, Kobe und Yokohama tragen die Maße ihres jeweiligen Balkens zum Zweck der Wettbewerbsargumentation im Kopf. Wir alle brauchen etwas, mit dem wir prahlen können, und in dieser Gegend gibt es kaum etwas anderes. Wenn die Damen ihren Tee ausgetrunken haben und auf ihre Zimmer oder ihre Rikschas gegangen sind, ist die Bar im Grand die nächste Raststätte für die Männer. Ich habe jahrelang nicht daran gedacht, obwohl es mir jetzt klar genug vorkommt. Es ist einer der fünf Punkte auf der Erde, an denen Sie, wenn Sie lange genug herumlungern, mit Sicherheit jedem begegnen werden, den Sie jemals gekannt haben. Aber – Pendleton!

„Wenn Sie sich an diese Kulisse erinnern", heißt es in Dibdins Brief, „werden Sie erkennen, wie einfach es selbst für einen Bären wie mich war, schnell den Klatsch des Ortes und nebenbei auch die Legende von Patterson zu verstehen. Patterson war, wie ich erfuhr, ein Herumtreiber." , ein Müßiggänger, ein Spieler und ein überzeugter Verfechter der Grand Bar. Er ist geschickt, höflich, angenehm, zwielichtig – ein Amerikaner. Irgendein Händler fand ihn am Strand der Marquesas, nahm ihn als Gesellschafter zwischen den Inseln und schließlich mit hat ihn hierher gebracht. Er hat mit Häuten, Seide und Versicherungen gehandelt, soll bei einer Kartenschlägerei beinahe einen Mann getötet haben und beim Pokern so manchen Touristen aus dem Weg geräumt haben. Jetzt darf er nicht mehr Karten spielen der Große.

„Ich war neugierig, diesen gefiederten Vogel zu sehen, und vor zwei Tagen machte mich Mainwaring, der ausgezeichnete Manager dieses Hotels, auf ihn aufmerksam.

„Beurteilen Sie mein Erstaunen, wie Romanautoren sagen, als ich in Patterson niemanden anders erkannte als den Urheber all Ihrer Probleme, Ihren verschwundenen Schwager – *Pendleton!*

„Wird es Sie überraschen zu erfahren, dass mein erstes Gefühl der Wunsch war, mich auf ihn zu stürzen, als er sich über die Bar beugte und ihm ein Messer in den Rücken rammte?

„Stattdessen bat ich Mainwaring, mich vorzustellen, und wenn Pendleton überrascht war, verheimlichte er es erfolgreich. Plötzlich trank er meinen Schnaps und plauderte über die Inseln, von denen ich gerade erst angekommen bin. Wenn ich die kalte Wut , gegen die ich empfand, verbarg." Der Mann, von dem Sie mir mehr Diplomatie zuschreiben müssen, als Sie es normalerweise tun.

„„Du redest wie ein New Yorker', ließ ich plötzlich beiläufig fallen.

„„Ah, da bin ich!' „Die Wahrheit ist, ich weiß nicht, wo ich herkomme!"

„Kurz gesagt, er versuchte es mit der Art von verlorenem Gedächtnis. Eines Tages wachte er auf und fand sich in Manila wieder. Ich wusste weder seinen eigenen Namen noch wer er war oder woher. Die Initialen auf seiner Wäsche waren JP, also nahm er den Namen an Patterson – so gut wie jeder andere und so weiter. Sehr traurig. Aber dann muss man das Leben so nehmen, wie man es vorfindet. Einige von uns werden zum Märtyrertum in dieser Welt gewählt. Das war, wie Sie verstehen, seine Absicht.

„„Nun', sagte ich ihm ruhig, ‚wenn du wirklich wissen willst, wer du bist, kann ich es dir sagen.'

„Ich dachte, er wurde etwas blasser, aber er spielte seine Rolle reibungslos."

„„Das meinst du nicht so!' rief er mit einer ziemlich seraphischen Ekstase. „Du kennst mich! Mein Gott, Mann, du bist mein Befreier, komm endlich!"

„„Du bist Jim Pendleton', sagte ich ihm leise und erzählte ihm dann noch ein paar andere Dinge. Meine Überlegung war folgende: Wenn er der gründliche Hund ist , für den ich ihn gehalten habe, hätte er eine ausgezeichnete Chance, durchzubrennen – und zwar gut Befreiung. Wenn in dem Mann noch ein Funken Anstand vorhanden war, war es jetzt an der Zeit, ihn zu zeigen.

„Nun, er hat mich überrascht. Ich sah echte Tränen in seinen Augen. Er bettelte um jedes Detail, das ich ihm geben konnte. Seine Stimme brach, als er versuchte, Fragen über Laura und die Kinder zu stellen. Er ist nicht abgehauen. Er ist ziemlich erbärmlich anhänglich." Für mich. Ich bin am Boden zerstört, wenn ich erkennen kann, ob es echt ist oder nicht. Ich glaube keine Minute an die verlorene Erinnerung, aber ich bin verblüfft. Er scheint so erbärmlich scharf auf jedes Wort zu sein, das ich ihm sagen kann.

Vielleicht das Der arme Kerl schämt sich wirklich für seine Vergangenheit und versucht unter diesem Geschwätz der verlorenen Identität nur sein Gesicht zu wahren? Er klammert sich an mich und ich habe ihn sozusagen unter Beobachtung. Falls es auch nur annähernd möglich erscheinen sollte, einen Mann zu machen Meinst du nicht, dass es sich lohnen könnte, das Risiko einzugehen, ihn nach Hause zu bringen? Ich weiß es nicht, ich weiß es nicht. Ich werde mein bestes Urteil über mich fällen, aber tu es nicht Einen Moment lang denke ich, ich werde dich im Stich lassen. Es sind deine Interessen, an die ich denke, und die der Kinder.

„Ich kann hier noch einige Wochen lang nicht weg. Das sollte mir Zeit geben, ihn einzuschätzen , Randolph, mein Junge, wir werden sehen, was wir sehen. Pech ist Pech, aber dieser Mann – nun, ich brauche es dir nicht zu sagen. Es gibt natürlich so etwas wie einen Versuch, es noch einmal zu versuchen. Ich würde es tun Ich hätte selbst gerne eine zweite Chance, wenn ich mich wie ein Bösewicht benehmen würde. Aber bei diesem Kerl bin ich mir alles andere als sicher. Ich muss allerdings sagen, dass er weniger trinkt und versucht, nicht nur in meinen eigenen Augen, sondern auch in den Augen der anderen anständig zu bleiben Überraschung der ganzen weißen Kolonie hier.

„Du wirst bald wieder von mir hören.“

Während ich las, fühlte ich mich allmählich überschattet von der immensen düsteren Tatsache, die in diesem Brief zum Ausdruck kommt. Es war wie eine schwarze Wolkenbank, die schnell aufsteigt und die Sonne über der Landschaft verdunkelt. Es ging nicht darum, zu blinzeln, zur Seite zu winken oder es mit einem Schulterzucken abzutun. Es war augenblicklich und tyrannisch und erforderte erneut dringende Überlegungen und Entscheidungen. Glücklicherweise bin ich nicht mehr dasselbe Geschöpf, das körperlich wie ein Mönch aus seiner Zelle aus der Ruhe und Muße in die kalten, windgepeitschten Lebensweisen geschleudert wurde. Ich komme mir etwas weniger vor wie Spreu im Wind. Mein Rückgrat schien sich tatsächlich zu versteifen und zu beruhigen, als ich das Problem stellte.

Das Problem ist das Schicksal der Kinder. Pendleton zu empfangen und neu zu erschaffen bedeutet, sie aufzugeben.

Nun – und habe ich ihre Fürsorge nicht nur übernommen, weil es sonst niemanden gab? Jetzt gäbe es vielleicht noch jemanden anderen. Pendleton hat ein gesetzliches Recht auf seine eigenen Kinder und, wenn er es zufriedenstellend beweisen könnte, zweifellos auch ein moralisches Recht.

Die Ankunft von Pendleton könnte sich für mich als unkalkulierbare Vorteile erweisen. Hier ist auf der einen Seite das Laufband. Auf der anderen Seite gibt es oder gab es Leichtigkeit und Muße und Träume. Meine kleine

Kompetenz ist im Zuge des destruktiven Fortschritts dieses Mannes verloren gegangen. Aber für mich selbst könnte ich vielleicht eine einfachere und angenehmere Lebensweise finden als die von Visconti. Das sind eindeutig die kalten Fakten – aber irgendwie lassen sie mich nicht ruhen. Meine Welt ist trotz meiner schmerzlichen Ruhe heftig durcheinander geraten, und ich scheine nicht in der Lage zu sein, die Teile wieder genau in die alte Festigkeit von Rille und Gelenk zu integrieren. Es lauern Lücken, die ich nicht füllen kann. „Wer ist Kim – Kim – Kim?" pflegte sich der Held einer unvergesslichen Geschichte zu fragen. Und er fühlte, wie seine Seele davonschwebte und in die Unendlichkeit eintauchte. Ebenso frage ich mich jetzt: Wer ist Randolph Byrd? Und die erschreckende Wahrheit kehrt zurück, dass die Kinder in meinem Haus und ich unzertrennlich sind, dass ich und sie eins sind!

Angesichts dessen und der Tatsache, dass Pendleton aller Wahrscheinlichkeit nach zurückkommen wird, um sie einzufordern, muss ich mich, bis weitere Neuigkeiten von Dibdin vorliegen , herumschlagen. Auf jeden Fall kehrt auch Dibdin zurück.

Es ist jetzt Frühling und das Jahr beginnt wieder zu strahlen. Mir ging es bei Visconti gut, und mein Einkommen ist jetzt wieder das gleiche wie vor der Zeit, als die Kinder zu mir kamen – bevor ich Geschäftsmann wurde. Aber es gibt niemanden, dem ich mein neues Dilemma anvertrauen könnte.

Da ist Minot Blackden , der Glasfärber , den ich schließlich als einen nahen Nachbarn von Visconti entdeckt habe. Genauer gesagt liegen sein Atelier und seine Wohnräume in der King Street, und manchmal essen wir zusammen zu Mittag. Aber Blackden ist so sehr von seiner mittelalterlichen Kunst fasziniert, dass sie in sein Essen gelangt, seine spitz zulaufenden Hände befleckt und sogar auf seinen fein spitzen blauschwarzen Bart spritzt. Alles, was er in mir sehen kann, ist der Philister, der alles andere für die brutzelnden Fleischtöpfe beiseite geschoben hat. Als ich zufällig erwähnte, dass ich vier Kinder in meinem Haus hatte, betrachtete er mich wie ein Paradiesvogel einen Eisbären; Ich war für ihn ein sichtbares, aber unglaubliches Symbol für etwas Seltsames und Ekelhaftes. Blackden hat nichts Gelassenes oder Resigniertes an sich . Er ist intensiv, weißglühend.

„Ist Ihnen klar", sagte er zu mir, „dass ich der Welt eine verlorene Kunst wiederherstelle?"

„Aber gibt es dir Nahrung?" Ich fragte ihn.

„Was macht Essen aus?" er protestierte. „Was ist alles andere auf der Welt wichtig?"

Dennoch nahm er meinen Vorschlag, eine Broschüre über sein neues Handwerk zu verfassen, gerne auf und verschickte sie im Fernsehen. Aber seine Haltung gegenüber dem gesamten Geschäft ist so äußerst hingebungsvoll, dass ich nicht den Mut habe, eine Bezahlung für die Arbeit vorzuschlagen, und er hat auch nicht noch einmal darauf hingewiesen. Ich weiß wenig über seine Kunst, aber ich weiß, dass seine Erträge steigen. Es ist offensichtlich, dass ich einer Seele, die mit der edelsteinähnlichen Flamme von Blackden brennt , keine solche Zuversicht wie die bevorstehende Rückkehr von Pendleton aufbürden kann. Manchmal denke ich, dass Minot Blackden und Gertrude Bayard einander heiraten sollten. Sie sind beide so zielstrebig und so absolut selbstsicher. Aber in der Zwischenzeit gibt es niemanden, mit dem ich reden kann.

Nein – absolut niemand.

An diesen strahlenden Nachmittagen zum Bahnhof Grand Central zu laufen, ist etwas, dem ich nicht widerstehen kann. Es ist die einzige Übung, die ich bekomme. Als ich den Washington Square überquere, biege ich in die Fifth Avenue ein, und als ich die Fourteenth Street erreiche, habe ich das köstliche Gefühl, mich zu verlieren, in der Menge zu verschmelzen, was nach einem Tag im Büro sehr beruhigend ist. Nichts ist so anregend wie das energiegeladene Publikum auf der Fifth Avenue. In Brentanos Buchhandlung bleibe ich normalerweise stehen und betrachte das Schaufenster. Ich bin sehr fundiert in den neuesten Romanen und den neuesten Entwicklungen in der Schreibwarenbranche.

Heute, als meine Augen sich an der Schutzumschlagversion von Mr. Arnold Bennetts neuester Ausgabe erfreuten, blieb eine Dame, die die Allee entlangkam, ebenfalls vor dem Fenster stehen, und als wir einander ansahen, stellte ich fest, dass ich Gertrude ansah. Natürlich hatte sie das vollkommene Recht, mich zu schneiden. Stattdessen lächelte sie unsicher und streckte ihre Hand aus.

„Hallo, Ranny ", murmelte sie beiläufig. „Es gibt keinen Grund, warum wir uns nicht als Freunde treffen können, oder?"

„Nicht das Geringste auf der Welt", gab ich hastig zurück. „Warum sollte es so sein?"

„Ich wusste es nicht – aber natürlich warst du immer ein vernünftiger Mensch."

Ich grinste auf meine schuldbewusste Art.

„Wie ist alles?" sie fuhr fröhlich fort. „Ich habe von Ihrer Firma gehört. Sind Sie jetzt im Geschäft?"

Ich erwähnte meine Verbindung mit Viscontis Banca e Casa Commerciale.

„Du bist eine Art Held der Romantik", lächelte sie nachdenklich über meinen Kopf hinweg. „Und den Kindern", fügte sie hinzu, „ geht es ihnen gut?"

„Wird stark." Sie erwähnte Alicia nicht, aber ich fand es nur anständig, sie nicht im Zweifel zu lassen. „Alles in meinem Haushalt ist ungefähr gleich", sagte ich. Sie nickte.

Die Jahre unserer Freundschaft gingen mir durch den Kopf, mit einem Gefühl des Bedauerns über das Verschwinden und Zerbröckeln der menschlichen Beziehungen. Gertrude wäre ganz natürlich diejenige gewesen, mit der ich über die wahrscheinliche Rückkehr von Pendleton hätte sprechen können. Dann ereignete sich plötzlich einer dieser Zufälle, die mich immer wieder überraschen. Denn was Gertrude ganz nachlässig aussprach, als wollte sie nur die Gesprächspause füllen, war Folgendes:

„Keine Nachricht von ihrem Vater, nehme ich an?"

Ich habe Gertrude noch nie angelogen. Ich verabscheue Lügen im Allgemeinen. Ich schwieg. Mein Gesicht muss mich verraten haben. Gertrude blickte mir in die Augen und fragte mit erschrockener Stimme:

" *Hast* du?"

Ohne ins Detail zu gehen, erzählte ich es ihr kurz.

„Na, Ranny ", rief sie mit neuer Art und neuer Stimme, „das ist das Wunderbarste, was ich je gehört habe. Wunderbar! Das ist das größte Glück für dich. Deine Sorgen werden vorbei sein!"

„Ah, werden sie?" Überlegte ich reumütig und rieb mir die Wange. „Das ist das Problem. Soll ich ihm die Kinder wieder anvertrauen können?"

„Sei kein – Dummkopf!" sie erwiderte fast in ihrer alten Art. „Die Verantwortung wird ihn wieder zu einem Mann machen. Außerdem – das wirst du tun müssen.

niemandem gegenüber ein Wort davon zu erwähnen ", stammelte ich. „Sie verstehen, es ist eine heikle Angelegenheit – zum Wohle der Kinder."

„Seien Sie nicht absurd", erwiderte sie ungeduldig. „Ich plappere nicht. Versprichst du mir, mir zu sagen, wie … wie die Dinge ausgehen?" Ich versprach.

In diesem Moment stürzte sich Minot Blackden , dessen Augen zweifellos von Visionen von Rosettenfenstern geblendet waren, und kollidierte beinahe mit uns. Ich stellte sie mechanisch vor, um seine Entschuldigung zu mildern, und ließ sie beide in derselben Richtung nach Süden unterwegs sein. Gertrude wedelte fröhlich mit der Hand.

„Ich erwarte gute Nachrichten!" waren ihre Abschiedsworte.

„Das habe ich jemandem erzählt", dachte ich, als ich mich auf den Weg zum Grand Central machte, und Gertrude drückte aus, was alle Welt sagen würde: „Ich sollte vor Freude über die Erleichterung springen. Außerdem muss ich sie übergeben." Pendleton. Die Räder des Zuges, in den ich düster einstieg, wiederholten immer wieder eindringlich dieselbe selbstverständliche Meinung. Hinzu kam die Todeskrankheit in meiner Seele wegen der Torheit, das Ding ausgerechnet an Gertrude verschenkt zu haben .

Ich wünschte, ich wäre jetzt nicht gezwungen, gesellschaftliche Einladungen abzuwehren. Der ausgezeichnete Visconti, der mich im Winter zwei- oder dreimal zum Abendessen eingeladen hatte, kam plötzlich auf die Idee, mich mindestens einmal pro Woche einzuladen. Ich hoffe, ich bin nicht so unhöflich geworden, aber ich schätze seine gut gemeinte Höflichkeit. Aber die Schwuchtel ist zu groß.

Er hat ein Haus in der Thirteenth Street neben dem St. Vincent's Hospital und hat auch eine mutterlose Tochter, Gina, voller Lebenskraft, die sich bestimmt amüsiert. Die Nähe zum Krankenhaus, deutet er an, der Geruch von Carbolat und Jodoform deprimiere junges Blut, und Gina als Superamerikanerin dürfe nicht daran denken, dass es im Leben etwas Unangenehmes gebe. Ich vertraue darauf, dass ich nicht das einzige Schiff bin, das ausgewählt wurde, um diesem Mädchen mehr Lebendigkeit zu verleihen.

Der Aufwand ist für mich immens. Ich fahre nach den Bürozeiten nach Crestlands , ziehe mich an, kehre in die Stadt zurück und steige dann wieder mit dem späten Zug nach Crestlands . Das Essen ist ausgezeichnet und Gina singt hübsch in einem Sopran, der so reichhaltig ist wie ihre Farbe. Doch am nächsten Morgen genießt Visconti's nicht die Früchte meiner ungebremsten Energie.

In jüngerer Zeit hat Visconti mich aufgefordert, mich nicht anzuziehen, und darin erkenne ich die feine Hand von Gina am Werk. Als in Amerika geborenes Mädchen ist Gina schnell und eifrig dabei, die Schilder und Wettervorhersagen zu lesen. Und obwohl ich mit Ausreden immer geschickter werde, habe ich letzte Nacht trotzdem im Visconti's gegessen. Gina sang *„Sole mio"* und *„Una voce poco fa"* und erzählte mir sogar die Zukunft in Karten und sagte voraus, dass ich „ein zweites Mal heiraten" sollte.

„Aber nie das erste Mal?" Ich habe einfach nachgefragt.

„Oh, dann warst du ja noch nie verheiratet!" Gina jubelte und las mir noch einmal energisch die Karten vor. Ihr Einsatz ist offensichtlich keine perfekte Wissenschaft. Aber mir fällt ein, dass die kluge Gina dadurch mehr über mein Privatleben erfahren hat, als ich ihr in all unseren Bekanntschaften jemals gewährt hatte.

Als ich nach Hause zurückkehrte , fand ich Alicia in meinem Arbeitszimmer vor, wie sie lange über dem Katalog saß, dessen Kopie sie gerade fertigstellt. Sie sprang von ihrem Stuhl auf.

„Oh, ich bin so froh, dass du gekommen bist, Onkel Ranny ", sie klatschte freudig in die Hände. „Ich habe etwas gefunden, das wir übersehen haben."

„Was ist los, Alicia?" Und mein Blick war, das gebe ich zu, fasziniert von ihren geröteten Wangen und ihren sternengleichen Augen, die vor Aufregung funkelten. Sie schien die Muse zu sein, die diese Bücher verkörperte, den Geist der Schönheit, den sie verkörpern. Und doch ist sie noch nicht ganz sechzehn.

„Es ist Shelleys , Alastor '!" Sie weinte. „Und es ist so dünn, dass es zwischen die Umschläge eines anderen Buches gerutscht ist. Es ist eine Erstausgabe – 1816, nicht wahr?"

„Ja, Alicia. Und außerdem ein sehr schönes Gedicht."

„Oh, nicht wahr!" sie weinte vor Jubel. „Ich habe alles gelesen, Onkel Ranny , und weißt du, was ich herausgefunden habe?" – und ihre Stimme wurde ernster – „es ist dein Leben, das Shelley geschrieben hat!"

Ich lachte schallend.

"Ja er hat!" blitzte Alicia auf. „Nur dein Leben ist so viel besser. Er war so in sich versunken, Alastor , dass er in seiner Einsamkeit starb. Und du – du bist einfach von Menschen umgeben, die dich lieben. Du –!"

Und dann, das muss ich leider zugeben, überkam Alicia das Selbstbewusstsein. Sie wurde sich ihrer eigenen Heftigkeit bewusst und errötete wütend, als wollte sie aus dem Zimmer rennen.

Durch meine günstige Position in der Nähe der Tür konnte ich sie aufhalten.

„Warte, meine Liebe", ich versuchte, ihr gesenktes Kinn anzuheben. „Enthusiasmus ist nichts, wofür man sich schämen muss. Es ist eines der schönsten Dinge im Leben. Und ich sage Ihnen noch mehr: Wir wenden immer alles, was wir in Büchern lesen, auf uns selbst an."

„Ist das nicht", murmelte Alicia beschämt, „der Grund, warum Menschen Bücher lieben?" Dummes Mädchen – den schlafenden Pedanten in mir zu wecken!

„Nicht ganz, Alicia. Wenn wir älter werden, werden wir weniger persönlich. Ich liebe Bücher, weil sie die Wahrheit und die Weisheit des menschlichen Geistes enthalten. Und abgesehen von Leben und Liebe, Alicia, sind Weisheit und Wahrheit die größten Realitäten der Welt." Natürlich gibt es den Tod, aber wer möchte schon über den Tod nachdenken?"

„Ich habe immer gedacht, dass das Leben und – und – die Liebe größer sind als Bücher", stammelte Alicia ernst. „Und jetzt, wo Sie es selbst sagen, bin ich mir dessen sicher!"

Erstaunliches Kind! Wann hatte sie die Zeit, über die Größe des Lebens und der Liebe nachzudenken? Immer wieder offenbart sich mir dieses junge Ding aufs Neue. Ich sah sie einen Moment lang schweigend an. Hier war ein besserer Berater als jeder andere, mit Ausnahme von Dibdin , mit dem ich die bevorstehende Rückkehr von Pendleton besprechen konnte.

„Alicia", begann ich in einem anderen Tonfall, „es gibt etwas, worüber ich gerne mit dir reden würde. Es ist verdammt spät, ich weiß, und du solltest im Bett sein, aber da du dich im Katalog auflösen wirst, werde ich es tun." Halte dich noch ein wenig wach. Ich führte sie zurück zu einem Stuhl und sie sah mich mit großen Augen an.

„Geht es irgendetwas um – die – Kinder?" flüsterte sie etwas verängstigt.

„Ja – in gewisser Weise – es geht um die Kinder. Aber insbesondere geht es um ihren Vater. Haben Sie schon einmal von ihm gehört?"

„Ihr Vater! – ich dachte, er wäre tot!" murmelte sie voller Ehrfurcht.

„Es gab Zeiten, in denen wir alle das dachten. Er ist vor einigen Jahren verschwunden. Aber er lebt, Alicia. Ich habe gerade von Dibdin gehört , der ihn in Japan gefunden hat." Ihre Augen wurden größer.

"Wie schrecklich!" sie atmete. „Weiß er alles, was passiert ist?"

„Das tut er jetzt – natürlich nicht, bis Mr. Dibdin es ihm gesagt hat." Und dann fiel mir das ein. Sollte ich Pendleton so weit abschirmen, dass ich ihr eindeutig mitteile, dass er sein Gedächtnis oder seine Identität verloren hat? Nein. Ein Vertrauter verdient absolute Ehrlichkeit, selbst wenn dieser Vertraute so jung ist wie Alicia. „Er erzählte Dibdin ", fuhr ich fort, „dass er seine Erinnerung an die Vergangenheit verloren hatte und eines Tages in Manila gestrandet war. Danach führte er ein ziemlich wildes und wertloses Leben – Menschen, die ihre Erinnerungen verlieren, scheinen das zu tun."

„Glaubst du, dass das wahr ist?" sie fragte.

„Ich weiß es nicht, Alicia, aber wenn er zurückkommt, werden wir diese Version wohl akzeptieren müssen. Dibdin wird in diesem Punkt einen Rat haben, da bin ich mir sicher."

Alicia schwieg eine Zeit lang und war in Gedanken versunken. Das Gesicht ihres Kindes war in ihrer Aufregung das Gesicht einer erwachsenen Frau.

„Glaubst du, er wird die Kinder zurücknehmen wollen, Onkel Ranny ?"

„Das ist der Kern der ganzen Sache, Alicia. Ich weiß es nicht. Aber wenn er es tut, hat er natürlich das Recht dazu; sie gehören ihm."

„Oh, oh!" und ihre Hände hoben sich in einer Geste schmerzlicher Verzweiflung an ihr Gesicht. „Übergeben Sie sie einem solchen Mann! Ist die Welt so geordnet?"

Ich lächelte düster. Ich sah, dass es keine Notwendigkeit gab, die Ordnung der Welt zu kommentieren. Dieses junge Mädchen im Teenageralter verstand es besser als alle anderen .

„Dann müsste ich auch gehen", stieß sie heiser aus, mit einem trockenen, bitteren Schluchzen in der Kehle.

„Nicht unbedingt", warf ich ein.

„Oh ja, das sollte ich", beharrte sie hartnäckig, als würde sie etwas Schmerzhaftes in ihr Fleisch treiben. „Aber es ist mir egal. Aber, Onkel Ranny , du wirst sie nicht aufgeben – du kannst sie nicht aufgeben! Sie sind hier alle so glücklich. Der kleine Jimmie und Laura und Randolph! Welche Chance hätten sie, zu wachsen?" geht es dir gut – weg von dir – mit so einem Mann? Du wirst sie nicht gehen lassen – das wirst du nicht, das wirst du nicht! Oh, es wäre schrecklich, schrecklich!" Sie endete leidenschaftlich.

„Hör zu, meine Liebe", versuchte ich sie zu beruhigen. „Ich wollte deine Gefühle nicht quälen. Ich habe es dir gesagt, weil du die Kinder liebst – und wir müssen das alles gemeinsam bewältigen. Ich werde deine Hilfe und deine Unterstützung brauchen." Sie warf einen süßen Blick zu, in dem sich Stolz und Dankbarkeit mischten.

„Nach allem, was du – durchgemacht hast", murmelte sie zusammenhangslos. „Aber warum machst du das nicht, Onkel Ranny !" und mit dem schnellen Übergang zur Jugend war sie wieder lebendig, eifrig, aufgeregt, diese kleine Mitverschwörerin von mir. „Warum lässt du ihn nicht hierherkommen und für eine Weile direkt in diesem Haus wohnen? Wir werden furchtbar überfüllt sein", fuhr sie mit erhitzter Energie fort, „aber wir werden Platz für ihn finden. Und lasst uns schrecklich nett sein." zu ihm – und glauben Sie alles, was er sagt. Dann könnten wir ihn beobachten, und ich weiß nur, dass wir herausfinden werden, ob es ihm gut geht oder nicht!"

Ich lachte über ihre Begeisterung.

„Du vergisst, Alicia", informierte ich sie, „dass er immer noch der Vater dieser Kinder ist, selbst wenn es ihm nicht gut gehen sollte."

„Das ist mir egal", erwiderte sie energisch. „Wenn er schlecht ist und sieht, dass wir sehen, dass er schlecht ist, hätte er nicht den Mut, sie von hier wegzubringen. Selbst ein schlechter Vater möchte, dass es seinen Kindern gut geht!"

„Und woher in aller Welt weißt du das, du erstaunlicher Säugling?"

"Oh ich weiss!" mit einem triumphalen Lachen: „Im Heim – einige Väter brachten ihre Kinder und weinten – einer von ihnen tat es –, weil es ihm so schlecht ging , dass er glaubte, er sei nicht in der Lage, ein Kind in seiner Nähe zu haben. Ich war auf Zehenspitzen in das Büro der Oberin geschlichen , und ich habe ihn gehört!"

„Vielleicht wollte er die Göre nicht unterstützen", spottete ich, um meine Verwunderung zu verbergen.

„Nun, und glauben Sie, dass er das tun wird?" Alicia schnappte nach meinen Worten. „Ein Mann, der vor ihnen weggelaufen ist und jahrelang herumlungerte? Oh, es wird leicht sein, Onkel Ranny !" sie kicherte. „Er konnte uns nicht täuschen!"

„Und warum, meine kleine Portia, konnte er das nicht?"

„Weil", sagte Alicia nachdenklich, „er wird immer an sich selbst denken und wir – nicht."

„Du meinst", drängte ich entzückt, „er wird unsicher sein und sich verraten, während wir in unsere Rechtschaffenheit gekleidet sind?"

"Ja!" sie weinte lachend. „Wir werden an Jimmie, Laura und Randolph denken – und es ist immer einfacher zu überlegen, was man tun soll, wenn man an jemand anderen denkt – nicht an sich selbst."

„Und haben Sie das auch im Büro der Oberin im Heim entdeckt?" Ich beugte mich erstaunt zu ihr.

„Nein", sie blickte nach unten, „das habe ich hier gelernt."

Ich gab Alicia einen Kuss auf die Wange. Es lastet mir schwer, dass ich ihr in der Vergangenheit zu wenig Zuneigung entgegengebracht habe, nur weil sie nicht mit mir verwandt ist. Es erschreckte mich, als mir klar wurde, dass mir Alicia, so sehr mir Lauras Kinder auch am Herzen liegen, die Liebste von allen ist.

Als sie mit einer sanften Gute-Nacht-Grüße davonschlüpfte, entfuhr mir ein tiefer Seufzer der Erleichterung. Diesem Kind gelang es, mein Gefühl bitterer Verwirrung nach dem Gespräch mit Gertrude fast vollständig zu verdrängen. Verwandelt sich Alicias, wenn sie älter wird, in Gertrudes , frage ich mich? Nein, ich glaube nicht. Sicher nicht.

Ich blicke jetzt fast mit Gleichmut auf die Rückkehr von Pendleton.

KAPITEL XIII

Ich bin aufgeregt wie eine Henne, die frisch geschlüpft ist.

Mir wurde plötzlich klar, dass die Selbstgefälligkeit, mit der ich mich um die Betreuung und Erziehung der Kinder gekümmert habe, abgrundtief falsch und völlig ungerechtfertigt ist.

Sie sind für New York nicht richtig gekleidet und selbst hier in Crestlands wirken sie plötzlich erbärmlich schäbig. Die Konkurrenz bei solchen Dingen in einem Vorort ist groß. Alle Kinder scheinen besser gekleidet zu sein als meine eigenen, und dennoch kann ich es mir nicht leisten, mehr auszugeben, wenn ich tue, was ich will. Randolphs High-School-Würde wird durch die Kleidung, aus der er ständig herauswächst, positiv beeinträchtigt. Und die Geschwindigkeit, mit der Jimmie Hosen abnutzt und weiße Anzüge beschmutzt, ist einfach unglaublich. Nur Laura scheint die Gabe zu haben, ihre Sachen immer frisch zu halten und sie zu tragen, als wären sie neu.

Was Alicia betrifft, das Mädchen sollte zumindest im übertragenen Sinne lila gekleidet sein, wenn ich es mir nur leisten könnte. Mir kommt es so vor, als könnte ich keinen weiteren Tag mehr leben, wenn ich Alicia nicht eine große Sammlung von Kleidern, Blusen, Schuhen und allem anderen besorge, was dieses faunartige Wesen voller Energie und Anmut hervorheben würde. Denn fast täglich wird dieses Kind auf eine Weise schöner, die mir zu Herzen geht.

Ich vertraue darauf, dass ich kein idiotischer Elternteil oder Pflegeelternteil bin, der von ihren Augen, ihrem Teint und dergleichen schwärmt. Ich bin so leidenschaftslos, wie man nur sein kann. Aber in ihren Augen liegt wirklich etwas Sternhaftes, und manchmal, wenn sie näht oder liest oder an meinem ewigen Katalog arbeitet, überrasche ich sie nachdenklich, versunken in einige lange eigene Gedanken, die ich um nichts um Welten stören würde. In solchen Momenten bin ich absolut fasziniert von den sanften Lichtkegeln, die ihr Gesicht bestrahlen.

Ich frage mich, ob andere Mädchen in ihrem Alter auch so sind? Es scheint kaum vorstellbar. Jedenfalls habe ich noch nie jemanden wie sie gesehen. Aber andererseits habe ich so wenige gesehen.

Die Wahrheit bleibt jedoch, dass ich sie unbedingt besser anziehen muss. Sogar meine trübe Fantasie springt vor Freude auf, wenn ich sehe, wie Alicia wunderschön gekleidet ist und Süße und Duft durch das Haus verbreitet. Natürlich kann ich sie nicht hervorheben. Da ist auch Laura. Und es mag abstoßend wirken, obwohl Alicia als Älteste von allen Anspruch auf besondere Rücksichtnahme hat. Darüber hinaus kann ich Pendleton nicht erlauben, zu bemerken, dass ich seine Kinder schäbig gehalten habe. Es gibt nur wenige Behauptungen, die Pendleton berechtigterweise gegen mich erheben kann, aber die Schäbigkeit der Kinder würde mein Versagen zu offenkundig verkünden. Dibdin weiß auch noch nicht, welche Fortschritte mein Lebemann gemacht hat, seit Fred Salmon mich zum Geschäftsmann gemacht hat.

Aber woher soll ich das Geld für Kleidung nehmen, wenn der bloße Lebensunterhalt alles verschlingt? Dibdins Vergilbungskontrolle ist noch intakt, aber ich kann sie nicht verwenden – nein.

Ah – ich habe es! Ich werde „ Alastor " verkaufen!

Da ich es übersehen hatte, gehe ich einfach davon aus, dass ich es nie hatte. In seiner Rivière-Bindung dürfte „ Alastor " mindestens zweihundert Dollar einbringen, vielleicht sogar noch mehr. Der Himmel weiß, dass es mich mehr gekostet hat. Es enthält einige Randnotizen von Leigh Hunt, die seinen Wert nicht schmälern sollten. Da Alicia der Meinung ist, dass mein Leben lobenswerter ist als das von Alastor, weil es Menschen gibt, die mich lieben, wird sie von ihrem Urteil profitieren. „ Alastor " soll für ihre weichen und schönen Kleider geopfert werden.

Früher oder später musste ich dazu kommen. Was ist mehr oder weniger ein Volumen im Vergleich zum Glück eines Haushalts? Ich bin froh, dass ich mich dazu entschieden habe. Also lebe wohl, „ Alastor , Geist der Einsamkeit!"

Ich scheine vom wahnsinnigen, fieberhaften Geist des Karnevals besessen zu sein.

Alastor " über eine Anzeige in der Sunday *Times* für zweihundertfünfundzwanzig Dollar verkauft hatte , verspürte ich durch diesen Zuwachs an Reichtum ein Gefühl von reicherem Blut in meinen Adern. „ Alastor " hat meine ganze Familie gekleidet. Es tut mir leid für die alte Frau, die in einem Schuh lebte. Sie besaß keine Bibliothek. Die Moral liegt auf der Hand. Obwohl ich mich von diesem Buch getrennt habe, habe ich etwas anderes an seine Stelle gesetzt. Für die Kinder bin ich es auch.

Ich delegiere Griselda nicht mehr, den Einkauf für sie zu erledigen.

Zuerst ging ich mit Jimmie und Randolph zu einem Herrenausstatter, wo die Atmosphäre erhaben ist. Alicia bot an, mitzukommen, aber obwohl Jimmie sehr an ihr hängt, äußerte er lautstark Einwände.

„Das ist Männersache", rief er, „und wir Männer müssen alleine gehen."

„ *Wir* Männer", korrigierte Laura lachend und küsste ihn.

„ *Wir* Männer wissen, wie man redet!" erwiderte er und rieb sich heftig den Kuss von der Wange. Küsse, so deutete er an, seien durchaus an ihrem Platz, aber nicht bei wichtigen Krisen im Leben eines Mannes, nicht, wenn die *Toga Virilis* prachtvoll von ihren Schultern hing.

„Komm schon, alter Mann", warf Randolph mit einem Augenzwinkern in meine Richtung ein und Jimmies Zorn war besänftigt. Der „alte Mann" beruhigte ihn und brachte ihn auf die richtige Höhe männlicher Würde.

Die fünfundsiebzig Dollar, die für diese beiden Jungen ausgegeben wurden, haben mir in letzter Zeit mehr Befriedigung als alles andere bereitet – bis ich den Rest für die Mädchen ausgegeben habe. Herrenläden wirken prosaisch und langweilig im Vergleich zu den griechischen Tempeln, die die Fifth Avenue mit Damenbekleidung säumen. Als Zahlmeister der Jungs blieb ich unbemerkt. Als „Onkel" der beiden Mädchen, die den Herzenswünschen die Tür öffneten, war ich für die Verkäuferin Gegenstand geradezu zärtlicher Fürsorge. Sie waren bereit, mit Rat und Tat zur Seite zu stehen . Was für eine Freimaurerei, ein Reich innerhalb eines Reiches, ist die Domäne der Frauenkleidung! Im neuesten Slang und in Worten von Shakespeare waren die abgestumpften Verkäuferinnen bestrebt, meine Wünsche zu interpretieren.

„Ich möchte ein paar Kleider und andere Dinge für diese Mädchen", verkündete ich mutig in einem der tollen Geschäfte. „Nicht zu teuer, aber Dinge, die nette Mädchen tragen sollten."

„Ich weiß", behauptete eine tüchtige Blondine nasal, hörte mit dem Kauen auf und versteckte auf geheimnisvolle Weise das, was sie kaute, irgendwo in ihrem geräumigen Mund. „ Etwas Schönes und Nobles – und Ruhiges, aber – wissen *Sie* !"

„Ähm – genau –"

„Ordentlich, aber nicht knallig?" Fügen Sie ihren blasseren, „kultivierteren" Begleiter hinzu, mit einem verblassten Lächeln, um die Spezifikation zu vervollständigen.

„Ah – genau so", murmelte ich und Laura schien Schwierigkeiten zu haben, sich das Kichern zu verkneifen.

Alicia jedoch ging mit der einfachen Direktheit, die ihr eigen ist, leise dazu über, Voiles und Orgeln zu erwähnen, und schon bald wurde die Diskussion sachlich und ich war hilflos. Ich hielt es für klug, Alicia den Geldbetrag zuzuflüstern, der ihr zur Verfügung stand. Sie keuchte ihr Erstaunen mit einem Erröten hervor und dann sprang ein wunderschönes Licht der Dankbarkeit und Freude in ihre Augen und ich glaube, das Kind würde weinen. Ich wandte mich schnell ab, und sie ging unbeirrt ihrer Sache nach.

Der Dame, die Polonius zitierte, der Ordentlichen, aber nicht Aufdringlichen, vertraute ich die Auswahl der Dinge an, die ich nicht sehen sollte; Sie war über mein Vertrauen aufrichtig dankbar und, wie ich glaube, gewissenhaft.

Es gab gerade noch genug Kleingeld für Erfrischungen bei Huyler's für die Mädchen und Familienväter. Fröhlich war die Stimmung, mit der wir drei nach Hause reisten. Wie lächerlich würde mich Gertrude machen, wenn sie es wüsste!

Ich spürte, wie Aufregung und Glück in meinen Adern strömten, eine neue Qualität dieser Emotionen, wie ich sie noch nie zuvor erlebt hatte. Und mein Herz setzte regelrecht einen Schlag aus, als mir der niederschmetternde Gedanke kam: Muss ich jetzt diese jungen Geschöpfe verlieren und wieder in die Leere des Lebens übergehen?

Wir Amerikaner sind wie die Franzosen darin, dass wir glauben, unser Klima sei das beste der Welt. Oder, wenn nicht das Beste, so doch vielen anderen so weit überlegen, dass wir, wie die Franzosen, darüber in Eitelkeit versinken.

Samstags komme ich früh nach Mittag nach Hause, doch den ganzen gesegneten Frühling über hat es jeden Samstagnachmittag ununterbrochen und unfehlbar geregnet. Wenn ich spazieren gehen und etwas Luft atmen möchte, kann ich das Haus nicht verlassen.

Doch eine nervöse Unruhe erfasst mich: Ich brauche etwas Ablenkung. Plötzlich kam mir der Gedanke, die Mädchen zu bitten, ihre verschiedenen neuen Kleider anzuziehen, die ich gestern Abend erhalten hatte. Für einen Moment schämte ich mich ein wenig bei dem Gedanken. Aber im Grunde genommen, so nehme ich an, ist jeder Mann ein persischer Ahasveros, der die Schönheit seiner Frauen zur Schau stellen und sich über sie freuen möchte. Ich habe keinen Zweifel daran, dass der König Vashti insgeheim bewunderte, obwohl er über ihren Ungehorsam wütend war .

Offenbar befand sich Laura in der nächsten Straße im Haus einer Schulfreundin, aber Alicia gehorchte eifrig und zeigte alles andere als die Empörung von Vashti als Frauenrechtlerin. Tatsächlich war sie bestrebt, ihre Kleider mit recht weiblicher Erregung zur Schau zu stellen.

In ihrem anschmiegsamen Voile, in sanft getöntem Organza, in weißen Pantoffeln und Seidenstrümpfen erschien Alicia – eine überraschende Vision, beunruhigend strahlend vor jugendlichem Charme. Da war etwas mit einer blauen Schärpe, das sie einfach exquisit machte, die Verkörperung der Anmut. Ihr Haar, das sich im Nacken fest zusammenzog und sich dann zu einer großen Bürste ausbreitete, und eine Wolke aus schimmerndem, feinem Gold auf ihren Schultern, schien das einzige verbleibende Zeichen meiner Kindheit zu sein, das mich davon abhielt, wie ein weiterer heiliger Antonius zu sein, vor dem ich schreckliche Angst hatte ihr.

Ich weiß nicht, welcher Teufel mich besessen hat, sie zu bitten, ihr Haar hochzustecken, bevor sie das Kleid auszieht. Wie anders muss der Charakter der persischen Königin gewesen sein. Denn Alicia rannte aus dem Zimmer und war fast im Handumdrehen mit hochgesteckten Haaren wieder da.

Ich saß einen Moment da und starrte sie sprachlos, mit trockenen Lippen und mit offenem Mund an. Denn vor mir stand, errötet und funkelnd, das entzückendste junge Geschöpf, das ich je gesehen hatte. Warum sollte weibliches Haar so viel Geheimnisvolles bergen?

„Du – du – *Kind* !“ Ich platzte schließlich mit einer Art cholerischer Zärtlichkeit heraus. „Wie kannst du es wagen, so schön auszusehen – so erwachsen in meinem Haus!“

Ihre Antwort war ein schallendes, aufgeregtes Lachen, und sie tat so, als würde sie mit offenen Armen auf mich zustürmen, so wie es ein liebevolles Kind tun würde, das begierig darauf ist, einen nachsichtigen Elternteil zu streicheln sehr Ohren.

„Geh und ruf Griselda an“, befahl ich, um ihre Verwirrung zu verbergen, „und zeige ihr die junge Frau, die wir in der Gestalt eines Kindes beherbergt haben.“

Alicia rannte aus dem Zimmer, um zu gehorchen, und einen Moment lang blieb ich wie verzaubert auf meinem Stuhl sitzen. Dann stand ich hastig auf, um solche unsinnigen Gefühle zu vertreiben, und verließ mein Zimmer, nur um Alicia und Griselda im Esszimmer gegenüberzustehen.

„Oh, ja – ja!“ murmelte meine alternde Griselda, deren dunkles Gesicht heiß vom Küchenherd war und bedrohlicher als je zuvor aussah. „Es ist alles vorbei!“ fügte sie geheimnisvoll hinzu.

„Was meinst du mit – überall?“ „Forderte ich ein wenig dumm, wenn auch vage, glaube ich, dass ich sie verstand.

„Die jungen Ginster wachsen so schnell heran, es ist ein Wunder, dass sie nicht in ihren Wiegen geheiratet haben!“

"Heiraten!" Ich weinte vor Abscheu bei dem Wort. „Ihr Frauen denkt immer nur an eines – sogar an euch, Griselda. Geh“, ich wandte mich an Alicia, „lass deine Haare in dieser Minute noch einmal herunter, damit du Griseldas leichtfertige Gedanken nicht so wild in den Kopf setzt.“

Alicia lachte köstlich und sogar Griselda wiederholte mit einer Art dunklem, verzerrtem Lächeln:

„Oh, ja – die jungen Ginster!“ Daraufhin warf meine junge Frau impulsiv ihre Arme um Griselda und küsste voller Begeisterung die braune Wange. Griselda erwiderte, indem sie Alicia heftig in die Wange kniff.

Mein Neffe Randolph und ein Begleiter, ein großer, schlaksiger Junge, der in diesem Moment das Haus betrat, standen in ihren Regenmänteln an der Esszimmertür und versperrten mit offenem Mund Alicia den Weg.

„Ich sage! Schauen Sie, wer hier ist!" rief mein junger Hoffnungsträger mit einem leisen Pfiff und wedelte mit dem Kopf hin und her. Der andere Junge starrte nur voller Ehrfurcht und drehte seine nasse Mütze zwischen den Fingern. Dieser Gawk und Alicia sind gleich alt, aber – der Unterschied!

„Lass sie durchgehen und entlarven", ich winkte ab und Alicia rannte mit gesenktem Kopf lachend aus dem Raum.

Ich kehrte zu meinem Stuhl zurück und setzte mich benommen hin. Von nun an werde ich solche Tricks missbilligen – obwohl ich selbst diesen Trick angezettelt habe. Was für eine Beschäftigung für einen Mann der Bücher und der Ruhe – jemand, der über Brunetto schreiben wollte Latini – um die Dante-Wissenschaft zu erweitern!

Und plötzlich legte ich meinen Kopf auf meine Arme und lachte lange und sicher ziemlich bedeutungslos.

Denn wenn ich eine Frau wäre, hätte ich genauso gut so weinen können, dass mir das Herz herausgerissen würde. Die Spannung, mit der ich auf Nachrichten von Dibdin über Pendleton warte, muss definitiv meine Nerven untergraben.

Es ist wirklich krank, mit mir zusammenzuleben.

Ich komme mir vor wie die jähzornigen alten Herren in den Komödien mit den Prithees und monströsen schönen Epigrammen, die ewig Schnupftabak nehmen – nur dass es keine Komödie über mich gibt.

Ich nehme Bücher ab und kann sie nicht lesen. Was für eine Freude empfand ich, wenn ich in den schönen Ausgaben einige Blätter ungeschnitten ließ, um sie bei weiteren Lektüren zu zerschneiden! Ich habe vor Kurzem versucht, mir diese Freude dadurch zu entlocken, dass ich etwas abschneide, aber es macht mir keine Freude.

Warum bin ich so sicher, dass Pendleton mir all das wegnehmen wird, was ich liebe, und mich verlassen wird? Seine gesamte Vergangenheit scheint gegen die Wahrscheinlichkeit zu sprechen. Doch ständig sehe ich vor mir das Bild, wie sie gemeinsam mit diesem Mann gehen, während ich sprachlos dastehe und versuche, gütig zu lächeln. Wie wir uns selbst dramatisieren, selbst die am wenigsten einfallsreichen unter uns! Und die ganze Zeit habe ich das Gefühl, als würden große Blutspritzer aus meinem Herzen tropfen, in namenloser Qual.

Alicia, dieses göttliche Kind, beobachtet mich unauffällig, aber genau, wann immer sie kann. Sie umgibt mich mit Trost und Aufmerksamkeit. Aber wie eine kranke Eule brüte ich lieber alleine.

Die etwas isolierte Lage meines Chalets auf dem Felsen und das Fehlen einer Frau im Haushalt haben es mir erspart, enge Bekanntschaften mit meinen Crestlands- Nachbarn zu machen. Aber da ist ein junger Mann, Judkins, ein Architekt im Stuckhaus gegenüber, der zu meiner Veranda schreitet und darauf besteht, von seinen Leistungen beim Golf zu sprechen.

„Sollte dem Club beitreten", wiederholt er immer wieder. „Es gibt nichts Schöneres als achtzehn Löcher, um nach dem Trubel in der Stadt die Nerven aus dem Gehirn zu nehmen."

„Ähm – scheine ich viele Macken zu haben?" Ich frage, woraufhin er mit seiner rauen Stimme lacht.

„Alle haben sie !" er weint. „Ich kann ihnen nicht entkommen . Bücher!" Er fügt explosiv hinzu: „Bücher sind nicht gut!

Und dieser Mann behauptet, an der Beaux Arts studiert zu haben! Edmond de Goncourt, dieser neurasthenische Philosoph, betete, dass er mit seinem Stück „ Germinie " hunderttausend Francs verdienen möge Lacerteux ", damit er das gegenüberliegende Haus kaufte und darauf folgendes Schild anbrachte: „Zu vermieten an Leute, die keine Kinder haben, kein Musikinstrument spielen und die nur Goldfische als Haustiere halten dürfen." Was mich betrifft, sollte ich auf die Kinder, die Haustiere und die Musikinstrumente verzichten; ich würde lediglich sagen: „Kein missionierender Golfer muss sich bewerben."

Alicia hat sich vermutlich ein Picknick im Wald ausgedacht, um meine Stimmung zu mildern. Niemand sollte kommen außer den Kindern und mir und diesem schlaksigen Begleiter von Randolph, dem Jungen John Purington, damit Randolph sich nicht langweile. Randolph scheint sich schnell zu langweilen. Das Bewusstsein über mein jüngstes hypochondrisches Verhalten veranlasste mich, den Vorschlag bereitwillig anzunehmen.

Das von Griselda zubereitete Mittagessen wurde von Alicia in Pappkartons verpackt und gemeinsam *machte* sich unsere kleine Prozession auf den Weg zu einem weniger als zwei Meilen entfernten Hain, der an das große Croton-Aquädukt grenzt .

Randolph und der schlaksige Junge fingen sofort an, einen Baseball zu werfen, Jimmie wälzte sich vergnügt durch das üppige Gras, kämpfte immer noch mit seinem unlösbaren Problem, einen Hang hinaufzurollen, und war immer noch ratlos, warum das Herunterrollen einfacher sein sollte. Laura lief ihm zu Hilfe und Alicia setzte sich neben mich und lachte.

„Das ist das ganze Lebensproblem, mit dem Jimmie konfrontiert ist“, stellte ich düster fest.

„Nein, das ist es nicht, Onkel Ranny “, sie legte ihre Hand auf meinen Arm und widersprach. „Das ist nur das Gesetz der Schwerkraft. Es gibt noch viel mehr im Leben als das!“

„Ja, Alicia“, ich senkte meine Stimme, „aber wenn dieser Mann kommt, wie wird es schmerzen, an den kleinen Jimmie zu denken, an all die Kinder meiner Schwester in der Obhut dieses Mannes, der in Wirklichkeit sie ist – ihr Mörder!“

„Bitte, bitte, denken Sie nicht daran!“ sie bettelte mit flehenden Augen. „Das ist noch nicht passiert. Und wir werden – wir werden es irgendwie hinbekommen. Vielleicht ist er doch ein guter Mann – und, oh, wir werden auf ihn aufpassen – wir werden auf ihn aufpassen! „Ich werde nicht kommen. Wenn er das ist, was du denkst, dann bin ich mir sicher, dass er nicht kommen wird!“
Das war ein sehr erfreulicher Gedanke.
Bevor ich mich versah, warf ich selbst mit Alicia einen Ball und tobte mit den anderen.
Erst nachdem das Mittagessen unter den Bäumen eingenommen und die Eierschalen und Papiere eingesammelt und verstaut waren und der schlaksige Junge unbeholfen Alicia, die es nicht übers Herz bringt, irgendjemanden zu brüskieren, an sich reißt, kehrte meine Depression zurück.
Daraufhin schlug Alicia fröhlich vor, dass es an der Zeit sei, darüber nachzudenken, nach Hause zu gehen, denn Jimmie sei schläfrig und dürfe nicht auf sein Nickerchen verzichten.
War es Geschicklichkeit oder Spontaneität? Ich kann es nicht sagen, aber es ist wunderbar, wie dieses Mädchen voraussieht und versteht.
Es war eine glückliche, müde und luftige Gesellschaft, die nach Hause zurückkehrte.
Gerade ist ein Telegramm eingetroffen. Dibdin und Pendleton sind in San Francisco gelandet!...

KAPITEL XIV

Pendleton ist hier. Er ist seit einer Woche hier. Wie jemand in der benommenen Aufregung eines Traums, der Art von Trubel, der einen schlaff und schwach lächeln lässt, wenn man aufwacht und die Sonne sieht, bin ich mit tauben Gliedern umhergegangen, seltsam aufgeregt, weniger in Aktivität als vielmehr in Erwartung der Aktivität.

Was habe ich erwartet? Ich kenne es kaum. Aber vielleicht habe ich ein Melodram erwartet. Und ich bin überwältigt von der offensichtlichen Binsenweisheit, dass echtes Melodram alles andere als melodramatisch ist. Deshalb ekelt das Melodram auf der Bühne mit seinem Geschwätz, seinem Stolzieren und seinen Schnörkeln durch seine Pathos an.

Die Anwesenheit von Pendleton in meinem Haus, der mein Schlafzimmer besetzt, während ich mich in mein kleines Arbeitszimmer zurückgezogen habe, ist die Essenz des Melodrams.

Doch alles und jedes ist in einer stillschweigenden Verschwörung verwickelt, um es natürlich erscheinen zu lassen. Zweifellos herrscht Spannung in der Atmosphäre, aber wir alle sind verrückt, ignorieren sie energisch und verbergen sie.

Das Verhalten des Mannes war erstaunlich, unantastbar und tadellos.

Er übertrifft Enochs Enoch Arden. Und doch – warum sollte ich mir das verheimlichen – ich hasse ihn. Auch das ist, glaube ich, Melodram. Aber tue, was ich will, er bleibt mir verabscheuungswürdig. Ich kann ihm nicht vertrauen. Ich versuche jedoch, es nicht zu zeigen. Dibdin hat eine tiefe Furche zwischen den Augen bekommen, was zweifellos auf sein Verantwortungsgefühl bei der Wiederbelebung von Pendleton zurückzuführen ist. Er wirkt wie ein Zauberer oder Zauberer, der einen Dämon beschworen hat und von Angst und Schrecken überwältigt wird, weil er nicht weiß, was er mit ihm machen soll.

Aber ich muss aus Anstand anerkennen, dass Pendletons Verhalten makellos war.

Dibdin hatte mir einen langen Nachtbrief aus San Francisco geschickt, in dem er sagte, er werde ein paar Tage dort bleiben, „um dem Kerl die Möglichkeit zu geben, abzuhauen, wenn er will." Es gab weitere Telegramme. Ich sollte sie nicht am Zug treffen, sondern ihnen genaue Anweisungen geben. Das war es auch. Ich hätte Pendleton nicht im Zug treffen können, selbst wenn er von den Toten auferstanden wäre. Als Dibdin vor einer Woche aus der Stadt anrief, ging ich sogar so weit, ein Taxi zu bestellen, um sie abzuholen.

Auch hier war die Theatralik der Situation hoffnungslos im Nachteil. Denn woran ich mich an diesem Samstagabend am deutlichsten erinnere, ist die Krankheit in meiner Seele, als ich auf ihre Ankunft wartete. Immer wieder hatte ich mich dazu entschlossen, den Kindern von der Ankunft ihres Vaters zu erzählen. Ich formte in meinem Kopf Wörter und Sätze, bis der kalte Schweiß meine Stirn benetzte, aber ich konnte der Tortur nicht standhalten. Ich hatte geglaubt, dass ich mich selbst kenne – dass ich für die Prüfungen des Lebens gewappnet sei. Aber ich sah, dass ich immer noch ein Schilfrohr war. Es geschah nur ein paar Stunden vor ihrer Ankunft und ich hatte es ihnen immer noch nicht gesagt. Ich befand mich auf meiner zwei Zoll großen Terrasse und ein Strom von Schimpfwörtern strömte über meine Lippen. Plötzlich sah ich Jimmie neben mir stehen. Scham und Kummer überkamen mich und ich beugte mich zu ihm und flehte ihn an, mir zu vergeben.

„Macht mir nichts aus, Onkel Ranny ", er legte seine Hand in meine. „Ich bin ein Mann und ich weiß, dass ein Mann manchmal fluchen muss."

„Nein, Jimmie – nicht, wenn der Mann genug Verstand zum Nachdenken hat."

Der Kontakt mit dem Kind schien jedoch etwas in meinem eingeklemmten und schmerzenden Schädel zu lösen.

„Lauf, Jimmie", sagte ich, „und schick Alicia zu mir. Ich möchte mit ihr sprechen."

Jimmie, für den Aufträge eine Freude sind, war wie ein Pfeil daneben.

Es vergingen einige Momente, bis Alicia zu mir kommen konnte, und während dieser Zeit verspürte ich den wahnsinnigen Drang, vor allem davonzufliegen, meinen Hut zu ergreifen und mich davonzuschleichen, einen Zug in die Stadt zu nehmen und nicht zurückzukehren, bis alles vorbei war . Aber ich wartete trotzdem, und Alicia, die Griselda geholfen hatte, kam errötet und besorgt in den Augen herausgerannt.

„Alicia", begann ich kläglich, „ich habe versucht, meinen Mut zusammenzunehmen, um den Kindern von der Geburt ihres Vaters zu erzählen. Aber ich kann es einfach nicht, Alicia; es ist – es ist über meine Grenzen hinaus. Ich – ich." Ich möchte, dass du es ihnen sagst", stockte ich wie ein schuldbewusster Schuljunge. Das Mädchen zuckte merklich zusammen, aber …

„In Ordnung", antwortete sie; „Meinst du jetzt?"

„Ungefähr um halb sechs – der Zug kommt um halb sechs hier an. Du bringst sie in den Garten – und bewahrst sie dort auf, bis die Männer kommen, und – ich rufe dich."

„Ja – Onkel Ranny ", flüsterte sie – „aber, oh, mach dir bitte nicht so viele Sorgen!"

„Nein, meine Liebe", murmelte ich und in diesem Moment fühlte ich mich ihr näher als jedem anderen Lebewesen. Die Kinder nach der Ankunft ihres Vaters aus dem Haus zu holen – das klang wie eine Beerdigung. Und es war in diesem Moment – meiner Beerdigung. Und der Rest des Nachmittags war verschwommen und die umgebende Welt war ein Schatten. Es war kaputt; Nein, es war zu substanzlos, um es zu zerbrechen. Es wurde immer dünner und entfernte sich von mir, und ich blieb als dumpf pochendes Wesen im Urchaos vor der Schöpfung zurück.

Schließlich erschrak ich, als ich draußen das pfeifende Ächzen eines alten Taxis hörte, und wie die galvanisierte Leiche, die ich war, spürte ich, wie sich meine Glieder heftig bewegten und mich zur Tür trieben.

Auf dem Weg sah ich im seltsam kränklichen Licht einer vorzeitigen Dämmerung unter einem bewölkten, leblosen Himmel Dibdin und Pendleton, die sich leicht nach vorne zum Hang neigten, auf mich zukommen. Dieser Moment der ergreifenden Freude beim Anblick von Dibdin , des außerordentlichen Schmerzes beim Anblick von Pendleton – ich werde ihn nie vergessen!

„ Dibdin !" Ich weinte, stürzte mich auf seine Hand und klammerte mich daran fest, um es so lange wie möglich hinauszuzögern, die des anderen zu berühren. Dann, nach einer Ewigkeit, so schien es, richtete sich mein Blick langsam auf die große Gestalt von Pendleton und ruhte auf dem fleischigen Gesicht, etwas locker und herabhängend, glattrasiert und violett, mit Augen, die vor meine fielen. Schließlich löste ich meine Hand und streckte sie ihm entgegen. Ich konnte nicht anders.

„Jim", murmelte ich und meine Stimme hatte sich über ein ganzes Universum von Barrieren gekämpft, um das zu erreichen. Aber ich konnte nichts mehr sagen.

Er starrte mich aus seinen hervortretenden Augen an, als ob auch er mit dem Gedächtnis und den Erinnerungen zu kämpfen hätte, mit einer reichen Vergangenheit, mit allem, was er gewesen war und begangen hatte, und einen Moment lang tat er mir leid.

„Komm rein", atmete ich tief durch und wir machten uns auf den Weg ins Haus und in mein Arbeitszimmer.

„Randolph", sagte Pendleton schließlich mit einem tiefen Seufzer, und dann fiel mir ein, dass er eine Rolle spielte. Für mich war die entsetzliche Realität der ganzen Episode so unerträglich, dass ich für einen Moment vergaß, dass er aller Wahrscheinlichkeit nach eine Rolle spielte. Aber war er es? Wie könnte er? Wie könnte er angesichts dieser Kinder, angesichts all dessen, woran er schuldig ist, eine Rolle spielen, wenn die Wahrheit ihn fast zu einer Art Mann erheben würde? Ich kann ihm keinen Vertrauensvorschuss geben und dennoch kann ich nicht völlig an ihm zweifeln. Irgendeine idiotische Einfachheit oder Dummheit in mir macht es mir unmöglich, mir irgendein Geschöpf in Menschengestalt als einen so vollendeten Bösewicht vorzustellen. Vielleicht – vielleicht gibt es da etwas –

„Randolph", murmelte er mit tiefem Kehllaut, „Ich kenne dich – ich erinnere mich an dich – ja, das bist du – das bist du –" und er hielt inne. Wir hingen einen Moment lang wie Dinge, die an Fäden baumelten, wie regungslose Marionetten. Dann, mit einem prickelnden Schweißgefühl am ganzen Körper, brach ich den Bann, indem ich an einer Schachtel Zigaretten herumfummelte und sie mit krampfhaft zitternder Hand wie die Nadel eines Seismographen hinhielt.

„Gute Reise?" Ich hörte mich selbst sagen, während wir alle rauchten und uns heimlich gegenseitige Blicke zuwarfen. Ich flog ihm nicht an die Kehle. Dibdin schnaufte heftig, die Falte zwischen seinen Augen vertiefte sich und Pendletons Blick wanderte fragend und unsicher durch den Raum. Melodrama! Außer auf der Bühne gab es nie welche! Im Leben gibt es nur Drama – und Schmerz.

"Wie sind die Kinder?" fragte Dibdin unvermittelt.

"Bußgeld!" Rief ich automatisch mit einer unnatürlichen Stimme, wie ein Pistolenschuss. „Sie sind da draußen im Garten", und Dibdin nickte. Ich war mir sicher, dass auch sein Geist die Analogie zu einer Beerdigung sah. Und jetzt schien mein Gehirn seine dumpfe Lethargie abzuschütteln. Von irgendwo in Maeterlinck schimmerte die eindringliche Erinnerung an einen Satz durch mein Bewusstsein, wie ein schwaches Licht durch einen Nebel, der besagte, dass die Tragödien des Hauses Atreus nicht dort gewesen sein könnten, wenn Sokrates und Christus im Palast von Agamemnon gewesen wären passiert. Ich sehnte mich nach ein wenig Weisheit, um mit der Situation umzugehen.

„Möchten Sie", ich wandte sich an Pendleton, „die Kinder sehen?"

„Die Kinder", wiederholte er benommen. „Ja – ja – ich würde sie gerne sehen. Aber – einen Moment. Die Kinder", wiederholte er mitleiderregend, „aber nein, Laura!"

Scharf, scharf war der Stich in meinem Herzen, als er ihren Namen aussprach. Aber entweder ist er ein Meister der Täuschung, oder ich bin der dämlichste aller Einfaltspinsel. Denn der Kampf durch die Erinnerungswolken, den seine Gesichtszüge zum Ausdruck brachten, schien mir real.

„Ich habe dir gesagt, dass sie tot ist!" schnappte Dibdin schroff, ohne sich zu ihm umzudrehen.

„ Du hast es mir gesagt? Ah, ja." Und er seufzte schwer. „ Natürlich hast du es mir gesagt." Und sein Kinn sank schwer auf seine Brust. So schwiegen wir eine Weile. Dann-

„Komm", sagte ich und stand auf. „Ich bringe dich zu den Kindern."

Er erhob sich schwerfällig, seine große Gestalt war schlaff und bleiern und folgte mir düster. Er schien in seiner Trauer aufrichtig genug zu sein, das muss ich zugeben. Dibdin rührte sich nicht.

Ich führte ihn in den Garten zu der Stelle, wo die Kinder um Alicia drängten. Sie redete leise mit ihnen, und sie hörten totenstill zu. Ich hoffe, dass ich nie wieder das Gefühl erleben werde, zu meiner eigenen Hinrichtung zu gehen, das ich in diesem Moment hatte. Hinrichtung – nein! Ich hätte lächelnd zu einem Galgen oder einer Guillotine gehen können, da bin ich mir ganz sicher. Was ist mein Leben für mich? Ich ging eher zur Hinrichtung dieser vier jungen Seelen unter dem knorrigen alten Apfelbaum.

Alicia auch! Beim Himmel! Wie ein Blitzschlag traf diese Tatsache meine Seele. Er würde auch Alicia mitnehmen. Nein – nein! Er hatte keinen Anspruch auf sie, Gott sei Dank!

„Nicht Alicia!" Meine Stimme brach aus dem Aufruhr meiner Gedanken hervor wie die Stimme in einem Traum, die die Barrieren des Schlafes durchbricht.

„Äh?" sagte Pendleton schwach.

„Hast du angerufen, Onkel Ranny ?" Alicia drehte sich um und fragte mit klarer, ruhiger Stimme.

„Ja, Alicia", ich kämpfte um Kontrolle. „Hier ist Mr. Pendleton – kommen Sie, um die Kinder zu sehen." Ich wollte „seine Kinder" sagen, aber es gelang mir nicht.

Der ganze kränklich gefärbte Abend schien bei meinen Worten zu zittern. Die Kinder schienen wie Geister unter dem Baum, die vor der eindringenden materiellen Welt zurückschreckten.

Einen Augenblick später – was für ein tragischer Moment – beugte sich Pendleton zu ihnen und spähte in ihre weißen, verängstigten Gesichter. Dann richtete sich sein Blick auf Alicia und blieb eine Weile dort.

„Das muss Randolph sein", wandte er sich schließlich an den ältesten Jungen, „erwachsen – erwachsen – nicht wahr?" und seine Arme bewegten sich nach vorne.

„Ja, Sir", antwortete der Junge heiser und streckte seine Hand aus.

„Und das – kann das Baby Laura sein?" Laura ließ den Kopf hängen, hob ihn dann mutig und streckte mit schüchterner Entschlossenheit ihre Hand aus. Pendleton nahm es und küsste sie ungeschickt auf die Wange.

Jimmie, der sich zurücklehnte, klammerte sich an Alicias Rock und beobachtete das Geschehen mit beunruhigter Heimlichkeit hinter ihr.

„Und das ist Jimmie", sagte ich und nahm das Kind an der Schulter – „der Jüngste von ihnen."

Als Pendleton sich zu ihm beugte, stieß Jimmie einen wilden Schrei herzzerreißenden Entsetzens aus, riss sich aus meinem Griff und floh wie ein kleines verwundetes Tier zum Haus. Pendleton lachte kurz und freudlos.

Meine Kehle war ausgetrocknet, mein Herz klopfte wie das eines Kaninchens , aber wie sehr ich Jimmie in diesem Moment liebte!

„Er ist noch ein Baby", warf Alicia leise ein.

Wieder sah Pendleton sie an – schräg.

„Und das ist-", murmelte er.

„Alicia Palmer", fügte ich hastig hinzu, „die sich um sie gekümmert hat."

„Ah, Alicia – eine kleine stellvertretende Mutter –" und er streckte seine Hand mit beschämtem Höflichkeitsgefühl aus.

Die Szene war zu Ende – die unglaubliche Episode – alltäglich genug, während ich sie aufschreibe. Aber ich habe in dieser Ewigkeit, in der eine Uhr in drei oder vier Minuten tickte, ein Dutzend Melodramen erlebt.

Kapitel XV

Wenn ich so umherlaufe, wie ich es im Gefängnis tue, komme ich mir vor wie ein Mann aus meinem Bekanntenkreis, ein schwerfälliger, schrecklicher Philister, der jahrelang die Vorstellung hegte, er könne Opern von Gilbert und Sullivan schreiben. Wahrscheinlich hatte er in seinem ganzen Leben noch nie etwas Subtileres gereimt als „Love, Above" und „Dove". Da seiner Meinung nach jeder Narr die Musik liefern konnte, strebte er nur nach den Gilbertianischen Libretti. Unaufhörlich und hoffnungslos verstimmt, summte er die Melodien von Sullivan zu den Texten, die er angeblich im Kopf hatte.

Ebenso gehe ich mit einem Gefühl verlogener Auftriebskraft umher – wie ein Schiffbrüchiger, der hilflos in einer unruhigen See schaukelt, aber noch am Leben ist; ein flackernder Hoffnungsschimmer, wie ein verzweifelter Mann, der einem Tiger gegenübersteht, aber immer noch nicht verschlungen.

Dreist erwarte ich immer noch, dass aus der Hoffnungslosigkeit irgendwie Glück entsteht.

Es ist natürlich leicht, in Stimmungen der Verzweiflung zu verfallen und sich zu wünschen, ich wäre tot, da ich nicht im Glück leben kann.

Und erschüttere das Joch der unheilvollen Sterne

Aus diesem weltmüden Fleisch.

Aber solche Momente vergehen. Es gibt eine Art Stärkung im rauen Leben, wenn das Sanfte fehlt, und der Verstand, mein armer, stumpfer Verstand, bereitet sich auf den Schock der Tat vor. Ich bin mir jetzt sicher, dass es in all meinen Jahren der Ruhe an dem Salz des Leidens gefehlt hat. Doch wer würde das Leiden um seiner selbst willen suchen? Ich weiß jedoch, dass ich mich heute jünger und energiegeladener fühle als je zuvor vor fünf Jahren.

Sogar Pendleton hat seinen Nutzen. Er ist der Dorn im Auge, der Fuchs, der unter dem Umhang an meinen Eingeweiden nagt, aber hier ist er als Gast in meinem Haus.

Er begleitet mich morgens auf der Suche nach Arbeit in die Stadt, „eine Verbindung", wie er es nennt, und oft finde ich ihn zu Hause vor mir, wenn ich ankomme, in meinem Zimmer, beim Rauchen oder draußen im Garten die Kinder. Ich zucke innerlich zusammen, aber ich hoffe, ich zeige es nicht.

Ich habe davon gesprochen, dass ich ihn hasse, aber das stimmt nicht. Sie können keinen Mann dauerhaft hassen, insbesondere nicht einen Gast in Ihrem Haus. Man kann ihn nur verdächtigen. Doch wenn ich sehe, dass die Kinder immer noch schüchtern vor ihm sind, warum löst das in mir dann ein pochendes Gefühl des Triumphs aus? Ich weiß es nicht, aber es ist so. Randolph allein scheint ihm im Laufe der Tage immer näher zu kommen. Sie gehen zusammen spazieren und Randolph vertraut Alicia an, dass er von den Geschichten über die Erlebnisse seines Vaters in den Tropen, von Schiffen und Inseln, Perlenfischerei und einheimischen Bräuchen fasziniert ist. Ich vermute, dass Pendleton in seinen Erzählungen mit seinem kleinen Sohn als Zuhörer selektiv auf der Hut sein muss. Seine Vergangenheit muss viele Dinge enthalten, von denen keiner von uns in dieser ruhigen Oase jemals etwas hören wird.

Aber seine Vergangenheit ist mir gleichgültig. Ich könnte zuhören und ihn sogar als meinen Gast dulden, wenn nur nicht die Kinder in seine Obhut gingen. Er spricht davon, mich von der Last zu „entlasten".

„Beeilen Sie sich nicht, alter Mann", antworte ich beiläufig, „sie sind keine Belastung für mich."

Er sieht mich an und senkt den Blick.

„Ich sage dir, Randolph, du bist eine Offenbarung für mich. Ich habe noch nie einen Mann wie dich gekannt. Heutzutage macht man sie nicht mehr so."

„Lob von Sir Hubert", fällt mir ein, aber ich sage es nicht. In Wirklichkeit bin ich seiner Gnade ausgeliefert, nehme ich an, aber ich habe oft das Gefühl, als wäre er mir ausgeliefert. Das Beschönigen seines abscheulichen Verhaltens, das Vertrauen auf ihn beim Thema seines verlorenen Gedächtnisses, das wir entweder undeutlich machen oder überhaupt nicht erwähnen, scheinen mir einen enormen Vorteil gegenüber ihm zu verschaffen – den alltäglichen Vorteil von einfache Ehrlichkeit statt Verlogenheit. Ich glaube nicht einen Moment lang an seine vergessene Erinnerungsgeschichte. Ich kann jedoch nicht leugnen, dass seine Miene von Reue zeugt, und wer in dieser Welt ist, wie Dibdin gesagt hat, so hart, ohne dass er einem Mitmenschen keine zweite Chance geben würde?

Jim Pendleton wirkt jetzt, nachdem er bei einem New Yorker Schneider war, so beeindruckend und elegant wie eh und je. Er muss Mitte vierzig sein und sieht nicht schlecht aus. Es sind vor allem seine Augen, die mir verändert vorkommen. Tue, was ich will, ich kann sie nicht ansehen. In seinem Blick liegt eine gewisse beunruhigende Schrägheit, die mich in einer Art stellvertretender Schande dazu bringt, den meinen abzuwenden.

Aber noch einmal: *C'est un mauvais Metier que celui de medire* . Und im Bewusstsein dieser Wahrheit habe ich vor, nicht mehr schlecht über Jim

Pendleton zu sprechen oder zu denken. Schließlich hat ihm sein großer Kontakt mit der Welt etwas gegeben, das mir fehlt.

Gestern Abend erzählte er uns beim Abendessen von seinem Erlebnis beim Fischen auf den Marquesas-Inseln.

„Ich war hinten im Boot", sagte er, „mit einer Fackel in der Hand, und mein Inselbewohner, der ein Experte darin war, hielt seinen Speer bereit für den ersten Fisch, der sprang. Mehrere von ihnen sprangen und." fiel erneut in das Wasser um uns herum und wirbelte es auf, so dass wir von Gischt durchnässt waren. Plötzlich sah ich eine riesige Masse im Fackelschein glitzern und schien direkt auf uns zu fallen.

„Der Eingeborene vergrub seinen Speer nach oben in dem fallenden Ding. Ich sage euch, der Mann war schnell! Aber es war zu spät. Der riesige Fisch ließ sich ins Boot fallen, seinen großen Kopf auf meinen Knien und das ganze Gewicht seines Körpers darauf Der Mann warf ihn über Bord und zersplitterte die Seite des Bootes. In nur etwa einer Sekunde befanden wir uns in völliger Dunkelheit und zappelten im Wasser, mit einem umgestürzten Boot. Ich war schwer verletzt und dem Eingeborenen waren beide Beine gebrochen.

„Trotz seiner gebrochenen Beine bot er jedoch an, an Land zu schwimmen, zum nächsten vorspringenden Felsen. Aber ich war mir sicher, dass er es nicht schaffen würde, und ganz sicher, dass ich es nicht schaffen würde. Es war ein Job, das kann ich Ihnen sagen, Wir richteten das Boot auf, halfen diesem Mann hinein und kletterten hinein; und dann ruderten wir uns mit einem Stück zersplittertem Ruder hinein. Der Kerl mit seinen gebrochenen Beinen arbeitete genauso hart wie ich und gab kein einziges Stöhnen von sich. Es Hat mich einige Zeit fertig gemacht. Aber dieser Kerl hat in etwa zehn Tagen wieder Fische aufgespießt.

Jimmie, der manchmal sein Abendessen mit uns einnehmen darf, saß da und starrte seinen Vater an, fasziniert von der Erzählung bis zum letzten Wort. Dann schien er eifersüchtig zu sein, dass irgendjemand , selbst dieser seltsame Vater, mich an Fähigkeiten übertreffen sollte, sein kleines Gesicht verfinsterte sich und er verlangte:

„Onkel Ranny , hast du noch nie einen großen Fisch aufgespießt?"

„Nein, Jimmie", lachte ich, „aber vielleicht werden du und ich eines Tages dorthin gehen und gemeinsam etwas aufspießen."

„Na ja, jedenfalls", erwiderte er energisch, „du hast uns auf ein Picknick mitgenommen."

Worüber wir alle lachten, obwohl mein eigenes Lachen reumütig war. Der Gedanke schoss mir durch den Kopf, dass Pendleton sie mit Sicherheit für sich gewinnen würde, sobald er sich dazu entschloss. Die bloße Erinnerung an mich würde ihnen lächerlich werden.

„Onkel Ranny ", sagte Laura, „war zu sehr damit beschäftigt, uns zu ernähren und uns Kleidung zu kaufen, um auf Reisen zu gehen."

Alicia lächelte Laura am anderen Ende des Tisches strahlend an, und Griselda, die gerade mit dem Dessert hereingekommen war, nickte mit düsterem Nachdruck, als sie die Schüssel vor mich stellte.

Ich hätte sie alle drei aus Dankbarkeit umarmen können, aber trotzdem drängte ich Pendleton, mehr von seinen Erlebnissen zu erzählen.

„Nein", er schüttelte den Kopf und nahm sich offensichtlich den Kommentar der Kinder zu Herzen. „Das ist genug Garn für einen Abend."

Das kam mir von Pendleton sehr anständig vor.

Ich musste heute über Dibdin lachen. Ich rief ihn am Telefon an und fragte ihn, was er damit meinte, dass er nach mehr als zweijähriger Abwesenheit weiß wer weiß wo herkäme und mich geradezu schnitt.

„Komm zum Mittagessen im Salmagundi Club", knurrte er.

„Tut es dir so weh, mich zu fragen?"

„Sei kein verdammter Idiot", erwiderte er.

„Seien Sie nicht so witzig", antwortete ich.

„Um halb eins", murmelte er und legte den Hörer auf. Daraus schloss ich, dass es ihm nicht gut ging.

In der Halle des Clubs, in der er wartete, begrüßte ich ihn mit:

„,Ist es eine Schwäche des Intellekts, Vögelchen', schrie ich,

„Oder ein ziemlich zäher Wurm in deinem kleinen Inneren?"

Er starrte mich an.

„Wie man angesichts der Umstände so leichtfertig und idiotisch sein kann", begann er, „übersteigt mein Verständnis."

„Die Umstände, mein Lieber, sind alles, was das Leben ausmacht."

„Willst du deine Pfoten waschen?"

„Nein – ich bin so sauber, wie ich jemals sein werde."

Ich legte meinen Arm unter seinen und ließ mich von ihm zu einem ruhigen Tisch im hinteren Teil des Billardraums führen, der mittags von einer schattigen Lampe sanft beleuchtet wurde.

„Was für ein herrlicher Ort!" rief ich aus. „Residenz der QT- Ruhe ."

„ Ruhe sei weh ", grunzte er, als er sich mir gegenüber hinsetzte. „Was wirst du mit deinem alten Mann vom Meer machen?"

„Du meinst Pendleton?"

„Wen zum Teufel kann ich sonst noch meinen?"

„Natürlich nichts, aber geben Sie ihm ein Bein, wenn wir können. Was gibt es sonst noch zu tun? Ich habe heute Morgen gerade einen Brief von einer Versicherungsgesellschaft erhalten, in dem ich um vertrauliche Informationen über ihn gebeten wurde. Er hat mich als Referenz angegeben und sie „Offensichtlich denken wir über ihn nach."

„Danbury und Phoenix?" er hat gefragt.

"Ja, woher wusstest du das?"

„Ich habe auch eins."

„Ich nehme an, wir sind derzeit wirklich seine einzigen zwei möglichen Sponsoren."

„Ich würde lieber einen Sträfling aus Sing Sing empfehlen ", murmelte er.

"Ach nein!" Ich protestierte. „Nicht so schlimm. Außerdem muss man manchmal sogar einen Sträfling empfehlen."

„Ich würde viel lieber einen Sträfling empfehlen. Ich hasse es, über diesen Mann zu lügen. Ich wurde gefragt, ob ich ihm vertrauen würde und ich muss ja sagen. Aber du weißt ganz genau, dass ich das nicht tun würde. Gib mir eine Zigarette, " endete er brutal.

„Ich denke, er wird jetzt sofort gehen", murmelte ich dumpf, reichte Dibdin meinen Koffer und schaute weg. „Die Kinder werden zweifellos einen Einfluss auf ihn haben."

„Du beurteilst jeden selbst."

„Wie meinst du – mich selbst?"

„Das Lange und das Kurze daran", erklärte er und stützte beide Ellbogen auf den Tisch, „Ich hatte keine Ahnung, was die Kinder mit dir machen würden."

„Was haben sie mit mir gemacht?" fragte ich verwirrt.

„Hat dich umgehauen – das ist alles."

„Erkläre es", sagte ich und blickte ihn dumm an.

„Was gibt es zu erklären?" knurrte Dibdin , als der Kellner außer Hörweite war. „Du warst schon immer ein anständiger Idiot – Bücherwurm, Durcheinander, Dilettant, was auch immer es war –, der Angst vor dem wirklichen Leben hatte und nur dazu geeignet war, hübsche kleine Bücher oder alte, muffige Bände zu sammeln, in denen niemand wirklich gerne lesen wollte – ein Herumtreiber mit ungefähr so viel viel Wissen über die Probleme des Daseins als ausgestopfte Eule im Glas.

„Was ist passiert? Die Waisenkinder deiner Schwester kommen zu dir. Du stürzt dich ins Leben, gehst in Geschäfte, die du verabscheust, verlierst dein Geld, gehst als Angestellter arbeiten, bei George! Ausgerechnet du ! – Behalte ein Dach über ihnen, bring hänge sie auf und hänge mich auf, wenn ich nicht glaube, dass du mit all dem so idiotisch glücklich warst, bis ich diesen alten Mann vom Meer mitgebracht habe! – Welches Recht hatte ich, ihn aufzuheben und zu bringen und alles zu vermasseln? Und warum zum Teufel tat ich das? Hast du mich nicht gewarnt, ihn nicht zu holen? Ich dachte, ich würde dir helfen. Ich hätte das Tier lieber über Bord geworfen – das würde ich tun, beim Himmel!"

Dibdin überhaupt nichts antworten . Seine Einschätzung und Darstellung meiner Handlungen waren für den selbstverständlich, der trotz seiner stämmigen Art die Qualitäten aller überschätzt. Umso bemerkenswerter schien es, dass er, der so fest an die zweite Chance glaubte, nun kein Wort mehr zu Gunsten von Pendleton finden konnte. Aber ich konnte klar genug erkennen, dass das, was ihn beunruhigte, der Schmerz war, von dem er instinktiv wusste, dass mir der Weggang der Kinder von mir nach Pendleton mit Sicherheit bereiten würde.

„Warum haben Sie mir nicht telegrafiert: ‚Verlieren Sie das Biest?'", nahm er seine Argumentation auf.

„Weil, mein Lieber", ich legte meine Hand auf seinen Arm über den Tisch, „es war zu spät; nachdem Sie ihn gefunden und ihm erzählt hatten, was in seiner Abwesenheit passiert war, war es zu spät. Würden Sie das gerne tun? mit der bedrohlichen Ungewissheit leben, dass er im Weltraum hängt? Ihn lieber hier haben und sich ihm stellen. Außerdem gehören die Kinder ihm" – ich wusste, dass ich meine Meinung zu diesem Thema direkt zum Ausdruck bringen musste – „Wenn er in der Lage ist, sie zu nehmen, dann haben sie es getan." sie muss er, ungeachtet dessen."

„Unabhängig von dir, meinst du?" Er brachte es düster auf den Punkt.

„Ja – ganz bestimmt unabhängig von mir. Ich zähle nicht."

„Beim Herrn!" und sein schöner Kopf schoss in einer Geste nach oben, die
an sich schon belebend war. „Wussten Sie, dass Sie zwanzigmal der Mann
sind, der Sie waren?" er weinte. „Ich hätte es nicht glauben können. Du – du
bist großartig!"

Retro, Satanas "ab .

„Du machst es so blind", fuhr er fort und ignorierte mich, „Salmon und
Byrd", lachend, „du verlierst dein ganzes Geld und dann – Visconti –
schuftest für die Kinder – ernährst dich von allen – vom Teufel." , du lebst
das Leben! – heroisch nenne ich es – ich ziehe meinen Hut vor dir!"

„Zieh es noch einmal an", murmelte ich, bewegt von seiner Heftigkeit. Es
war auf jeden Fall angenehm, solche Worte von Dibdin zu hören , der nie
gelogen hat. Lob ist ein wohlschmeckendes Gericht, nichts, womit ich in
meinem vergeudeten Leben übersättigt war, und es war eine
außerordentliche Beruhigung für die eigene Eitelkeit. Aber es war klar genug,
dass Dibdin Unrecht hatte. Sein normalerweise klarer Blick wurde durch das
Wirrwarr der Umstände, die auf ihm lasteten, getrübt. Natürlich konnte ich
ihn nicht in seinem Irrtum belassen.

„Wenn du wüsstest", stammelte ich, „die bösartige Angst, die meine Leber
weiß frisst, du –"

"Angst wovor?" er ist eingebrochen.

„Die Kinder ihm auszuliefern;" Ich senkte meine Stimme: „Nur das und –
sonst nichts."

„Genau das", wiederholte er düster und nickte. „Wer hätte das gedacht?
Beim Herrn! Wenn es jemals einen Bullen in einem Porzellanladen gab, dann
bin ich dieser Bulle. Warum zum Teufel habe ich das Tier jemals
hochgehoben? Schauen Sie hier!" Eine plötzliche Eingebung blitzte in ihm
auf: „Warum ihn nicht so abschieben, wie wir ihn importiert haben, was? Ich
könnte es schaffen – ich könnte!"

„Nein – nein, Dibdin – weder du noch ich würden so etwas tun."

"Warum nicht?" er knurrte.

„Das würde uns – schlimmer machen, als er ist oder war", erklärte ich traurig.
Denn ich muss zugeben, dass mein Herz einen Moment lang bei seinem
Vorschlag einen Sprung machte. „Außerdem", fuhr ich prosperiert fort, „ist
es nicht so einfach, einen Geist zu legen, wenn man ihn erst einmal
großgezogen hat. Wir müssen ihm glauben, Dibdin , mein Junge – und sei es
nur um der Kleinen willen. Er wird es tun." wahrscheinlich seinen Job
bekommen, und das, was wir jetzt tun müssen, ist nicht, sein Misstrauen
darüber zu erregen, was wir für ihn empfinden. Glauben Sie alles, was er sagt

– glauben Sie an ihn. Den Zeitungen zufolge werden jedes Jahr Tausende vorsätzlich vermisst! Er war müde des eintönigen Lebens und des Lichts, das war alles. Jetzt will er es noch einmal versuchen. Sie selbst dachten, er sollte noch eine Chance bekommen.

des alten Dibdin lag echtes Pathos, als er mit feuchter, düsterer Miene sagte:

„Bei George, dieser Kerl ist der Erzfeind von uns allen! Durch seinen einzigen vorsätzlichen Akt zerstörerischer Verantwortungslosigkeit hat er unser aller Leben zerstörerisch beeinflusst. Es ist wahnsinnig, dass ein wertloses Tier das alles tun kann. Er hat Laura getötet, verdammt noch mal, er hat diese Kinder zu Waisen gemacht; er hat dein Leben durcheinander gebracht – er macht dich und mich zu elenden Verschwörern – grrr! Ich würde ihn am liebsten zu einem Wackelpudding zerschlagen!"

Ich lachte freudlos.

„Was würde das ungeschehen machen?"

„Nichts, wage ich zu sagen", schnappte Dibdin . „Außerdem hast du wirklich nichts zu beanstanden, Junge. Du überragst jeden, Randolph, mein Junge, ja, bei George! Du überragst jeden, den ich kenne, um Längen! Seine Schurkerei hat dich umgehauen – dir den Atem des Lebens eingehaucht ."

Ich glaube, ich habe etwas Leichtsinniges geantwortet.

"Schau hier!" „, schrie er, indem er mit einer plötzlichen Bewegung ein Glas Wasser umwarf und es ignorierte. „Wenn diese Kinder zu ihm gehen, können wir ihn trotzdem im Auge behalten, als wären wir bei ihnen!"

„Wie meinst du das?" Ich fragte verwirrt.

„Dieses Mädchen – wie ist ihr Name – Alicia! Sie wird ein Auge auf ihn haben – und auf sie. Sie ist scharfsinnig, sage ich Ihnen, mit ihren unschuldigen blauen Augen. Geben Sie Ihnen einen täglichen Bericht wie – wie –"

"NEIN!" Ich unterbrach ihn nachdrücklich. „Das, niemals! Sie wird mein Haus nicht verlassen – schon gar nicht zu ihm!"

Umso beschämter war ich über meine eigene Heftigkeit, als ich sah, wie Dibdin mich mit hochgezogenen Augenbrauen anstarrte.

„Warum – das tust du nicht –", begann er ausdruckslos – aber ich unterbrach ihn hitzig.

„Ich bin nichts! – Sie ist für mich genauso wie Jimmie und Laura und Randolph, aber sie gehören leider ihm. Weißt du nicht, was Verantwortung für junge Leben bedeutet, Dibdin ? Ich möchte ihr ihre Chance geben , sie erziehen." , mach eine gute Frau aus ihr. Sie haben einen Vater; sie hat niemanden außer mir. Ich kann sie nicht ausweisen – und ich wünschte", fügte ich lahm hinzu, „ich hätte das gleiche Recht, sie alle zu behalten."

"Wütend!" er pfiff in neuem Erstaunen.

„Ich kann nur sagen, dass ich Sie nicht mehr kenne . Ich kannte Sie früher, aber ich bin stolz, den neuen Mr. Randolph Byrd kennenzulernen."

„Sei kein verdammter Idiot, Dibdin ", murmelte ich verzweifelt. „Du weißt, dass du Blödsinn redest. Warum zum Teufel interessierst du dich so für die Kinder? Da ist der Scheck, den du geschickt hast –!"

„Du hast es nicht eingelöst", warf er ein und bewegte seine Schultern, als würde er etwas abschütteln. „Warum zum Teufel hast du das nicht getan ?"

Eines Tages werde ich es tun ", grinste ich ihn schwach an, „wenn ich es mehr brauche. Aber du hast meine Frage nicht beantwortet."

Ich hatte das Gefühl, dass ich ihn brutal anstachelte, aber ausnahmsweise schien es mir, als hätte ich den guten alten Landstreicher auf der Hüfte. Trotz seiner Schroffheit war er genauso voller Emotionen wie jeder andere. Es kam mir absurd vor, dass ein Mann seinen eingepflanzten Instinkt, einen der edelsten aller kleinen verborgenen Wurzelkeller unserer Instinkte, unter falscher Scham oder Gleichgültigkeit verbirgt. Frauen sind klüger – sie verbergen ihre Weisheit nicht; und ich war meiner Meinung nach schamlos geworden.

„Warum", wiederholte ich, „interessieren Sie sich so sehr für diese Kinder?"

„Sei kein Arsch!" Er grunzte und blickte auf die nasse Tischdecke hinunter, und ein schmerzerfüllter Krampf lief über sein Gesicht.

„Ah, sehen Sie!" Ich lachte und versuchte, seine Stimmung aufzuhellen.

„Randolph", sagte er in einem seltsam feierlichen Ton, der mich leicht erregte. „Ich habe dir einmal gesagt, dass es eine Frau gab, die mir am Herzen lag – und nur eine."

„Ja – aber du hast sie nie geheiratet."

„Nein", fuhr er im abgehärmten Ton toten Kummers fort. „Sie war schon verheiratet, als ich sie kannte."

Und dann galt mein Mitgefühl dem ergrauten alten Dibdin .

„Es tut mir leid", murmelte ich und berührte seine Hand auf der anderen Seite des Tisches. „Habe ich sie gekannt?"

„Ja", sagte er leise, „du kanntest sie. Es war Laura."

In einem Anflug bitterer und vergeblicher Reue sah ich die Aussicht auf die toten Jahre – auf das, was hätte sein können! ...

Kapitel XVI

Wunder – Wunder gibt es so häufig wie Brombeeren!

Pendleton ist wieder einmal ein treuer Arbeiter im Weinberg der Versicherungsgesellschaft.

Ein alltägliches Wunder, aber ich nehme an, alle Wunder sind alltägliche Dinge, die uns zufällig überraschen oder die wir nicht verstehen.

Ich bin mir sicher, dass das abstrakte Amt mehr Freude über einen einzigen Sünder hat, der Buße tut, als über neunundneunzig – aber ich möchte nicht blasphemisch sein. Wie der Tod beansprucht er am Ende uns alle. Ein Wollüstiger, ein Müßiggänger wie ich oder ein Abtrünniger, der sich unhaltbar von ihm losgesagt hat wie Jim Pendleton – alle kehren früher oder später um oder kehren zu seinem Joch zurück wie ausgehungerte entlaufene Sklaven – das unerbittliche Amt! Was für eine Veränderung muss es für Jim sein, nach den Stränden und den Bars im wunderschönen Osten! Aber für einen sehr wichtigen Umstand konnte ich es in meinem Herzen finden, Mitleid mit ihm zu haben.

Was für eine seltsame und wunderbare Institution ist die Familie! Ein weiteres dieser alltäglichen Wunder, die so geheimnisvoll sind, wie Geburt und Tod. Wenn ich ein klassischer Schriftsteller oder ein Sir Barnes Newcome wäre, würde ich mich möglicherweise ausführlich mit diesem Thema befassen. Die Dinge, die wir um seiner Bindung willen schlucken, dulden und vertuschen!

Es genügt jedoch, dass Jim Pendleton im Stillen an seiner Rettung, einem Gehalt und Plänen für den Wiederaufbau seines zerstückelten Hauses arbeitet.

Die Kinder gewöhnen sich langsam an ihn. Randolph scheint ihm am nächsten zu sein und Jimmie bleibt hartnäckig am weitesten entfernt. Es ist jedoch schmerzhaft zu glauben, dass Jimmies Jugend ihn am Ende umso sicherer und vollständiger von mir trennen wird.

Wann soll alles passieren? Ich für meinen Teil wage es nicht, den schicksalhaften Tag vorherzusagen, der mit jeder Stunde näher rückt. Niemand bestimmt den Tag. Es bleibt an einem unsichtbaren Faden von ungewisser Länge und Stärke in der Luft baumeln –

Es gibt Zeiten, in denen ich in meiner Qual aufschreien könnte, in meiner Qual aus namenlosem Schmerz, Angst und Besorgnis. Aber was für ein Schauspiel würde ich aus mir machen, wenn ich meinen Gefühlen freien Lauf lassen würde! Wir Menschen sind weniger weiß getünchte Gräber als vielmehr maskierte und stille Vulkane.

Und Jim Pendleton – was denkt, fühlt er? Er ist höflich, ruhig und kontrolliert. Er ist sehr sanft zu ihnen allen und besonders sanft zu Alicia. Er hat es sich zur Aufgabe gemacht, sich mit ihr zu beraten und zu konfabulieren, um die Eigenschaften und Bedürfnisse der Kinder zu erörtern. Manchmal scheint es mir, dass ich es nicht ertragen kann, und zumindest einmal habe ich sie angerufen und hart mit ihr gesprochen und ihr vorgeworfen, einen Band von „ *Book Prices Current* " *verlegt zu haben* .

Wie kindisch meinerseits! Aber meine Nerven sind nicht mehr die gleichen wie früher. Sie sind gereizt und widerspenstig. Es wurde verfügt, dass ich Urlaub machen und für zwei Wochen verreisen soll – nach Maine oder New Hampshire. Wenn ich bei dem Gedanken in Gelächter ausbrechen würde, würde ich vielleicht wie eine hysterische Frau in unkontrollierbaren Tränen enden. Ich konnte jetzt genauso wenig gehen, wie ich meine Arme ausbreiten und fliegen konnte. Ich bin von der Feiertagsstimmung genauso weit entfernt wie vom Nordstern.

Armer Dibdin – wie irrt er sich in mir! Er plappert von meinem „hoch aufragenden Kopf und meinen Schultern" – brrr! es lässt mich vor Scham schaudern. Was für ein Schwächling bin ich angesichts des Lebens!

Nein – ich bin ein Arbeiter in der Bleecker Street, mit ihren stinkenden Gehwegen, ihren von Fliegen befallenen Vorgärten, wo die italienischen Kinder grasen und schreien und sich in den Dachrinnen sonnen, in der Luft tausender Gerüche, die unter der Mittagssonne pulsieren. Früher war die Heimkehr in die drittklassige Vorstadt erfrischend und beruhigend wie ein zartes Parfüm. Die Kinder lachend und rosig auf dem Quadratzentimeter Garten zu sehen, Alicia zu sehen, die vor ihrer jungen Energie und ihrem Enthusiasmus strahlte – es war, als würde man nach einem Bummel durch einen stinkenden Basar einen kühlen Tempel voller Schönheitsformen betreten. Jetzt ist es Staub und Asche. Ich könnte Dibdin oder irgendjemand anderem niemals vermitteln, wie allein ich mich auf der Welt fühle, welche Kälte und schneidende Trostlosigkeit jedes Mal über mein Leben hereinbricht, wenn ich an seine Gegenwart oder Zukunft denke.

Minot Blackden kam heute Mittag zu Visconti, um mich zum Mittagessen herauszuholen.

„Lass uns kurz in meinem Studio vorbeischauen", schlug er vor, während er mich um die Ecke führte. „Etwas, das du sehen kannst."

Er zeigte mir ein kleines Rosettenfenster, das für eine Kirche in Cincinnati entworfen worden war, und drehte sich erwartungsvoll um, um meine Ausrufe zu hören. Ich stieß ein paar Unsinnigkeiten aus.

„Kunst, mein Junge!" er freute sich. „Das ist Kunst für dich!"

"Es ist in der Tat!" Ich stimmte hilflos zu. „Das einzig Überraschende ist, wie ein echter Künstler so viel Ruhm erlangen kann. Mir scheint, ich sehe in jeder Sonntagszeitung, die ich lese, etwas über Sie."

„Ah, das ist Geschäftsinstinkt", kicherte er. „Ich bin kein Amateur, das kann ich Ihnen sagen. Ich lebe diese Sache. Sie mögen es für verrückt halten, aber manchmal denke ich, ich sei die Reinkarnation von Benvenuto Cellini." Er lachte nicht; er meinte es ernst. „Kommen Sie herein", fügte er feierlich hinzu und führte mich zu einer Tür im hinteren Teil seines Ladens. „Ich möchte Ihnen meinen Pressevertreter vorstellen."

Ich wurde ordnungsgemäß einer schlichten, geschäftigen Mrs. Smith von vielleicht fünfunddreißig Jahren vorgestellt, die von einer Schreibmaschine aufstand und mit andächtigem, ehrfurchtsvollem Eifer von „unserer Arbeit" sprach, während sie der Künstlerin anbetende Blicke zuwarf. Wie wecken die Minot Blackdens eine solche Verehrung? Ich weiß, dass ich keine verlorene Kunst wiederentdeckt habe und es ist klar, dass ich keine Inkarnation von Benvenuto Cellini bin. Niemand wird mich jemals anbeten.

„Haben Sie Miss Bayard in letzter Zeit gesehen?" Erkundigte sich Blackden , als wir uns zu einem italienischen Mittagessen setzten, das mit Sardinen und roter Paprika begann.

„Nein – das habe ich nicht", antwortete ich überrascht. "Kennst du sie?"

„Kenne ich sie? Erinnern Sie sich nicht daran, uns vor Brentano's vorgestellt zu haben?"

Ich hatte es vergessen, und es schien ihn zu verletzen, dass ich seine Bewegungen und Ereignisse nicht mit der hingebungsvollen Aufmerksamkeit seines Pressevertreters betrachtete.

„Natürlich", murmelte ich lahm. „Du hast sie wieder gesehen?" Er lächelte ein distanziertes, überlegenes Lächeln, wie die Unsterblichen über irrende, nicht wiedergeborene Menschen lächeln würden, und fuhr sich mit den Fingern durch sein dunkles, kunstvolles Haar.

„Ich sehe sie ziemlich oft", erklärte er. „Sehr wundervolle Frau, Miss Bayard. Sie ist eine große Inspiration für mich in meiner Kunst. Meine Kunst hat große Fortschritte gemacht, seit ich sie getroffen habe. Ich bin überrascht, dass Sie die Gelegenheit, sie öfter zu sehen, nicht nutzen – eine wirklich künstlerische Natur!"

"Arsch!" Ich dachte. Aber laut erklärte ich, dass mir die häuslichen Sorgen kaum Zeit für gesellige oder andere Besuche ließen. Die Lässigkeit meiner Antwort schien Blackden spürbar aufzuheitern.

Ich erinnerte mich übrigens daran, dass ich Gertrude, obwohl der Himmel weiß warum, versprochen hatte, ihr das Ergebnis von Pendletons Rückkehr mitzuteilen.

„ Sagen Sie ihr, wenn Sie sie sehen, dass ich sehr bald komme. Ich habe ein gutes Geschäft gemacht. Sie wird es verstehen."

„Sie versteht alles", murmelte Blackden abwesend. „Ah, da ist eine Frau! Ja, ich werde es ihr sagen." Und seine Augen leuchteten vor Vorfreude.

Er war mir gegenüber ausgesprochen liebevoll, dieser strenge Künstler, als er mich an Viscontis Tür zurückließ.

Nach Hause zu kommen war, wie gesagt, früher eine Freude. Die Anwesenheit einer Person darin hat es in eine Qual verwandelt.

Chalet auf dem Felsen näherte , fand ich Pendleton in bester Laune vor, wie er mit den Kindern auf dem Rasen ein Spiel spielte.

Am Baum war für Jimmie ein Stück Segeltuch befestigt worden, das eine Art Puppenzelt bildete, um ihm den Hauch von wildem Leben zu verleihen, nach dem sich selbst kleine Jungen in Crestlands zu sehnen scheinen. Wildes Leben in Crestlands ! Doch einst zogen die Mohikaner hierher und der Mohikaner, der in uns allen steckt, sehnt sich in Jimmie nach einem Ventil. Es sehnte sich nach einem Ventil in mir, als ich sah, wie der große Koloss von Pendleton in maßgeschneiderter Manier im Zelteingang hockte und die Rolle des Kannibalenhäuptlings spielte. Ich stand einen Moment lang unbeobachtet da und beobachtete die Szene mit Bitterkeit im Herzen und Scham über der Bitterkeit.

„Bringen Sie den Gefangenen vor mich", grunzte Pendleton in der Rolle des Häuptlings.

Randolph und Laura kicherten vor unterdrückter Freude und marschierten mit Jimmie zu Pendleton, der das Kind mit ängstlichem Stirnrunzeln musterte und fragte, wo die anderen Gefangenen seien.

„Sie sind entkommen, Eure Majestät", explodierte Randolph mit unterdrücktem Lachen. „Dieser weiße Mann allein hat es gewagt zu bleiben und deiner Macht zu trotzen!"

„Er sollte unbedingt gekocht und gegessen werden", knurrte Pendleton widerspenstig. „Er wagt es, sich dem großen Häuptling der Kannibaleninseln zu stellen! Aufgrund seines großen Mutes jedoch", fügte er im Nachhinein hinzu, „werden wir sein Leben verschonen. Aus solchem Stoff werden große Krieger gemacht."

„Vorsicht, Majestät", kicherte Laura, „er könnte auf verräterische Weise planen, Ihnen etwas anzutun. Er ist sehr mutig, dieser weiße Häuptling!"

„Wir sehen, dass er ein verzweifelter Kämpfer ist", antwortete Pendleton richterlich. „Aber wir bewundern Tapferkeit. Er wird unser Speerträger im Kampf sein."

„Nein, ich will gefressen werden!" schrillte Jimmie vor Aufregung, woraufhin die anderen kreischten und vor Lachen zitterten.

Alicia allein schien in ihrer Heiterkeit gemäßigt zu sein. Ich drückte es mir ins Herz, dass sie angesichts der Szene ein wenig traurig aussah. Aber wahrscheinlich irre ich mich. Ich ging ins Haus und stützte mein Kinn auf meine Hände, in einem Aufruhr von Gefühlen, die ich vergessen möchte.

Pendleton gewinnt sie, daran besteht kein Zweifel. Auf der ganzen Welt gibt es keine Menschenseele, die sich an mich klammern würde, außer möglicherweise Griselda. Shakespeare hat nie etwas Wahres gesagt, als dass das Leben „eine Geschichte war, die von einem Idioten erzählt wurde, voller Geräusche und Wut, die nichts bedeutete".

Ich wünschte, ich wäre nie geboren worden.

Heute Morgen sehnte ich mich danach, mit den Kindern zu toben und zu toben, jeden Funken Sorge abzuschütteln, mit ihnen zu lachen und auf dem Boden zu wälzen, glücklich zu sein, wie ich glücklich war, aber ich konnte nicht. Getragen von einem Herzschmerz, der jede Faser meines Körpers durchdrang, schlich ich nach dem Abendessen mürrisch in mein Arbeitszimmer, um allein zu sein. Aber selbst das konnte ich nicht haben.

Pendleton folgte mir auf den Fersen, zündete sich eine Zigarre an und fragte, ob er mit mir reden dürfe. Natürlich konnte ich es nicht verhindern. Ich kann nichts verhindern, denn ich bin nicht mehr Herr in meinem eigenen Haus.

„Alter Mann", begann er mit seiner sanften, dicken Stimme, die er als freundlich bezeichnen wollte und die mir vor Triumph schwelgt. „Mir scheint, dass du bald eine Pause brauchst."

„Was meinst du?" Ich stockte und zuckte zusammen, obwohl ich innerlich genau wusste, was er meinte.

„Genau das, was ich sage", lächelte er. „Du hast hart genug gearbeitet – um meine Familie zu ernähren. Es ist Zeit , dass ich dir die Last von deinen Schultern nehme – das meine ich."

Ich wedelte abfällig mit der Hand, konnte aber nicht sprechen.

„Oh, ich weiß", beharrte er hartnäckig, obwohl er mir selbst jetzt nicht in die Augen sehen kann, „du hast es nicht speziell für mich getan. Du hast es getan, weil du ein Mann bist – du – bah! Das tun sie nicht." Machen Sie sie wie Sie, wie ich Ihnen gesagt habe. Aber Sie wollen kein Lob von mir, das weiß ich. Sie brauchen es nicht. Was noch wichtiger ist, es ist Zeit, dass ich eine

Wohnung oder ein kleines Haus nehme in einem der Vororte und ließ alle von ihnen herüberziehen und eine Zeit lang von mir leben. Es wurde Zeit", er nickte mit dem Kopf und bewegte seine Zigarre, „wird auch Zeit!"

Jedes Wort war ein Stich, aber ich wappnete mich für die Tortur. War es nicht das, was ich die ganze Zeit erwartet hatte?

„Wann – möchten Sie die Änderung vornehmen?" Ich bemühte mich, klar zu sprechen, wie wenn ich mich bei Visconti am Telefon an die National City oder den Guaranty Trust wende.

„Nun, ich dachte, ich fange morgen an, mich umzusehen. Da wird es einen Ort zu finden geben, ein paar Möbel zu besorgen – der Ratenzahlungsplan wird helfen – die ganze Arbeit sollte in zwei oder drei Wochen erledigt sein, ich." rate mal", fügte er lachend hinzu. „Onkel Ranny wird ziemlich oft zum Abendessen kommen müssen, damit die Kinder so glücklich sind, wie wir sie gerne sehen würden, oder?"

„Aber ein Haushalt im Gange", sprach ich schnell in einer Art letztem Anfall mitleiderregenden Protests, „ist es schon ein – ein Unterfangen, ihn in die Tat umzusetzen?"

„Ja – ich weiß", nickte er nüchtern. „Glauben Sie nicht, dass ich nicht weiß, dass ich mit beiden Schultern hart gegen das Lenkrad drücken muss. Aber wissen Sie", er hob vertraulich eine Augenbraue, „diese junge Frau – Alicia – wird eine große Hilfe sein." Ich – eine ziemlich kleine Haushälterin, sie ist – ein ziemliches Kind – ich hoffe, Laura wird sich um sie kümmern."

Mein Herz war aus Blei. Wenn er mein Gesicht beobachtete, musste er eine tödliche Blässe gespürt haben, die jeden Tropfen Blut davon wischte. In meinen Ohren hämmerte es wie rauschendes Wasser.

„Alicia", hörte ich mich selbst sagen, nachdem ich vor dem Ertrinken gerettet worden war, „Alicia, weißt du, ist nicht mein Kind – oder deins. Ich kann sie dir nicht schicken. Sie – es gibt Formalitäten – aber egal." , ihre Wünsche spielen dabei eine Rolle . Ich werde alles tun, alter Mann", mein Kopf schien plötzlich anzuschwellen und in die Höhe zu schießen wie ein Korken aus einem Abgrund, und mein Gesicht war schweißnass – „alles, aber ich kann." „Schicken Sie das Kind nicht zu Ihnen, es sei denn – es sei denn, es ist begeistert –, Sie sehen das, nicht wahr?"

„Oh ja, ich verstehe – sicherlich." Während er sprach, schaute er weg. Ich habe immer noch die Hoffnung, dass er mein Gesicht nicht beobachtet hat. „Das ist natürlich alles wahr. Aber versetzen Sie sich in meine Lage, Randolph. Hier sind drei mutterlose Kinder. Sie, dieses Mädchen, war für sie eine Art Mutter. Scheint eine angeborene Fähigkeit dafür zu haben. Was würde ich tun?" ohne sie, einfach so anfangen – du verstehst!"

„Sicherlich, sicher!" Ich beeilte mich, es ihm zu versichern, weil ich das Gefühl hatte, etwas mehr Herr über mich selbst zu sein. „Aber du verstehst, was ich meine – sie gehört nicht zu mir. Und selbst wenn sie es täte – ich kann sie nicht einfach weitergeben – es ist eine Verantwortung – ihr Wunsch – ich meine, ich kann sie zu nichts zwingen Weg."

Und plötzlich sah ich die Kinder weit weg von mir, mit diesem zweifelhaften, mysteriösen Mann, allein, und mein Herz schmerzte. Zumindest mit Alicia – aber nein! So ganz konnte ich mich nicht abfinden.

„Zwang – sicherlich nicht", war sein völlig vernünftiger Kommentar. „Ich denke allerdings, dass ein Wort von dir viel bewirken würde. Aber ich verstehe deinen Standpunkt, Randolph, ich verstehe deinen Standpunkt. Ich sag dir was!" Er begann in einem neuen Ton. „Angenommen, wir formulieren es so. Ich werde selbst mit ihr sprechen – ich werde es ihr vorlegen – lasse dich ganz außen vor, verstehst du? – überlasse es ihr, zu entscheiden – also musst du nicht – Sie werden neutral sein, verstehen Sie? – Was ist daran falsch, es so zu machen?"

Tausend Teufel in mir trieben mich mit fast unwiderstehlicher Kraft dazu, ihm an die Kehle zu springen, seine Worte zu ersticken, das tierische Leben aus ihm herauszuwürgen und der Qual auf der Stelle ein Ende zu setzen. Aber ich konnte nicht – ich konnte nicht. Ich wusste, dass er mit seinen Worten seine Gewissheit zum Ausdruck brachte, dass er Alicia für sich gewinnen konnte, so wie er die Kinder gewonnen hatte – dass ich in seinen Händen hilflos war – dass ich ein Schwächling war, den er nur im Geringsten zu respektieren versuchte – das Er konnte meine Familie mit einer so lächerlichen Leichtigkeit von allem befreien, was mir lieb und teuer war, dass er sich nicht einmal die Mühe machen konnte, mich lächerlich zu machen. Und doch konnte ich nicht aufstehen und ihn erwürgen.

Wie in einem Schraubstock saß ich einen Moment lang da, gefesselt von wilden widersprüchlichen Leidenschaften, und dann geschah etwas Seltsames. Ein Gefühl der Nacktheit, das Gefühl, alles verloren zu haben wie ein weiterer Job, völlig allein auf der Welt zu sein, umgab mich wie eine Atmosphäre. Ich fühlte mich von allem beraubt, wenn auch nicht beraubt. Es war ein seltsames Gefühl, eine Art unfreiwilliger Verzicht auf alles, was mein Leben ausmachte, dem ich mich dennoch ruhig hingab. Ich sah Pendleton fast ruhig an und sprach ihn an . Sicherlich erlebte ich eine seltsame neue Würde, die sehr beruhigend und sehr dankbar war, wie Wasser für die Durstigen nach der Schlacht.

„Sehr gut, Jim", hörte ich mich leise sagen. „Geh deinen eigenen Weg. Das ist vielleicht das Beste."

Das Einzige, woran ich mich erinnere, ist ein triumphierender Glanz in seinen Augen. Ich erinnere mich an kein Wort von all seinem Geplänkel und Geplänkel danach. Er redete vielleicht vier oder fünf Minuten lang rauchend weiter und verließ mich dann.

Allein fühlte ich mich gleichzeitig seltsam schwer wie ein Berg und substanzlos wie dessen Schatten.

Kapitel XVII

Immer wieder wurde mir gesagt, dass ich ein Narr sei. Aber nicht einmal meine liebsten Freunde haben mich für verrückt erklärt.

Sind die Götter dann wirklich so erpicht darauf, mich zu vernichten? Was habe ich getan, um es zu verdienen?

Heute Morgen, nach dem Interview mit Pendleton gestern Abend, sah ich Alicia – sah sie plötzlich so, wie es schien, zum ersten Mal. Und doch überschwemmte mich wie eine Flutwelle die überwältigende Erkenntnis, dass sie und sie allein mir zahllose Jahrhunderte lang unsagbar am Herzen gelegen hatten. Sie, das göttliche Ideal, das ich verfolgt hatte und das ich in Lichtungen und Wäldern, auf Berggipfeln, in Palästen, in fantastischen Umgebungen, inmitten unglaublicher Szenen eines düsteren und alten Traumlebens, realer als jede Realität, immer wieder erblickte – sie *war* es Alicia, dieses Kind Alicia.

Und ich bin mehr als doppelt so alt wie sie!

Für mich kann daraus nichts als Elend und Elend entstehen. Mit keinem Wort oder Zeichen darf ich ihr oder sonst jemandem so etwas mitteilen – niemandem außer diesen blassen Seiten, die meine armseligen, bunten Vertraulichkeiten mit der einzigen Diskretion entgegennehmen, der ich vertrauen kann.

Sie ist mir teurer als alle Welten. Doch ich muss nicht nur dumm bleiben, sondern ich muss jedes meiner Worte, jede Geste, jeden Gedanken wie nie zuvor hüten.

Inmitten all dessen ist dies eine Katastrophe. Dennoch überschattet und überschattet es alles.

Lassen Sie mich die Wahrheit auch nur durch ein Zeichen offenbaren, und jede meiner Handlungen und Motive wird plötzlich verdächtig, und ich werde für das unmoralische, beschämende Geschöpf, für das ich mich halte, offenkundig dastehen.

Ich glaube, ich könnte mich damit auseinandersetzen, wenn es eine Möglichkeit gäbe – aber das gibt es nicht.

Ich muss das Gefühl verstecken und bedecken und durch Unanität besiegen. Aber wie kann ich das, wenn sie mir so unbeschreiblich lieb und wertvoll ist?

Nein, nein! Tausendmal nein! Ich kann nicht zulassen, dass Pendleton versucht, sie dazu zu überreden, mich zu verlassen. NEIN!

Und alles, was ich tun muss, ist, diesen grellen Entschluss zu verraten, und schon kommt mein Geheimnis ans Licht, und alles, was ich bin und getan habe, wird als bloßer Vorwand dastehen, und ich werde nackt und gefesselt erscheinen wie ein gewöhnlicher Verbrecher, der zu gut für den Henker ist.

Und ich habe es gewagt, über Pendleton zu urteilen!

Das altbewährte Heilmittel in der Fiktion, wenn ein Mann sich in jemanden verliebt, den er nicht zu lieben hat, ist meiner Meinung nach, wegzugehen oder zu reisen. Wie lächerlich das für mich klingt. Der einzige Ort, zu dem ich gehen kann, ist Visconti's. Zu Visconti! Und jetzt bin ich von Visconti zurückgekommen und kann nicht im Haus bleiben.

Ich kann nicht im Haus bleiben, weil Alicia darin ist – und Pendleton!

Oh, er wird seinen Willen durchsetzen, da bin ich mir sicher! Der alte Mann vom Meer hat es unfehlbar getan. Warum sollten die Skrupellosen immer im Vorteil sein? Ich verabscheue es, an ihn zu denken.

Es ist Alicia, die meinen Geist, mein Herz, mein Leben erfüllt. Ich habe bis gestern als Kind versucht, an sie zu denken, und ich weiß, dass ich betrogen habe. Sie ist eine Frau – sie ist Weiblichkeit. Ich sehe sie jetzt in ihrem Strahlen und jede Bewegung und Geste von ihr, jede Handlung, jeder Blick zeugt von der Frische und Jugend des Lebens, von einer erhabenen, göttlichen Schönheit. Ich habe sie ein Kind genannt, und ich sehne mich danach, auf ihre Knie zu sinken und meinen Kummer und meine Anbetung herauszuschreien. Ich bin das Kind, hilflos vor ihr. Was auch immer ich verheimliche, ich kann nicht verbergen, was ihr Weggang mit mir machen würde. Es würde die Überreste meines Lebens zerstören. Und ich habe Pendleton gestern erlaubt, ruhig vorzuschlagen, dass sie zu ihm übergeht – Aliciahandel! – und mit Pendleton! Es ist erdrückend, daran zu denken. Ich muss ausgehen. Aber ich kann nicht zulassen, dass einer von ihnen mich sieht. Ich fühle mich wie ein Dieb in meinem eigenen Haus. Das Fenster – ah, ich könnte wenigstens eine einsame Stunde unter den Sternen verbringen!

Ich habe es schließlich nicht geschafft, raus unter die Sterne zu kommen. Gerade als ich anfing, am Bildschirm herumzufummeln, bat Alicia um Einlass. Keine Anwesenheit hätte für mich willkommener sein können, aber die dunklen Gedanken, unter denen ich gegrübelt hatte, ließen mich vor Schmerz zusammenzucken, als sie eintrat. Dennoch gelang es mir, sie mit fast normaler Fröhlichkeit zu begrüßen.

„Onkel Ranny ", begann sie hastig mit leiser Stimme und kam näher an mich heran, „kommt es dann wirklich?"

„Was meinst du, mein Lieber?" Ich habe sie gefragt, obwohl solche Ausflüchte bei Alicia völlig nutzlos sind.

„Oh, er hat mir gerade erzählt, dass er ein Auge auf eine Wohnung in der Nähe der Columbia University in New York geworfen hat – dass er davon ausgeht, dass sie fertig sein wird, wenn die Schulen öffnen – hat er dir das nicht gesagt?“

„Was hat er sonst noch gesagt?“ Ich fragte atemlos.

„Nicht viel – nur hat er mich gefragt, ob ich es nicht für klug halte, mich so schnell wie möglich dort niederzulassen. Er ist sehr nett zu mir.“

"Ist das alles?" Ich atmete.

„Ja, das ist ungefähr alles – aber ist das nicht genug?“

Ich lächelte schwach und ließ mich mit großer Erleichterung auf meinen Stuhl sinken.

Ich sehnte mich danach, sie zu mir zu ziehen, sie zu umarmen, ihren Kopf an mein Herz zu legen, sie festzuhalten und dadurch alle schwarzen Sorgen und Sorgen, alle überhängenden Schatten, alle bedrohlichen und drohenden Wolken der Existenz auszuschließen – um mich zu meinem zu machen Welt in glückseliger Vollendung. Aber für sie bin ich nur „Onkel Ranny “ – und mir lief ein Schauer über den Rücken.

„Und du, Alicia“, schaffte ich es zu sagen. „Was hast du geantwortet?“

„Natürlich habe ich gesagt, dass das wahr ist – was soll ich sagen? Aber oh, Onkel Ranny “, sie beugte sich zu mir, als sie an meinem Schreibtisch stand, „ich fürchte, Onkel Ranny ! Sie gehören uns – nicht wahr?“ Ich weiß, dass er ihr Vater ist, aber ich habe das Gefühl, als würden wir sie einem Fremden übergeben – Oh, ich denke, ich sollte es nicht sagen – jemandem, den wir überhaupt nicht kennen!“

Und sie brach in Tränen aus.

Blut und Fleisch konnten es nicht länger ertragen. Ich zuckte und krümmte mich einen Moment lang auf meinem Stuhl, dann sprang ich auf, warf meine Arme um sie und drückte sie an mich.

„Mein Liebling“, murmelte ich gebrochen, „und wie fühle ich mich wohl?“

„Ich weiß“, schluchzte sie und legte sanft, ganz wie Jimmie oder Laura es getan hätten, ihre Arme um mich und schmiegte sich an mich, als wäre ich jemand Altes und Zerbrechliches, für den sie eine tiefe Zuneigung hegte – aber das war alles. Alicias erste Umarmung!

Und dann wusste ich es auch. Ich glaube, sie ahnte nicht einen Augenblick lang die Bitterkeit der Tasse, die ich in diesem Moment austrank. Aber warum sollte ich etwas anderes erwarten? Die Schuldgefühle in meinem eigenen Herzen sagen mir genug – und zu viel – darüber, wo genau ich stehe. Alicia ist noch ein Kind. Offensichtlich ahnte sie noch nicht einmal , dass Pendleton sie ebenfalls mitnehmen wollte. Angenommen, ich hätte das verhindert, was ist dann mit den anderen dreien, die ich auf andere Weise nicht weniger liebe? Mein Kopf pochte schwindlig, mein Puls schlug wie Trommeln. Für mich war dies der höchste Moment der Angst und des Opfers, die dunkle Nacht der Seele, dieser *Abend oscura* , die der heilige Johannes vom Kreuz so gut zu beschreiben weiß, die das Wesen erschüttert und das Leben für immer verändert. Mein Los schien darin zu bestehen, mich selbst zu opfern und zu brechen, in einer endgültigen und völligen Entsagung, um meinen Kelch der Bitterkeit bis zum Äußersten auszutrinken.

Für einen Moment war die Welt wie ein Schatten, schwankend, luftig und substanzlos. Der verhüllte Mönch, der irgendwo in mir begraben liegt, war plötzlich die Oberhand und das Leben auf der Welt kam mir schmutzig und aussätzig vor; ein tödliches Ding, das vor Begierden und Leidenschaften verrottete, ein Ding, vor dem man fliehen konnte – das mich in sein sinnliches Zentrum zog. Aber nur für einen Moment.

Dann strömte plötzlich das Blut in meine Schläfen, während Alicia in meinen Armen lag, und die uralte List von tausend männlichen Vorfahren, von wilden Jägern und listigen Kriegern, die starben, damit ich leben konnte, drang in meine Hände , Nerven und mein Gehirn und ich knisterte mit dem Eifer, für mich selbst zu kämpfen.

Nein! – ich wollte – konnte nicht alles aufgeben, was mir lieb und teuer war. Ich würde kämpfen! Ich packte Alicias Schultern in einem Zucken heftiger Freude und atmete mit heiserer, gutturaler Stimme, die sie genauso wenig überraschte wie mich, aus:

„Keine Angst, Alicia – das kann nicht sein! Das wird nicht sein. Er hat es noch nicht getan. Ich werde etwas tun – ich weiß noch nicht was. Aber gib mir Zeit – ein wenig Zeit – Ich werde es schaffen. Wir werden kämpfen, wenn es sein muss – aber wir werden nicht einfach so aufgeben!"

Alicias warme Wange an meiner, allerdings mit einem Vertrauen, das man nur als kindlich bezeichnen kann, war Belohnung genug für den Sieg, geschweige denn für diese noch leere Herausforderung. Aber ein unwiderstehliches, pochendes Gefühl der Zuversicht sagt mir, dass etwas passieren wird – dass ich gewinnen werde!

Ist es einfach das Selbstvertrauen eines Narren und die Woge des Melodrams, die nie weit von uns entfernt ist? Möglicherweise. Aber mein Blut pocht immer noch und meine Muskeln knistern immer noch vor seltsamem Eifer und Kampfeslust. Es kann sein, dass der Duft und der sternenklare Blick von Alicia noch bei mir hängen bleiben, die süße Freude und der Stolz von Alicia, als sie meinen Gute-Nacht-Kuss erwiderte, bevor sie mich verließ, die Zuneigung, mit der sie sich an mich klammerte, der Widerwille, mit dem sie ging, alle haben etwas mit diesem neuen Beitritt von

Mut zu tun. Aber ich tröste mich nicht mit eitlen Dingen. Alicia ist zufällig ein Mädchen, dessen Zuneigung noch nie von liebevollen Eltern verwöhnt wurde. Wenn sie mich *in loco parentis* ansieht , sollte mir das genügen. Es ist nicht genug. Und der Schmerz hinterlässt einen stachligen Stich in meiner Brust. Aber diese Wunde werde ich gerne tragen – ich werde mein Haarhemd tragen wie die Frau von Jacopone da Todi – wenn ich nur den Mann spielen kann.

Der Abend und der Morgen waren ein Tag – der erste Tag eines neuen Lebens, und was für ein Tag!

Ich stieg mit Pendleton in den Zug und schlug ihm energisch vor, dass er sich mit seinen Vorbereitungen nicht beeilen müsse.

„Ich dachte", sagte er mit einem verstohlenen Seitenblick auf mich, „dass meine erste Pflicht darin besteht, Sie zu beruhigen. Ich schulde Ihnen schon zu viel", fügte er hinzu und blickte auf die Eintönigkeit des Mt. Vernon rechts davon Weg.

„Es sind nur Fremde und Feinde, die einander etwas schulden." Ich konterte leicht. „Freunde schulden einander alles und nichts. Für solche Konten gibt es keine Prüfung."

Er lachte überproportional zu diesem Klumpen Weisheit und rief:

„Du bist großartig, Randolph – großartig!"

Jetzt war es an mir zu lachen, und ich hatte das Gefühl, dass ich ihm gegenüber im Vorteil war. Mit dem sechsten Sinn, oder der Zirbeldrüse, oder was auch immer es ist, war mir bewusst, dass er ein wenig Angst vor mir hatte – und das schadete meiner Laune nicht.

„Ihre Lebenserfahrung war so – eigenartig", sagte ich ihm, „dass jeder froh wäre, Ihnen in irgendeiner Form behilflich zu sein. Und Sie dürfen nicht vergessen, dass Laura meine einzige Schwester war. Sagen Sie es mir", fügte ich im Gespräch hinzu, „Don." „Findest du das Geschirr nicht doch manchmal nervig – das hast du durchgemacht?"

„Egal! Sag mal, Randolph, diese kleinen Maschinenmenschen in ihren Wolkenkratzer-Bienenstöcken – Käfigen – wissen nicht, was Leben ist! – Freiheit!" ...

Zum ersten Mal bemerkte ich das Licht der Spontaneität, das in seinen Augen leuchtete, und mein Herz hüpfte: Ich war kurz davor, ein Geständnis zu hören. Aber plötzlich hielt er sich zurück und schaute weg. „Natürlich", fügte er in gezwungenem Tonfall hinzu, „muss man sich seiner Verantwortung stellen. Nein – im Großen und Ganzen bin ich froh, meinen Teil der Arbeit zu leisten und meine Last zu tragen."

Ich wusste, dass er log. Ich wusste, dass sein erster Ausbruch der wahre Pendleton war; dass der Nachtrag, wie Politiker sagen, für den Eigenverbrauch gedacht war.

„Natürlich, natürlich", murmelte ich hastig, „aber wir sind nur Menschen." Und abwechselnd trieb ich meinen armen Verstand dazu, mir beizustehen, und betete zu ihnen wie zu Gottheiten, die mir den Weg erhellten.

Dieser gesetzlose Geist, Pendleton, ich hatte eine vage Ahnung, bereute seine Rückkehr zum Joch der Pflicht, zu den Zwängen der Zivilisation. Was hielt ihn dann fest? Es war kein plötzlich entwickeltes Gewissen. Da war ich mir sicher. Es gab ein Problem, das ich sofort lösen muss.

Wir verabschiedeten uns herzlich an der Grand Central Station und zwanzig Minuten später war ich eine dieser kleinen Maschinen, die bei Visconti funktionierten.

„Ich möchte einen Wechsel in dreißig Tagen", sagte ich, „für zehntausend Lire auf Neapel. Ihr bester Kurs zu diesem Zeitpunkt." Und mit dem Hörer an meinem Ohr hörte ich eine Stimme in mir, unabhängig vom Telefon, die flüsterte:

„Könnte es sein, dass auch er von Alicia verzaubert ist? – bei all seinem Umherziehen und seiner Erfahrung – oder ist es sein Pflichtgefühl gegenüber seinen Kindern?"

„Vier achtundneunzig", sagte der Wechselsmann Hoskyns im National City, und „vier achtundneunzig", wiederholte ich automatisch nach ihm. „Können Sie es nicht besser machen – nach dreißig Tagen?" Und die unabhängige Stimme in meinem Gehirn fügte hinzu: „Vielleicht bin ich beim Thema Alicia begeistert?" Und so verging der Morgen.

Zu meiner Überraschung und Verwirrung rief mich Gertrude um elf Uhr an.

„Guten Morgen, Ranny ", öffnete sie süß. „Du hast dein Versprechen nicht gehalten, oder?"

"Versprechen?" Ich wiederholte dumpf. "Welches Versprechen?"

„ Sie sagten, Sie würden mich über Pendletons Rückkehr auf dem Laufenden halten. Sie haben es nicht getan – oder?"

„Aber Sie waren den Sommer über weg, nicht wahr?" Ich wagte es verzweifelt.

„Ja, und ich bin zurück", murmelte sie sanft, „und trotzdem – kommen Sie heute besser zum Mittagessen mit mir – finden Sie nicht auch?"

Wenn es etwas gibt, was meine Karriere als Geschäftsmann für mich bewirkt hat, dann ist es, dass ich in meinem Herzen einen Hass auf Zaudern und

Zwielichtigkeit eingepflanzt habe. Ich hatte keine Verabredung zum Mittagessen und sagte ihr dennoch verzweifelt, dass ich es getan hätte.

„Das Abendessen", antwortete sie, „würde mir noch besser passen."

„Ich sollte nach Hause gehen", protestierte ich schwach, mit einem sinkenden instinktiven Gefühl, dass ich solche Beziehungen mit Gertrude wirklich nicht wieder aufnehmen sollte.

„Wir werden um halb sechs eine frühe kleine Mahlzeit einnehmen", sie ignorierte mich sanft, „Bis dahin, auf Wiedersehen."

Ich legte für einen Moment wütend auf den Hörer, aber Gertrude hatte aufgelegt. Ihre selbstherrliche Art irritierte mich, aber das war ihr Charakterzug. Wir waren mehr Meilen voneinander entfernt, Gertrude und ich, als sie oder ich je rückwärts reisen konnten. Und obwohl die Ergebnisse unseres Treffens für Gertrude unbefriedigend zu sein schienen, muss ich ihr gegenüber zugeben, dass sie immer eine bewundernswerte Gastgeberin ist.

Ich hatte bei mir zu Hause angerufen, dass ich nicht zum Abendessen zu erwarten sei, und als Griselda trocken geantwortet hatte: „Du weißt nicht, was du vermissen wirst", dachte ich schmerzlich, dass ich darüber mehr wusste als sie . Gertrudes ruhige und gemütliche Atmosphäre, ihre tiefen Stühle und Sofas und die Ausstrahlung, eine ungeordnete Welt auszuschließen, waren jedoch für jemanden, der frisch aus den schmutzigen Gehwegen südlich der Fourth Street kam, nicht unangenehm. Könnten diese Schrottläden, Pappschachtelfabriken, Feinkost-„Garagen" und Maschinenwerkstätten in derselben Welt wie Gertrudes Wohnung im Gramercy Park sein? Dennoch waren sie nur etwas mehr als eine Meile entfernt, und das war meine wirkliche Welt, meine tägliche Umgebung. Gertrudes Wohnung war nun fremdes Terrain.

„Ja – ein toller Mann! – verstehst du nicht? Was könnte besser sein? Der Mann kommt zurück und ist begierig darauf, seine Verantwortung wieder aufzunehmen. Du hattest eine schreckliche Zeit, aber du hast das Richtige getan, dich selbst freigesprochen ein Mann und ein Held. Und nun endet die kleine Romanze glücklich und alles ist zufriedenstellend und man ist wieder frei – was könnte entzückender sein?"

Die Schwere meines Herzens verriet alles andere als Freude, aber ich schwieg.

„Glaube nicht, dass ich trivial bin, Ranny ", fuhr sie mit nüchternerer Heftigkeit fort. „Es war eine wunderbare Sache. Ich habe das Gefühl, dass ich mit dem, was ich in der Vergangenheit empfohlen habe, falsch lag. Ihr Festhalten an den Kindern hat Ihnen viel gebracht – für Ihre Entwicklung, meine ich – vielleicht mehr für Sie als für sie." sie fügte lachend eine

Klammer ein. „Aber seien Sie jetzt nicht weltfremd. In der besten aller möglichen Welten läuft alles gut. Werfen Sie also nicht einen Schraubenschlüssel in die Maschine, nur weil Sie den Schraubenschlüssel schon so lange in der Hand haben, dass Sie sich nicht mehr vorstellen können, was sonst noch etwas damit zu tun!

„Ich bin nicht gut in Veränderungen", murmelte ich düster. „Ich wurde durch die Gewalt der Umstände von einem Leben in ein anderes katapultiert. Jetzt habe ich das Gefühl, dass ich es nicht ertragen kann, in etwas anderes zurückgeschossen zu werden. Der Verschleiß, die Belastung ist zu groß."

Ich werde nicht leugnen, dass das, was ich in diesem Moment vor allem sah, eine Störung war, die mir nicht nur die Zuneigung der Kinder rauben würde, über die ich nicht sprechen konnte, sondern auch die von Alicia, über die ich noch weniger sprechen konnte.

Gertrude zündete mir freundlicherweise eine Zigarette an und setzte sich neben mich. Sie selbst rauchte jedoch nicht.

„Es gibt eine Änderung, Ranny ", begann sie mit einer neuen und seltsamen, fast zärtlichen Stimme, „die dir mehr nützen würde als alles andere auf der Welt – kannst du erraten, was ich meine?"

"Eine Auslandsreise?" Ich fummelte unsicher herum.

„Nein", lächelte Gertrude und legte leise ihre Hand auf meine, „ich meine – Heirat."

"Ach du lieber Gott!" Rief ich voller Angst aus, und kalter Schweiß bedeckte meine Stirn. Ich hätte nie erwartet, dass Gertrude das noch einmal mit mir besprechen würde, auch nicht in abstrakter Form.

Ich kann mich nicht erinnern, was ich gegessen habe, außer dass das Abendessen köstlich, kühl und exquisit war. Es gab eine taufrische Tasse etwas Leichtes und Erfrischendes und Gertrudes Kleid war bezaubernd, ihre Augen leuchteten und ihre Wangen hatten einen Hauch von Farbe. Sie selbst redete zunächst wenig, drängte mich aber, ihr alles über Pendleton zu erzählen, was ich konnte.

Ich sagte ihr. Ich erzählte ihr von seinem Kommen, von seiner reuigen Miene, von seiner Rückkehr in die Büros der Versicherungsgesellschaft und von seinen gegenwärtigen Bemühungen, für seine Kinder wieder ein Zuhause zu schaffen. Die einzigen Unterdrückungen, die mir bewusst waren, waren Hinweise auf Alicia oder auf meine eigenen düsteren Gefühle gegenüber den Kindern. Ansonsten war ich, Gott weiß, offen genug, denn es fällt mir schwer, es nicht zu sein. Bis zum Schluss unterbrach mich Gertrude nicht. Erst als ich fertig war, machte sie eine klare, prägnante

Bemerkung mit einem schwachen Lächeln, das lediglich aus einem Heben der Oberlippe bestand.

„Das Einzige, was ich nicht verstehen kann, Ranny ", bemerkte sie, „ist deine unvernünftige Skepsis."

„Haben Sie das Gefühl, dass Sie einem solchen Mann bedingungslos vertrauen könnten?" Ich forderte.

„Ja", war die feste Antwort. „Wenn etwas klar ist, dann ist es, dass Jim Pendleton wirklich reumütig ist. Angenommen, die Geschichte mit dem verlorenen Gedächtnis ist nur Mondschein, wie Sie und Dibdin zu denken scheinen. Indem er auf diese Weise zurückkommt, zeigt der Mann nicht wirklich mehr Charakter als wenn es wahr wäre? Er zeigt wirklich, dass er, wenn er etwas falsch gemacht hat, die Ausdauer hat, es wieder gut zu machen – und das ist ein gutes Geschäft in dieser bösen Welt, Ranny .

„In diesem Licht hatte ich es nicht betrachtet", murmelte ich verstört.

„Ich weiß, dass du das nicht getan hast", lachte sie triumphierend. „Du konntest bei diesem Thema nicht ruhig bleiben. Du bist wirklich eine emotionale, aufgeregte Romantikerin, Ranny , und ich mache dir nicht die Vorwürfe, dass du Vorurteile hast. Aber jede leidenschaftslose Person, die die Fakten kennt, wird dir sagen, dass ich recht habe." "

„Es würde mir schwerfallen, bei diesem Thema leidenschaftslos zu bleiben", erwiderte ich hartnäckig.

„ Auf jeden Fall", war ihre bereitwillige Antwort. „Deshalb bin ich froh, dass ich dich gefangen genommen habe. Ein Freund musste dir sein eigenes Interesse zeigen."

"Meine Interesse?"

„ Ranny ", rief sie mit zielstrebiger , wenn auch nicht gefühlvoller Stimme – mit einer intensiven, vibrierenden Entschlossenheit, die wie ein schweres Gewicht auf meine Sinne prallte. „ Ranny – lass uns keine Kinder sein – dafür sind wir zu alt. Lass die Vergangenheit Vergangenheit sein. Ich werde mich vor dir demütigen. Ich – ich liebe dich, Ranny –" und ihre Lippen bebten wirklich – „Ich habe immer geliebt." Du – willst du mich heiraten, Ranny ?"

Ihr Gesicht wirkte seltsam, verwandelt durch die Kraft eines unwiderstehlichen, letzten Zwanges. Ich wand mich unter ihrem Blick wie einer auf einer Folterbank. Sie hing einen Moment lang da, ihre Augen glitzerten in meine, geradezu zitternd; Ich hatte Gertrude noch nie so ernst gesehen. Ich konnte es nicht ertragen. Es war unerträglich. Ich weiß, dass Gertrude nicht sie selbst war. Ich sprang vom Sofa auf, ihre Hand klammerte sich immer noch an meine.

„Ich kann nicht – ich kann nicht, Gertrude", flüsterte ich heiser. „Oh – ich – wünschte – aber es tut mir furchtbar leid – ich kann nicht!"

Gertrudes Nerven sind stark und ihre Kontrolle über sie ist stärker. Sie blickte mich einen Moment lang aufmerksam und forschend an, ließ dann meine Hand los und wandte sich ab.

„Da ist noch jemand anderes", murmelte sie ruhig vor sich hin; „Da ist jetzt noch jemand anderes."

„Ja", hauchte ich, „obwohl es nicht wird – es kann nicht –" und ich hielt inne.

„Das brauchst du mir nicht zu sagen ", drehte sie sich um und lächelte harsch. „Ich weiß – es ist dieses Mädchen – der Gossen- Sni –, aber das spielt keine Rolle. Jeder Mann ist ein Narr – und du wirst am wenigsten eine Ausnahme darstellen. Oh, das wusste ich immer – ich habe es gespürt – aber egal . Ich kann mich nicht mehr demütigen, oder ? – Ranny ", ihre Stimme wurde plötzlich leiser. „Eines muss ich um unserer alten Freundschaft willen bitten: Du wirst diese – Episode – vergessen, nicht wahr? Und ich werde es versuchen."

„Meine liebe Gertrude –" Ich streckte meine Hände in einer Geste der Hilflosigkeit aus. Wenn es irgendeine Demütigung gab, war ich es , die sie erlitt. Sie sah mich ruhig und steinern an. Die Farbe ihrer Wangen war genau die gleiche wie zuvor. Hatte sich Gertrude zum Rouge herabgelassen?

„Deine liebe Gertrude – ja; dann ist das in Ordnung. Noch etwas trinken, bevor du gehst? Nein? Sehr gut. Eines Tages wirst du dich daran erinnern , dass ich dir mein Bestes gegeben habe – mein Bestes für dich getan habe."

Es scheint der Natur der Frau innewohnend zu sein, so kosmisch ist die Weite ihrer Einstellung, oder auch so nah an der Erde, dass sie, wenn ihre Wünsche vereitelt werden, das Gefühl hat, dass die Gesetze des Universums vereitelt werden. Diesen Kommentar habe ich gegenüber Gertrude jedoch nicht abgegeben; Ich konnte nur eine flehende Bitte um Vergebung murmeln – was sie ignorierte. Ihre einzige Antwort war eine kurze, harte Kopfbewegung, eine Art Ruck, der zugleich Sinnlosigkeit, Verachtung und Ablehnung ausdrückte.

Als Benommener und Gelähmter muss ich es irgendwie geschafft haben, nach unten zu gelangen, in eine Straßenbahn oder ein anderes Transportmittel an der Fourth Avenue und in das Babel an der Grand Central Station. Aber daran kann ich mich überhaupt nicht erinnern. Es ist ein Leerzeichen. Ich muss wie ein Schlafwandler gelaufen sein. Ich kam erst wieder zu mir, als ich gegen Viertel nach neun in Crestlands den Zug verließ

, und das erste, was mir bewusst wurde, war der Schmerz, den ich verursacht haben musste.

Kapitel XVIII

Ich kann dies jetzt fast in Ruhe schreiben, weil seit diesem schrecklichen Abend so viel vergangen ist und Einzelheiten langsam aus dem Nebel dieser Verwirrung hervortreten.

Ich erinnere mich, wie ich vom Bahnhof aus unsere düster progressive Vorstadthauptstraße heimwärts marschierte und der holpernden, knirschenden, herumlungernden Straßenbahn über die kleine Brücke über einen Bach folgte, der trotz all der Lebewesen, die ich je gesehen habe, einen feuchten, fischigen Geruch ausströmt In seiner Nachbarschaft befanden sich Mücken und Wasserschlangen.

Über der rostigen Eisenbrüstung stand ich ein paar Minuten lang gelehnt, und der ursprüngliche Gedanke bewegte schwach mein benommenes Gehirn, dass das Leben nicht so sehr ein Traum war – wie der Spanier Calderon es sagen würde –, sondern vielmehr ein Bach. Man kann nicht wissen, was es nicht auf seinen Busen bringen wird.

„Das ist es", murmelte ich laut vor mich hin. „Das Leben ist ein Strom innerhalb eines Traums."

„Das ist ungefähr so groß", bemerkte schroff ein vorbeikommender Arbeiter hinter mir, sein Esseimer klapperte an seiner Seite und er brach in heiseres Gelächter aus.

Ich lachte auch und kam zu dem Schluss, dass ich am Ende meines perfekten Tages immer noch rührselig war.

Ich verließ die Brücke und die Autobahn, bog nach rechts ab und begann, die schlecht beleuchtete, kurvenreiche Straße hinaufzusteigen, die zweifellos früher ein holländischer Viehweg war und zu meinem abgelegenen Chalet auf dem Felsen führte.

Crestlands hatten dieser obskuren Straße den Namen Milwaukee Avenue gegeben , da sie auf all die Geographie, die Geschichte und das sichtbare und unsichtbare Universum zurückgreifen konnten . Die Milwaukee Avenue gab meinem alptraumhaften Zustand den letzten Schliff. Ein kränkliches Lachen entfuhr mir, als ich mich dem Aufstieg zuwandte.

Ein junger berittener Polizist, der wie ein Lancelot an diesem abgelegenen Shalott vorbeiritt, unterbrach seine Melodie lange genug, um mich fröhlich zu begrüßen, und ritt weiter, vor sich hin summend.

Der Septemberabend war mild, und ich nahm mir vage vor, an meinem Haus vorbeizugehen und ein wenig herumzuschlendern, bevor ich hineinging. Es war noch früh, um vom Abendessen in der Stadt zurückzukommen, und ich hatte keine große Angst, jemandem zu begegnen. Ein plötzliches Gefühl von etwas Unheimlichem und Ehrfurchtgebietendem überkam mich, als ich das tief im Schatten liegende Häuschen betrachtete. Es wirkte ungewohnt abgelegen und distanziert, und ich blickte es mit einem seltsamen Gefühl der Vorahnung an, das mir einen leichten Schauer über den Rücken jagte. Die Fensterläden des Chalets waren heruntergelassen, und nur die rechteckigen Lichtlinien schimmerten durch – Licht, dachte ich bitter, mit dem Pendleton Alicia zweifellos dazu verleiten wollte, mein Haus zu verlassen und ihm zu folgen.

Dieser Gedanke blieb wie ein Widerhaken in meinem Herzen stecken und meine Füße verwandelten sich plötzlich in Blei. Ich konnte nicht weitergehen und fühlte mich unwiderstehlich nach Hause gezogen.

Die düstere Angewohnheit meiner jüngsten Überlegungen drängte mich mit einer seltsamen und unerklärlichen Plausibilität, mein Arbeitszimmer durch das Fenster zu betreten, statt durch die verhältnismäßig öffentliche Tür. Das Fenster stand fast immer offen. Im Falle eines Sturms rannten Griselda oder Alicia durch das Haus und schlossen die Fenster, immer angefangen bei meinem Arbeitszimmer. Aber dieser Tag war klar gewesen.

Ich schlich auf Zehenspitzen durch den Garten zu der Seite, zu der mein Arbeitszimmerfenster führt. Von dort aus fällt das Land unter einer Baumkrone ab, bis es den Bach erreicht.

Im Arbeitszimmer brannte Licht, obwohl der Schirm heruntergelassen war und sanft gegen den rostigen Drahtschirm flatterte. Dieser Farbton passt übrigens nicht ganz. Es ist auf beiden Seiten einen halben Zoll kurz, so dass der aufmerksame Beobachter so viel sehen kann, wie er möchte, was in dem Raum vor sich geht, wenn er beleuchtet ist.

Automatisch, ohne Vorsatz, soweit ich mich erinnern kann, blickte ich wie ein umherstreifender Dieb in mein eigenes Zimmer. Das Bild, das ich sah, fesselte mich mit einer unwiderstehlichen magnetischen Kraft.

Alicia lag auf meiner Ledercouch und schien zu schlafen. Instinktiv wusste ich, dass sie beschlossen hatte, auf mich zu warten, und mit einem Buch in der Hand nickte sie wachsam. Es war noch früh, aber Alicias Tag begann früh und war immer voller Aktivität. Was für ein exquisites Bild sie machte, als sie dort in ihrem dünnen Kleid lag, mit einem Ausdruck kindlichen Vertrauens und Bewusstlosigkeit – Schönheit ausstrahlend.

Pendleton, der in diesem Moment die Tür des Arbeitszimmers betrat, möglicherweise um Alicia zu finden, blieb einige Augenblicke gebannt von dem Bild stehen, selbst als ich draußen stand. Mein einbrecherischer Eintrag war nun frustriert. Ich muss die Tür benutzen. Aber ich konnte mich nicht von der Stelle bewegen. Irgendwie konnte ich Pendleton nicht aus den Augen lassen.

Wie konnte er es wagen, sie so anzusehen!

Meine Nerven waren plötzlich angespannt und meine Muskeln zitterten. Seltsame, unbekannte Gedanken an grausame Taten, an plötzliche Gewalt, an Stöße und Schläge, an Blutgier brodelten und brodelten in mir wie ein grelles kochendes Pech. Die Hemmungen und Zwänge meines Lebens hielten mich jedoch fest wie in einem Schraubstock.

Ich wandte mich für einen Augenblick ab, als wollte ich angesichts der murmelnden Nacht eine Lösung finden.

Plötzlich, als ich noch einmal eifrig hinsah, sah ich, wie Pendletons großer Koloss sich über sie beugte, mit einem seltsamen und intensiven Blick, mit einer seltsamen Spekulation in seinen Augen, die mich erstarren ließ. Seine riesigen Hände schwebten krampfhaft und unwiderstehlich, als wollten sie ihre zarten, bewusstlosen Schultern umarmen. Bevor ich mich versah, küsste er sie auf die Wange und ich – ich – spürte seinen heißen, abscheulichen Atem, als wären Alicias und meines Gesicht eins!

Ich schrie vor Wut und Schmerz auf, aber aus meiner ausgedörrten, zugeschnürten Kehle drang nur ein heiseres, entferntes Geräusch wie von einem Nachtvogel.

Ich rüttelte heftig am Schieber, packte den Schirm und riss ihn heraus, wobei ich mir an dem billigen, verdrehten Schirmrahmen die Hände zerriss, obwohl ich mir dessen damals noch nicht bewusst war. Der dünne, undurchsichtige Farbton flatterte mir trotzig ins Gesicht. Und plötzlich hörte ich einen durchdringenden Schrei – die entsetzte Stimme von Alicia!

Wut machte mich wahnsinnig. Und aufgrund meines Zustands hatte ich ausgerechnet diesmal Schwierigkeiten, das Fenster zu betreten, aus dem ich normalerweise problemlos heraustrat. Ich stolperte, rutschte aus, fiel, stand wieder auf und sprang wie ein Wahnsinniger in den Raum.

Aber Griselda, zweifellos angezogen von Alicias Schrei, füllte bereits die Tür, wandte sich Pendleton zu und sagte mit einem Blick konzentrierten Hasses, der sich in meiner Erinnerung eingeprägt hat:

„Ihr Schuft! Ihr abscheulicher, schwarzherziger Schuft!"

Mit einem wilden Sprung zu meinem Tisch ergriff ich einen spitzen bronzenen Papierschneider. Ich hätte es ihm ins Herz stoßen sollen, wenn die alte Griselda nicht schnell eingegriffen hätte.

"NEIN!" „, schrie sie heiser und ergriff die Klinge, „wir brauchen hier keinen Mord mehr hinzuzufügen!"

Ich ließ den Papierschneider auf den Boden fallen und warf mich auf die lila Kehle des Biests Pendleton. Für einen Moment verließ der schuldbewusste

Hang-Dog-Blick seine Augen und mit einem Fluch streckte er seine offenen Hände gegen mein Gesicht, um mich abzuwerfen. Ich war geblendet von seinen riesigen heißen Handflächen an meinen Augen, aber ich klammerte mich krampfhaft an seinen Hals. Seine Hände schlossen sich krampfhaft um meinen Hals; Für einen Moment wurde es mir schwarz, aber ich klammerte mich fest und meine Finger fraßen sich noch heftiger in das hasserfüllte Fleisch seiner Kehle. Die aufgestaute Kraft jahrelanger Feindseligkeit lag in diesem Moment in meinen zerstörerischen Händen. Er gurgelte und keuchte und taumelte rückwärts.

In der Zwischenzeit erwachte Alicia aus ihrer Verwirrung und erkannte, dass sich die Szene mit blitzartiger Geschwindigkeit abspielte. Sie stieß einen leisen Schrei aus, setzte sich auf und stöhnte vor Angst. Diese Vision von Alicia erinnerte mich an mich selbst. Ich warf seinen Kopf von mir weg und taumelte selbst unter der Wucht meiner Anstrengung nach hinten. Ich atmete wie ein Ringer, während ich mit einer Hand auf den Tisch gestützt dastand. Ich konnte nicht sprechen.

Mein Wunsch war es, Alicia in meine Arme zu schließen, sie an mich zu drücken und über ihre Sicherheit zu frohlocken. Aber ich wagte es nicht, mich zu bewegen, aus Angst, ich könnte umkippen und fallen, vor lauter Wut, die mich zerriss.

„Los – Alicia!“ Schließlich schnappte ich nach Luft. „Nach oben. Verlass uns!“ Tote, banale Phrasen, während ich danach strebte, Zärtlichkeiten auszuschütten!

Mit einem Ausdruck wilder Angst von Pendleton zu mir, wie ein verängstigtes Reh, erhob sich Alicia, stand einen Moment lang unentschlossen da, dann warf sie plötzlich die Hände vors Gesicht und rannte mit einem mitleiderregenden, unterdrückten Schrei aus dem Zimmer.

Nachdem sich die Tür geschlossen hatte, standen wir alle drei, Griselda, Pendleton und ich, eine Weile schweigend da.

„Nun, Pendleton“, sagte ich schließlich, als ich mir meiner Stimme etwas sicherer war, „nichts, was du sagen kannst, wird im Geringsten von Bedeutung sein. Wir haben es gesehen. Die Frage ist, was hast du vor?“

Er blickte Griselda feindselig an. Sie deutete seinen Blick und blitzte trotzig mit in die Seite gestemmten Armen auf.

„Schau, du Bösewicht, gib genug davon. Ich werde den Meister nicht mit einem Mörder wie dir allein lassen! Nein, das werde ich nicht!“ Wie oft habe ich mir seitdem gewünscht, dass sie nicht so eifrig gewesen wäre.

„Reden Sie über Mord!“ Pendleton zeigte mit dem Anflug eines Grinsens auf das Papiermesser, das Griselda immer noch in der Hand hielt.

„Du brauchst meinetwegen keine Angst zu haben", sagte ich leise zu Griselda. „Ich habe keine Angst vor ihm."

„Ich werde nicht weggehen", erwiderte Griselda hartnäckig, ging vorwärts, schob Pendleton wie einen Mann beiseite und lehnte sie mit dem Rücken an die Tür.

„Sehr gut, Griselda", sagte ich. „Ich habe keine Geheimnisse vor Ihnen zu verbergen. Und dieser Mann hat verraten, was er niemals zu verbergen hofft. Pendleton, was wollen Sie tun?"

„Machen Sie –"' murmelte Pendleton mit einer düsteren Abstraktion im Blick, „ich würde Ihnen gerne sagen, was ich mit Leuten wie Ihnen machen möchte – aber es lohnt sich nicht . Das verdorbene Puppenleben begünstigt dich. Tu es! Wenn ich das Geld hätte, würde ich so weit weggehen, dass ich nicht einmal an Insekten wie dich denken könnte.

„Dann ist dir klar, dass du genauso wenig in der Lage bist, Lauras Kinder aufzunehmen, wie du in der Lage bist, unter anständigen Menschen zu leben?" Er schwieg einen Moment lang, während die Abstraktion in seinen Augen zur List überging und diese wiederum, als ob List nutzlos wäre, in Schwermut überging.

„Sie werden wie du", antwortete er schließlich mit der düsteren Spur eines höhnischen Grinsens. „Da ist der älteste Junge – ich wünschte – ich würde einen Mann aus ihm machen." Ein spöttisches Schnauben von Griselda wurde unterbrochen.

„Du meinst einen Kriminellen", warf ich wider Willen ein. „Nun, das können Sie nicht, Pendleton. Heben Sie einen Finger und so sicher Sie da sitzen, ich werde Sie strafrechtlich verfolgen – ob Kinder oder keine Kinder. Vergessen Sie nicht, dass ich Zeugen habe."

Er blickte mich mit offenem Mund an, halb trotzig, halb alarmiert auf seinem feuchten, fleischigen Gesicht.

„Das ist doch dein kleiner Plan, oder?" murmelte er sardonisch.

„Nur wenn du mich dazu fährst!"

„Erpressung, was?"

Ich habe ihn ausgelacht. „Was nützt es, melodramatisch zu sein, Pendleton? Du bist wohl kaum derjenige, der so redet."

„Wo ist das Geld, das Laura übrig hat?" Er schnappte mit widerspenstiger Schärfe, und ich verspürte einen Stich des Schmerzes, als ich ihren Namen auf seinen Lippen hörte. Dennoch antwortete ich ihm ruhig:

„Das ist intakt – ungefähr neunzehnhundert Dollar. Es gehört den Kindern , es sei denn, ich brauche es für ihre Ausbildung. Ich bin der Testamentsvollstrecker.“

„Gib mir tausend davon!“ „„ schrie er leidenschaftlich, doch mit einer zaghaften Unsicherheit in der Stimme, „und ich werde dorthin gehen, wo ich dein Gesicht nie wieder sehen werde!“

„Das ist eine Vollendung, Pendleton – aber davon kein Penny!“

"Testamentsvollstrecker!" wiederholte er mit bösartiger Bitterkeit – „mit euren kleinen Gesetzen und Schutzmaßnahmen. Gott! Wie ich euch alle hasse! Gott! Wieder dort zu sein, wo echte Männer sind – die sich bewegen – und lachen – und leben! Mollycoddles verkaufen – weiße Mäuse im Käfig! Verdammt!“ ! Ich wünschte bei Gott, ich hätte noch nie einen von euch getroffen!“

„Du weißt nicht, wie oft ich mir das gewünscht habe“, murmelte ich, aber er achtete nicht darauf.

„Herr! Ich möchte wieder dort sein, wo die Sonne scheint, wo ein Mann ein Risiko eingehen kann! Ich wünschte bei Gott, ich hätte diesen schimmeligen alten, faulen Dibdin nie getroffen ! Ich wollte mit einem Engländer in Osaka ins Kommissionsgeschäft einsteigen – oder ich „Ich hätte in eine der Minen von Kuhara in Korea gehen können – Kupfer – und ein Vermögen gemacht haben!“ – er sprach, als würde er vehement laut nachdenken – „aber dieser plausible Mistkerl, Dibdin , kam vorbei – schleppte mich weg – und ich hatte Sehnsucht danach die Lichter des Broadway. Broadway! Was habe ich davon gesehen? Willst du mich in einen Käfig stecken – in eine Wohnung! Verdammt, Mann! Gib mir tausend Dollar – und lass mich – ich werde es zurückzahlen!“

Ich habe über seine letzten Worte nicht gelacht. Seine Erwähnung von Dibdin erinnerte mich plötzlich an etwas, das wie ein Lichtblitz war. Ihn loszuwerden war mein größter Wunsch. Dibdin – Dibdins Scheck – *für die Kinder* ! Es lag vergilbt in meiner Handtasche. Wenn es jemals soweit wäre. Nach Pendletons Geständnis war ich mir sicher, dass ich den Kindern niemals mit tausend Dollar mehr nützen könnte!

"Ja!" Ich weinte explosionsartig. „Ich verstehe dich, Pendleton. Ich gebe dir tausend Dollar. Du gehörst nicht hierher – es war ein Fehler, dich dorthin zu bringen – geh dorthin, wo du hergekommen bist – dorthin, wo du zu Hause sein wirst.“ Erst im Nachhinein fiel mir ein, dass er von Erpressung gesprochen hatte.

„Du gibst es mir?“ rief er eifrig und streckte seine Hand aus.

"Ja, werde ich!"

"Jetzt?"

"Morgen früh." Sein Gesicht fiel.

„Irgendein Trick? Du wirst es wieder tun." Ich habe ihn ignoriert.

„Aber du kannst hier nicht schlafen", fuhr ich fort. „Ich werde dich in der Stadt treffen, wo immer du willst. Nein, ich werde dir sagen, was ich tun werde. Ich werde jetzt mit dir in die Stadt kommen, heute Abend. Morgen früh werden wir es regeln."

Ihn loszuwerden – ihn unter diesem Dach hervorzuholen – schien plötzlich ein großer, unbezahlbarer Segen zu sein.

„Gott! Ich könnte dich küssen!" schrie er in spöttischem Jubel.

„Geh und pack deine Sachen", sagte ich durch den Tumult in meinem Gehirn. „Ich rufe ein Taxi – oder besser noch, du rufst Hickson und Griselda an. Ich gehe und helfe ihm."

Pendleton nickte mit grimmiger Unverschämtheit und stolperte zur Tür hinaus.

„Eine bessere Nachtarbeit hast du noch nie in deinem Leben geleistet", blitzte Griselda mit einem anerkennenden Blick auf, der mich genauso erfreute wie jedes Lob, das ich jemals erhalten habe; und sie schlurfte zum Telefon.

Für einen Moment der Stille stand ich allein mitten in meinem Arbeitszimmer und pochte vor einem Durcheinander aus halbformierten Gedanken und rasenden Ideenblitzen, an denen sich mein Verstand nicht festhalten konnte. Aber diese einzige Tatsache trat schließlich aus dem Durcheinander hervor: Ich war es, der nun durch meine eigene Tat den Vater von Lauras Kindern ins Exil schickte. Aber darauf folgte die sichere Überzeugung, dass seit der Erfindung der Gerechtigkeit kein Richter eine genauere Entscheidung getroffen hatte. Und es kam mir damals so vor, als ob etwas Neues, Massives, Hartnäckiges und Hartes in meinem Schoß geboren würde, das mich festigte und abhärtete: Dass ich, egal ob Kummer oder Freude, ihrer Begegnung eine sicherere Fassade, eine größere Gewissheit bieten könnte bei der Begegnung mit ihnen. Ich fühlte mich endlich als aktiver, geformter und ausgeglichener Teil der Maschinerie des Lebens, und meine ganze Vergangenheit schien wie Spreu, die vom Wind der Umstände verweht worden war.

Alicia! Mein Herz schrie nach ihr! Aber ich konnte jetzt nicht zu ihr gehen. Ich muss mein Haus für sie putzen und als ich sie das nächste Mal sah, sollte es in einer klaren und gesunden Atmosphäre sein, die nicht mehr nach Pendleton stank. Ich ging in sein Zimmer und öffnete die Tür.

„Haben Sie genug Platz zum Packen?" Ich fragte ihn kalt.

„Ich könnte einen weiteren Koffer gebrauchen", murmelte er.

„Ich gebe dir meine", sagte ich zu ihm und holte meine Tasche aus einem Schrank im Flur. Ob Alicia einige oder alle unserer Worte gehört hatte, konnte ich nicht sagen. Die Kinder schliefen offenbar. Ich ging auf Zehenspitzen.

„Wo willst du hin?" knurrte Pendleton, ohne mich anzusehen.

„In ein Hotel", sagte ich knapp – „jedes Hotel, das du magst."

„Gehen Sie von mir aus ins Hotel de Gink", murmelte er und fuhr mit dem Packen fort.

„Willst du die Kinder sehen, bevor du gehst?"

Ich konnte es mir nicht verkneifen, ihn das zu fragen. Er hielt einen Moment inne und richtete sich schwer atmend auf. Dann schüttelte er den Kopf. "Nein, ich glaube nicht."

Das Blechtaxi rasselte an der Tür, und Griselda kam vergeblich, um es anzukündigen.

„Morgen früh wirst du irgendwann von mir hören", flüsterte ich ihr schnell zu, während Pendleton, unter seinen Taschen gebückt, vor mir weitertrottelte. „Kümmere dich um Alicia – und die anderen."

„Ja", murmelte sie, „habe keine Angst."

Es gab einen Zug und in der längsten halben Stunde aller Fahrten waren wir im Manhattan Hotel. Uns wurden Nebenzimmer mit einem Badezimmer dazwischen zugewiesen. Es war eine Art Rausch von der ganzen Angelegenheit ausgegangen, der mich mit einer blinden, namenlosen Kraft vorangetrieben hatte, wie man sie in einem Traum trägt. Als ich allein in den vier Wänden der unpersönlichen Kammer war, überkam mich plötzlich Mattigkeit, gefolgt von einer gewaltigen Welle der Tristesse. Wie düster und unheimlich war das Leben, voller trister und verborgener Tragödien. Handel mit Pendleton – Sklaverei bei Visconti – die Träume, die ich gehabt hatte! Und das war das Leben, das ich lebte. Angenommen, er sollte sich am Morgen weigern? Plötzlich öffnete sich meine Tür und Pendletons hutloser Kopf erschien.

„ Sicher, dass du morgen früh nicht wieder rausgehst?"

Und wieder schnappten meine Nerven wieder in ihre stahlartige Anspannung zurück.

„Nicht einmal der Weltuntergang."

„Willst du etwas trinken?"

„Nein", sagte ich zu ihm, „aber es gibt keinen Grund, warum du keins haben solltest."

„Ich denke, das werde ich", sagte er und näherte sich mit einem bösartigen Anflug von Triumph dem Telefon in meinem Zimmer.

"Die Bar!" verlangte er, und als die Verbindung hergestellt war , fügte er hinzu: „Zwei Rye Highs für 436." Dann drehte er sein Gesicht zu mir und grinste.

„Nun, Randolph", begann er ganz freundschaftlich, „warum mich länger hier behalten, als du helfen kannst?"

„Was meinst du?"

„Dies: Es ist erst etwa halb zehn – Viertel vor elf. Es gibt – es muss gegen Mitternacht einen Zug in den Westen geben. Warum die süße Abschiedsqual verlängern – warum mich nicht gehen lassen?"

„Jetzt? Du musst verrückt sein!" Ich explodierte nervös. „Wie kann ich das Geld für Sie bekommen? Außerdem gibt es noch etwas anderes – ich möchte, dass Sie etwas unterschreiben – etwas, das ein Anwalt aufsetzen muss – eine Art Papier –, damit Sie diese Angelegenheit nicht wiederholen können."

„Das ist es also – oder?" Er nickte mit seinem schweren Kopf auf und ab, als würde er laut denken. „Nun, vergessen Sie das. Ich werde nichts unterschreiben. Halten Sie mich für einen Idioten? Hier ist Ihre Chance. Geben Sie mir jetzt das Geld und lassen Sie mich gehen, oder der Deal ist gescheitert. Sehen Sie? wie du mich gehen lassen sollst. Aber ich wurde gestern nicht geboren. Ich werde in keiner verdammten Anwaltskanzlei Papiere unterschreiben. Nehmen Sie es oder lassen Sie es. Das ist es!"

Für mich war es etwas unsagbar Schreckliches, dort zu sitzen und mit diesem Mann zu streiten, dessen jedes Wort Kontamination atmete. Für einen Moment kam mir der Gedanke an Dibdin . Ich würde Dibdin in diesem Notfall anrufen . Dibdin war in letzter Zeit kaum in meiner Nähe gewesen. Abgesehen von einem gelegentlichen gemeinsamen Mittagessen oder einem sporadischen Telefongespräch hatte ich ihn kaum gesehen. Es war, als fürchtete er sich davor, dem Monster Pendleton zu begegnen, das er gewissermaßen selbst ins Leben gerufen hatte und nur darauf wartete, dass ich von ihm befreit werden würde. Aber irgendwie konnte ich Dibdin dann nicht anrufen . Das war *meine* Krise und mein Verstand empörte sich davor, irgendjemanden anderen hineinzuziehen. Seltsamerweise schienen nicht die Kinder die Barriere zu sein, sondern Alicia. Das Bild von Pendleton, der obszön über ihr schwebte, brannte vor meiner Vision und ich verwarf sofort den Gedanken, Dibdin aufzusuchen . Der Club – das war zu dieser Stunde meine einzige Chance, an Geld zu kommen.

„Was ist los mit deinem Verein?" Pendleton schnappte mich so plötzlich, dass ich erschrak. Konnte dieser fleischige Kerl meine Gedanken lesen?

„Genau das, woran ich gedacht habe", murmelte ich aufgeregt und schnappte mir den Hörer. „Gib mir 9100 Bryant."

„Verdammt – du bist ein Sport! Ich mag einen toten Wildvogel wie dich."

Als der Club antwortete, fragte ich, ob Mr. Fred Salmon zufällig da sei, und man teilte mir mit, dass der Portier dies vermute und dass er ihn anpiepen würde. Ich saß da und wartete mit dem Hörer am Ohr.

„Sag dir, was ich tun werde", sagte Pendleton unter dem Reiz der Erwartung. „Wenn du das für mich schaffst, damit ich heute Abend anfangen kann, werde ich, solange ich in der Stimmung bin , alles unterschreiben, was dir gefällt."

"Hallo!" Plötzlich hörte ich in Fred Salmons tiefer Stimme: „Lachs spricht."

„Fred", sagte ich ihm, „das ist Randolph Byrd."

„Hallo, Ranny !" unterbrach er überschwänglich. „Na ja, von allen Geistern –", aber ich überprüfte ihn.

„–Ich möchte sofort einen Scheck über tausend Dollar einlösen, Fred. Ich bin im Manhattan Hotel. Die Banken sind geschlossen. Kannst du das für mich tun: Frag im Büro nach, zieh deine Taschen raus und hol dir, was du kannst von einem der Kartenspieler dort und von irgendjemandem anderen, den du kennst. Folgst du mir?"

„Ich verstehe dich schon – alles klar –", sagte Freds Stimme und verhärtete sich zu einem geschäftsmäßigen Ton, da es um Geld ging. „Warte einen Moment, Ran. Ich werde sehen, was ich tun kann."

Freds heisere Stimme war für Pendleton ebenso deutlich hörbar wie für mich.

„Hol es dir", murmelte er. „Hol es dir. Ich würde ungern bis morgen warten."

Ich nickte. Ihn heute Abend loszuwerden wäre eine große Erleichterung. Und ich sehnte mich danach, nach Hause zurückzukehren.

„Ich schätze, wir können das schon in Ordnung bringen", ertönte Freds Stimme im Telefon. „Aber du solltest besser mit dem Scheck vorbeikommen. In der Clubkasse sind ungefähr sechshundert Dollar. Ich habe ein paar Hundert bei mir. Und den Rest können wir aufbringen."

Pendleton hörte ihn.

„Mach weiter", sagte er. „Ich werde in der Zwischenzeit mit dem Oberportier einen Platz für einen Liegeplatz vereinbaren."

"Was ist die große Idee?" war Freds Begrüßung, als ich den Club betrat.

„Privat", sagte ich ihm lakonisch. „Einen Mann zu den Antipoden schicken, weil er nicht in der Lage ist, in diesem Klima zu leben."

„Oh – kranker Mann?" Fred war mitfühlend.

„Sehr krank", sagte ich ihm. "Unheilbar,"

Eine Viertelstunde später war ich im Hotel und überreichte Pendleton das Geld.

„Was soll ich nun unterschreiben?" fragte er nachlässig.

„Nichts", antwortete ich. Denn plötzlich überwältigte mich die Sinnlosigkeit, Pendleton an irgendeine Bindung zu binden. Jede Ruhepause, selbst ein paar Wochen nach seiner Anwesenheit, schien ein Paradies zu sein. Das Paradies schien für tausend Dollar billig zu sein. Und wer kann das Paradies schützen? Außerdem, wenn ich meinen Mann überhaupt kennen würde, würde es einige Zeit dauern, bis er in eine Umgebung zurückkehren würde , die er so sehr verabscheute. Mit seiner Unterschrift war ich nicht sicherer als ohne – und nicht weniger.

„Das ist dann alles", sagte er und hatte den Anstand, seine Hand nicht auszustrecken. „Viel Glück", fügte er leise hinzu.

Ich gab keine Antwort und wandte mit einem wunderbaren Gefühl der Erleichterung mein Gesicht von ihm ab.

Kaum war der Gepäckträger mit seinen Sachen herausgeeilt und die Tür geschlossen, schaute ich auf meine eigene kleine Tasche, und der Gedanke, nach Hause zurückzukehren, war vorherrschend. Aber ich konnte mich nicht bewegen. Ich zitterte wie ein Blatt und ließ mich zitternd auf den nächsten Stuhl sinken, als würde die Vibration in meinen Nerven meinen Körper in Stücke schleudern . Nein, ich konnte in diesem Zustand nicht nach Hause gehen. Und mit zitternden Händen wie gelähmt zog ich meinen Mantel aus und warf mich auf das Bett. Doch bevor ich in den Schlaf verblüffter Erschöpfung einschlief, hämmerte eine einzelne, beharrliche Vorahnung dumpf durch mein Gehirn.

„Er wird zurückkommen – Pendleton wird zurückkommen!"

KAPITEL XIX

Jubel erfüllte mich, als ich spät am Morgen aufwachte.

Obwohl ich in meiner Kleidung geschlafen hatte und mich besonders zerzaust fühlte, zog ich mich mit der Freude eines Sportlers nach einem Sieg aus und stürzte mich in das kühle, belebende Bad.

Pendleton war weg! Ich kann mich nicht an die Gefühle Sindbads erinnern, als er sich des Alten Mannes vom Meer entledigt hatte. Aber seine Gefühle müssen meinen ähnlich gewesen sein. Mein Herz sang, ich sang selbst. Ich wurde freigelassen. Ich war frei. Darf ich in meinem intimen Tagebuch nicht sagen, dass ich mich als Mann fühlte?

Ich hatte in Ephesus gegen das Tier gekämpft, mein Puls hatte mir blasphemisch und jubelnd mitgeteilt, und beim Herrn, ich hatte gesiegt!

Die Kinder gehörten mir! Alicia gehörte mir! Ich wünschte, ich könnte sie mit dreifachem Messing an mich binden. Aber ich habe sie gebunden. Indem ich mich von Pendleton befreite, hatte ich sie mir sicher zu eigen gemacht. Angenommen, er würde eines Tages zurückkehren? Sie würden von mir großgezogen werden. Er wäre nur das Skelett der Familie. Was ist eine Familie ohne Skelett? Das war er jetzt. Er würde keine Rolle spielen. Es ist die menschliche Bestimmung, sich um das Kind zu drehen, um Kinder. Mit Ausnahme von Pendleton , dem Ausgestoßenen, und Gertrude, der – nun ja, Gertrude – erreichten alle ihre Vollständigkeit erst durch die Erziehung der nächsten Generation. Und als ich meinen Körper mit dem groben Handtuch abrieb, fühlte ich mich vollkommen!

Was Alicia betrifft – ach – wer war ich eigentlich, dass ich vom Leben *alles erwarten konnte* ? Auf jeden Fall gehörte sie jetzt mir, so wie die Kinder mir gehörten. Und das allererste, was ich tun würde – oh, juwelenbesetzte Inspiration – wäre, sie legal und offiziell zu adoptieren. Dieser Gedanke ließ plötzlich das Blut in meinen Ohren zu einer so köstlichen Melodie singen, dass ich absurderweise und lächerlicherweise wie ein Heide oder Satyr anfing, durch den Raum zu tanzen. *Meins meins meins* ! Ich tanzte in das Zimmer, in dem Pendleton nicht geschlafen hatte, und machte verrückte Gesten, als wollte ich seine Erinnerung aus dem grellen Fenster fegen. Ich hatte die Kinder gerettet und Alicia beschützt.

Ich hatte das Gefühl, den Mann gespielt zu haben. Und niemand soll sagen, dass er gelebt hat, bis er für die gekämpft hat, die er liebt. Unweigerlich blieben meine Gedanken bei Alicia. Wer ist dieses Kind? Was waren ihre Anfänge? Kam sie aus dem Meer und dem Chaos des Lebens, nur um in einem bitteren, ergreifenden Traum wie dem der letzten Nacht zu verschwinden? Ich wusste nur, dass sie jetzt mir gehörte und dass ich sie noch stärker an mich binden würde. Ich würde nicht zu viel verlangen; Ich wäre Ihnen in aller Demut dankbar. Sie war als göttliche Gabe in mein Leben gekommen und ich würde nicht allzu viele Fragen stellen. Es gibt keinen anderen Ursprung. Ich fühlte mich überaus zufrieden. Wenn sie nur bleiben würde und mich nie verlassen würde!

Und als ich vor dem Spiegel stand und mich rasierte, kam mir der Gedanke, dass das Leben eine belagerte Stadt ist, in der tödliche Pfeile über die Mauer fallen und der große Feind, der Tod, am Ende mit Sicherheit Einzug halten wird. Aber dank der Liebe, die in das menschliche Herz eingepflanzt ist, kann man inmitten des Tumults und des Geschreis auf den verwinkelten Wegen viele Stunden des Glücks ergattern.

Während meines hastigen Frühstücks erinnerte ich mich voller Schuldgefühle daran, dass ich noch nicht mit Griselda kommuniziert hatte. Aber da ich schon zu spät dran war , beschloss ich, sie vom Büro aus anzurufen.

Wie schnell Unfug in die Gedanken verzweifelter Männer eindringt, musste ich nur wenige Minuten später bitter feststellen.

Denn das erste Wort, das ich erhielt, als ich Visconti's betrat, war, dass Griselda mich wiederholt angerufen hatte und Griseldas Nachricht jede Faser meines Körpers erschütterte und betäubte.

Alicia war verschwunden!

Pendleton! Das war der Gedanke, der mein Gehirn verbrannte.

„Sie – glauben nicht", stammelte ich gebrochen zu Griselda, „dass sie – dieser Pendleton –"

„Darüber habe ich nachgedacht", war ihre Antwort. „Aber – nein! Das kann nicht möglich sein. Sie hat ihn gehasst – nein! Sie muss gegangen sein, bevor du das Haus verlassen hast. Ich schaute kurz darauf in ihr Zimmer und sah, dass sie nicht da war. Ich dachte, das Mädchen hätte sich irgendwo versteckt – oder vielleicht hatte sie es auch Ich renne in den Garten, bis das Unheil vorbei ist. Ich schaute überall hin und rief sie in den Garten. Aber sie war nirgendwo zu finden.

„Hat sie irgendwelche Sachen mitgenommen?" fragte ich heiser.

„Ein kleines Bündel", sagte Griselda, „Nachtsachen und dergleichen."

Die schaudernde Bestürzung dieses Augenblicks werde ich nie vergessen.

„Hat sie im Laufe des Abends überhaupt mit – mit ihm gesprochen?" Die Worte kämpften trotz meines Willens aus meiner ausgetrockneten Kehle, und ich hätte es hassen sollen, meine eigenen Augen zu sehen.

„Ja", sagte Griselda, „das hat er getan, der Aussätzige! Den ganzen Abend über überredete er sie, mit den Kindern zu ihm zu kommen , wenn er sein Haus einrichtete. Danach weinte sie zu mir in der Küche. Es war so Frag dich, ob du wolltest, dass sie geht, dass sie im Arbeitszimmer auf dich gewartet hat – und eingeschlafen ist, das arme Mädchen !"

„Und was hast du zu ihr gesagt?" Ich habe fast ins Mundstück geflüstert.

„Ich habe dem Mädchen gesagt, es soll nicht grüßen", rief Griselda. „Ich habe ihr gesagt, dass ich nicht glauben kann, dass es passieren würde. Er würde die Jungen niemals nehmen .

„Sehr gut, Griselda", murmelte ich steinig. „Ich muss nachdenken. Ich rufe dich etwas später an. Beunruhige die anderen nicht."

Sie hasste ihn, hatte Griselda gesagt! Es gab einen dürftigen Strahl Trost. Aber ich tat, was ich wollte, mein fassungsloser Geist flatterte weiterhin schwer wie eine halb verbrannte Motte um die hässliche, unheimliche Vision von Pendleton herum. Könnte er hinter Alicias Verschwinden stecken? Wie hatte er den Trick erfunden? Wenn ich nur mit ihm zum Bahnhof gegangen wäre! War das der Grund dafür, dass er es nicht mehr eilig hatte? NEIN! Es war unmöglich. Sollte ich sofort mit der Verfolgung beginnen? Nein nein Nein! Ich konnte es gar nicht glauben. Es konnte nicht sein – nicht aus freien Stücken! Doch die Möglichkeit zerriss mein Herz. Als ich meinen Kopf von meiner Brust hob, schnappte ich vor trostloser Leere nach Luft.

Dibdin anzurufen, unterdrückt , aber jetzt hatte ich das Gefühl, dass ich ihn finden musste. Ich brauchte den Trost und den Rat eines Freundes. Ich stand schwerfällig auf und setzte meinen Hut auf. Visconti war noch nicht eingetroffen.

„Sagen Sie Herrn Visconti", sagte ich zu Varesi , meinem jungen Zweitstudenten, „dass ich wegen einer ernsten Privatangelegenheit plötzlich abberufen wurde. Ich werde ihn später anrufen."

„Ja, Mr. Byrd", antwortete Varesi und seine glänzenden italienischen Augen strahlten Mitgefühl aus. Nach allem, was er gehört hatte, glaubte er zweifellos, dass irgendein Schurke mit meiner jüngeren Schwester durchgebrannt sei — was für einen richtig begabten Mann höchstwahrscheinlich eine tödliche Angelegenheit gewesen wäre. Hätte er die Wahrheit gekannt, wäre sein lateinamerikanisches Gehirn über meine scheinbar angelsächsische Gelassenheit schockiert gewesen. Draußen stieß ich einen tiefen Seufzer aus und bestieg einen Hochzug in Richtung Norden in Richtung der Achtzigerjahre, wo Dibdin seine Unterkunft hat, in der Nähe des Naturkundemuseums.

Ich fand Dibdin nicht in seiner Unterkunft, sondern im Museum, wo er die Neuordnung der polynesischen Abteilung im Lichte seiner Ergänzungen leitete.

Er warf mir einen intensiven Blick zu, ohne etwas zu sagen, gab den Männern bei der Arbeit hastig einige Anweisungen und führte mich zu einer Nische, in der eine Bank stand.

„Jetzt mal hören –", sagte er. „Was hat er gemacht?" Er kam sofort zu dem Schluss, dass Pendleton der Grund für meine wilde Erscheinung war.

Kurz, aber ohne wesentliche Einzelheiten auszulassen, berichtete ich ihm über alles, was am Abend zuvor geschehen war, einschließlich Griseldas Ankündigung vom Morgen.

„Und Sie glauben, er hat sie dazu verleitet, mit ihm auszugehen?" er forderte an.

"Naja, was denkst du?" Ich habe nachgefragt.

„Ich denke nein", sagte Dibdin . „Was sagt Griselda?"

„Sie sagt, Alicia habe ihn gehasst."

„Dann glauben Sie ihr beim Wort!" schnappte Dibdin . „Aber warum zum Teufel hast du mich letzte Nacht nicht vom Manhattan aus angerufen?" er drehte sich wütend zu mir um.

„Warum habe ich es nicht getan?" Ich murmelte. „Vielleicht liegt es daran, dass Sie genug getan haben – vielleicht liegt es daran, dass ein Mann einige Dinge ohne Hilfe tun möchte."

Dibdin warf mir einen scharfen Blick zu und pfiff leise.

„Oh, das ist es", murmelte er, „ich verstehe", und er schaute weg.

Dibdin in diesem Moment mein Geheimnis gelesen hat. Denn sein Gesichtsausdruck veränderte sich schnell. Er wurde plötzlich warmer und freundlicher, mehr als er sonst war.

„Das hast du gut gemacht, Randolph", rief er und klopfte mir auf die Schulter. „Eine hervorragende Arbeit. Ich bewundere auf jeden Fall Ihre Technik. Was Alicia betrifft – sie ist nicht mit ihm gegangen – da bin ich mir sicher!" Ich hätte aus Dankbarkeit für diese Worte vor ihm kriechen können.

„Aber wo, glauben Sie, ist sie?" Ich konnte nicht umhin, eifrig zu fragen. In seinen Augen lag ein Schimmer von Belustigung, gemischt mit Mitgefühl.

„Nicht sehr weit, denke ich. Wir werden sie finden. Hab keine Angst. Junge Mädchen sind komische Dinge. Der Aufopferungstrieb und der Unabhängigkeitsinstinkt kämpfen bei einer Frau wie den Zwillingen in

Rebekahs Mutter immer. Wenn sie es sind Wenn sie jung sind, trifft es sie sehr hart. Eine solche Vorstellung muss Alicia überschwemmt haben – Opfer bringen – ihren Lebensunterhalt selbst verdienen – keine Quelle von Ärger mehr sein – wer weiß? Sie denken nicht, wenn sie jung sind – oder sogar, wenn sie „Sie sind alt. Sie fühlen. Wir werden sie finden – aber wir müssen nachdenken. Reiß dich zusammen, alter Mann."

„Woher", fragte ich verblüfft, „wissen Sie das alles über Frauen?" Und mein Herz fühlte sich bei seinen Worten spürbar erleichtert.

„Oh, ich habe sie mein ganzes Leben lang studiert", lachte er. „Da ich noch nie einen hatte, habe ich den ganzen Sex auf der ganzen Welt beobachtet und darüber nachgedacht. Wir werden sie finden. Haben Sie mit der Polizei kommuniziert?"

Beim Wort „Polizei" wurde mein Herz wieder bleiern.

„Die-P-Polizei!" Ich stammelte entsetzt. „Die Werbung hervorrufen, die das bedeutet? – Schrecklich!" Ein Schauer lief mir über den Rücken.

„Schon wieder richtig!" rief Dibdin und stieß mich an. „Junger Mann, Sie haben Verständnis dafür! Ziemlich nutzlos – die Polizei. Aber Sie haben trotzdem – einen Verdacht gegenüber Pendleton, nicht wahr?" Ich wünschte, selbst die besten Männer wären nicht so bereit, sich selbst als Amateurdetektive vorzustellen. Der innerste Kern meines Herzens, Alicia, war verschwunden, und ich wollte schnelle konkrete Hilfe, keine spekulativen Fragen.

Ich gab zu, dass ich Pendleton gegenüber immer noch misstrauisch war.

„Dann ist es das, was wir tun", Dibdin rieb sich die Stirn, als hätte er ein Problem im Schach. „Wir suchen hier eine Privatdetektei auf und informieren sie über die Fakten. Sie sollen Pendleton unterwegs abholen – er hat Chicago ja noch nicht erreicht – und nachsehen, ob er alleine reist. Wenn ja, lassen Sie ihn weiterfahren." auf seine Art. Wenn nicht – dann eine Beschreibung des Mädchens – Sie verstehen –"

Eine wütende Wut erfasste mich plötzlich, als ich das allzu lebhafte Bild sah, das Dibdin heraufbeschworen hatte und das ich nun zu glauben versuchte.

„Nein, nein!" Ich weinte. „Ich gehe selbst. Ich wage es nicht – ich kann niemand anderem vertrauen, dass er das tut. Du weißt es nicht – du kannst es nicht verstehen –"

„Ich weiß es verdammt gut", knurrte Dibdin und starrte mich fragend an. „Aber ich versuche, Sie zur Vernunft zu bringen – zugegebenermaßen schwierig für jemanden in Ihrem Zustand. Allerdings muss ich es noch einmal versuchen", fuhr er mit der Geduld der Resignation fort.

„Sie sind nur ein Mann – verstehen Sie? Eine Detektivagentur ist eine Organisation aus vielen Männern an verschiedenen Orten, die sich gleichzeitig auf die gleiche Aufgabe konzentrieren können. In diesem Moment würden sie wissen, in welchem Zug er und jemand reisen könnte." oder mehrere könnten bereits auf seine Ankunft warten. Angenommen, sie vermissen ihn. Es gibt viele Hotels in Chicago – es fahren viele Züge an die Küste – verstehen Sie nicht?"

„Ja", hauchte ich gebrochen. „Dann ist es nutzlos."

„Bei weitem nicht", lachte er. "Komm mit mir."

Weniger als eine Stunde später waren wir bei der Mahoney Detective Agency und ein höflicher junger Ire hörte ohne Emotionen oder Begeisterung meiner Geschichte zu, ergänzt durch Dibdins Einwürfe. Es schien ihm egal zu sein, was mich am meisten beschäftigte, aber er interessierte sich für persönliche Details über Pendletons Aussehen, Größe, Körperbau, Kleidung, die Aufschrift auf seinem Gepäck und so weiter.

Als es darum ging, eine detaillierte Beschreibung von Alicia zu geben, war meine Verwirrung so erbärmlich, dass sogar der junge Detektiv mich nur einmal ansah und dann, wie der Gentleman, der er war, eifrig auf das Papier vor ihm herabblickte.

„Sechzehn – in ihrem siebzehnten Jahr!" murmelte er erstaunt.

„Aber sie ist ein ungewöhnliches Mädchen – gut gewachsen für ihr Alter", holte ich ihn ein.

„Ich verstehe", murmelte er ernst. „Welche Farbe hat ihr Haar?"

Ich fuhr mit der Beschreibung fort, so gut ich konnte.

„Ich könnte dir Geld sparen", lächelte er milde, „indem ich dir sagte, dass das Mädchen nicht bei ihm ist –" und ich hätte ihm die Hand drücken können wie die eines Bruders. „Aber", fügte er hinzu, „es wird nicht viel kosten, ihn abzuholen. Diesmal werde ich morgen Neuigkeiten für Sie haben, denke ich."

Dibdin in seinem Club zum Mittagessen saß , obwohl in Wahrheit nichts weiter von meinen Gelüsten entfernt war als Essen, brach er plötzlich in herzhaftes Gelächter aus.

„ Also sind es meine tausend, die du Pendleton gegeben hast?" er gluckste. „Das war pure Inspiration, Randolph – pures, unverfälschtes Genie! Wenn du gerade nicht so düster wärst, könnte ich dir einen ironischen Sinn für Humor vorwerfen, zu dem nur ein großer Mann fähig wäre!"

Wie schrecklich die nächsten vierundzwanzig Stunden waren, trotz Dibdins Kameradschaft und seinen Bemühungen, mich aufzuheitern, wird niemand jemals erfahren. Keine Beerdigung hätte mein Zuhause derart verdunkeln können. Ich fürchtete mich davor, von den Kindern gesehen zu werden, die wie Gespenster im Gefühl der Tragödie umherliefen. Ich fürchtete mich davor, ihnen Lügen zu erzählen, und doch konnte ich ihnen nicht die Wahrheit sagen. Schließlich hatte ich das Gefühl, dass ich Laura und Randolph etwas sagen musste.

Den Weggang ihres Vaters nahmen sie ohne die geringste Überraschung entgegen. Randolph erkundigte sich, wohin er gegangen sei, aber ich antwortete, ich könne es ihm nicht sagen, außer dass er nach Westen gegangen sei. Aber die Abwesenheit von Alicia hinterließ bei ihnen Verwirrung, Anspannung und Ehrfurcht. Alicias Verschwinden erschütterte sie fast so, wie es mich erschüttert hatte.

"Wann wird sie zurück sein?" forderte Randolph.

„Ich weiß es nicht genau", antwortete ich kläglich, „bald, hoffe ich."

Am nächsten Morgen gab ich den Gedanken auf, ins Büro zu gehen. Wenn mich mein mysteriöses Schulschwänzen meinen Job kosten sollte, dann muss es so sein. Ich schwebte in der Nähe des Telefons. Wieder und wieder wollte ich Mahoney's anrufen, aber ich verzichtete darauf . Schließlich, gegen Mittag, konnte ich nicht länger warten. Als die Verbindung hergestellt war, nannte ich meinen Namen und fragte nach dem jungen Mann, der sich um meinen Fall kümmerte.

„Ich wollte dich gerade anrufen", war die langweilige, entschuldigende Antwort. „Ihr Mann ist im La Salle Hotel und geht heute Abend auf die Santa Fe. Er ist allein und ist letzte Nacht allein angekommen. Wir werden sehen, ob er heute Abend alleine anfängt."

Dann verfluchte ich mich natürlich für meine Torheit, dass es anders sein könnte, und erkannte, dass ich in Wirklichkeit nichts dergleichen gedacht hatte.

Aber wo war Alicia inzwischen?

Ich hatte geglaubt, ich sei inzwischen auf Notfälle vorbereitet, aber hier war ein Notfall, der mich benommen und hilflos zurückließ. Ich hatte liebevoll geglaubt, dass ich dem Leben gewachsen wäre, aber das Leben zerquetschte mich mit Schmerz wie eine blinde Macht.

Ich sprang plötzlich auf und wanderte durch Haus und Garten wie ein Hund, der verzweifelt nach einem verstorbenen geliebten Menschen sucht. Da war der Bach – aber ich wandte mich zitternd ab. Nein – das war unmöglich! Das Lebensgefühl in Alicia, ihre Vitalität, war zu stark, zu strahlend, um ausgelöscht zu werden. Ich schaute vom Ufer des schlammigen Baches zu meinem kleinen Nest hinauf, zu diesem zerbrechlichen Horst auf dem Felsen, den ich so eingebettet und sicher gefühlt hatte; Durch die dazwischen liegenden Baumstämme versperrt, wirkte es jetzt wie ein Gefängnis. Eine schwache Brise, die die Blätter bewegte, ließ sie mit geheimen Dingen murmeln, nach deren Interpretation mein Herz schrie. War es eine Litanei, ein Klagelied oder ein Flüstern der Hoffnung? Ich konnte das Rätsel nicht lösen, aber mein verletzter Geist klammerte sich leidenschaftlich an die Hoffnung.

Dibdin tat so, als würde er meine Launen nicht bemerken; Als ich zurückkam, fand ich ihn in Epictetus versunken.

„Das ist ziemlich gut", knurrte er, zeigte auf eine Passage und paffte an seiner Pfeife, während er sprach:

„Haben Sie keine Erleichterungen erhalten, mit denen Sie jede Veranstaltung unterstützen können? Haben Sie keine männliche Seele erhalten? Haben Sie keine Geduld erhalten?"

„Ja", murmelte ich niedergeschlagen, „alles sehr gut, aber Epictetus hat Alicia nie verloren."

Dibdin lachte kurz. „Jetzt", sagte er, „müssen wir uns auf die Suche nach ihr machen. Obwohl ich das Gefühl habe, dass sie sehr bald von selbst zurückkommen wird. Das Mädchen hatte Angst – nicht mehr."

Ich ignorierte den letzten Teil seiner Rede, sprang aber beim ersten auf.

„Wie würden Sie anfangen?" Ich fragte scharf.

„Wie lautet der hochtrabende Name der Institution, in der sie aufgewachsen ist?"

„Oh, sag es ihnen nicht, um Himmels willen", schrie ich alarmiert. „Wenn sie nicht da ist und sie erfahren, dass ich sie verloren habe, werden sie meiner Adoption nie zustimmen; sie werden mich für unverantwortlich halten."

„Machen wir uns nicht dumm", entgegnete Dibdin . „Das sind diese Leute nicht. Wissen Sie, wie viele Jungen, Mädchen, Männer und Frauen jedes Jahr „vorsätzlich vermisst" werden?" Nein, ich wusste es nicht.

„Aber, bei George!" Plötzlich schlug er sich in einem Anflug von Inspiration an die Stirn – „Sergeant Cullum! Schon mal was von Sergeant Cullum gehört?. " Ich schüttelte den Kopf. „Er ist ein Polizist, den ich kenne, der ein Genie darin hat, vermisste Personen zu finden. Er hat definitiv einen sechsten Sinn. Er ist ein Wunderkind – ist überall herumgereist – ein menschlicher Bluthund – er ist der Mann, zu dem man gehen muss!"

„Aber – die Polizei!" Ich stammelte.

„Ja, ich weiß – aber wir werden sehen, ob wir ihn dazu bringen können, dies als Privatfall zu behandeln – außerhalb der Geschäftszeiten – ich werde ihn finden!"

Der Hoffnungsschimmer in meinen Augen muss Dibdin besser gesagt haben als alle Worte, die ich hätte ausdrücken können, was ich in diesem Moment empfand.

„Aber zuerst nennen wir diese Institution", wies er an. „Du rufst mich wegen der Nummer an und ich sage dir, was du sagen sollst."

„Das brauchst du nicht", entschied ich nach kurzem Nachdenken. „Ich weiß. Ich werde mich einfach nach den Vorschriften für Adoptionen erkundigen. Ich kann es so formulieren, dass sie es mir sagen werden, wenn Alicia da ist."

„Ah, jetzt funktioniert Ihr Gehirn wieder", schloss er. „Da das so ist, werde ich Sie verlassen und im Vermisstenbüro nach Cullum suchen."

Dann erinnerte ich mich, dass ich den Satz in Zeitungen kennengelernt hatte. Die Tatsache, dass es so viele Vermisste gab, dass ein Büro der Stadtpolizei sich um sie kümmern musste, erheiterte mich mehr als jede andere Einzeltatsache. Es war tröstlich zu spüren, dass ich mich selbst in meinem besonderen Elend einer großen Menge angeschlossen hatte, die unter dem Verlust geliebter Menschen litt, während ich in Mühsal, Arbeit und Armut mit der großen Mehrheit verschmolzen war.

Als Dibdin mich verließ, erfuhr ich, dass ich Alicia ohne große Hindernisse adoptieren könnte, wenn sie dazu bereit wäre, aber ich wusste nichts über ihren Aufenthaltsort. Das Heim erkundigte sich in der Person der Matrone, wie „ihr es ginge". Sie war offensichtlich nicht da, und ich empfand ein schlechtes Gewissen, als hätte ich die Welt ihres wertvollsten Besitzes beraubt und sie dann verloren.

Allein und beraubt saß ich da und versank in meiner Erniedrigung bis auf eine Stecknadelspitze. Ich begann zu glauben, dass ich im Leben geschult war, so etwas wie ein Mann unter Männern. Aber meine eigene Ineffektivität wurde mir nun auf klägliche Weise offenbart. Ich hatte bewiesen, dass ich nicht einmal in der Lage war, das zu beschützen, was mir auf der Welt am liebsten war. Ich befand mich am Boden eines Abgrunds, aus dem ich jetzt nicht mehr herausklettern konnte. Die steilen Granitwände waren überwältigend steil und abweisend. Zum ersten Mal seit vielen Jahren glaube ich, dass ich im Geiste gebetet habe. Ich habe auf Dibdin gewartet.

Und dann plötzlich, wie es bei mir so ist, wenn ich unten bin, sprang mein Geist nach oben. Alicia würde zu mir zurückkommen, fühlte ich mich plötzlich sicher. In diesem Moment war ich mir sicher, dass sie an mich dachte, dass sie sich danach sehnte, zurückzukehren. Und bevor ich mich versah, plante ich großartige Pläne für ihre Ausbildung, um aus ihr eine großartige Frau zu machen, obwohl sie bereits perfekt schien, und um das Werk der Natur mit der ganzen Kraft zu ergänzen, die in mir war. Ich sah sie strahlend, ein strahlendes Geschöpf, die Frau meiner Träume! Was für ein florider Designer ist die Hoffnung!

Aber warum sollte sie mir so plötzlich genommen werden? Das große Mysterium des Lebens umgab mich wieder wie eine Hülle, undurchdringlich – ein Panzer, durch den die Natur die Öffnungen schaffen musste – und sie hatte sie offensichtlich nicht geschaffen. Würde Dibdin nie mit seinem Polizisten kommen?

Bücher, die so lange meine Hauptstütze und Lebensgrundlage waren, waren für mich nun nutzlos. Ich habe viele Bände untätig durchgeblättert, aber mein Verstand reagierte nicht mehr auf diese alte und magische Alchemie. Der Epiktet-Band, den Dibdin berührt hatte, hätte ein Samenkatalog sein können, so entlegen und so wertlos schien er. Ich war jetzt ein Geist zwischen meinen Büchern: Ich war in „The Woods of Westermain " versunken und meine Erinnerung warf mir die Zeilen zu:

Betreten Sie diese verzauberten Wälder,

Du, der es wagt.

Unter den Blättern schadet nichts

Mehr als Wellen spaltet ein Schwimmer.

Wirf dein Herz mit der Lerche hoch,

Fuß im Frieden mit Maus und Wurm,

Es geht dir gut.

Nur aus Angst vor der Dunkelheit

Zittern, und sie verlassen ihre Form;

Tausend Augäpfel unter Hauben

Hab dich an den Haaren.

Betreten Sie diese verzauberten Wälder,

Du, der es wagt.

Es war klar. Ich muss mein Herz in die Luft werfen, um gerecht zu werden, auch wenn mein Schmerz groß war.

Am späten Nachmittag; Dibdin kam zurück und brachte Sergeant Cullum mit.

Dieser ausgezeichnete Polizist gab mir mehr Hoffnung, als irgendjemand, außer meinem eigenen Herzen, je geschafft hatte. Er bestand darauf, in alle Umstände eingeweiht zu werden, denen er zuhörte, sein breites, rasiertes Gesicht zur Decke gerichtet, mit der verzückten Miene eines Mystikers, in der Erwartung, für einen Moment den Blitz der Inspiration zu erfahren, der alles enthüllen würde. Dann bat er darum, allein durch das Haus wandern zu dürfen, wobei er wie ein gut erzogener Jagdhund zeigte und schnüffelte. Am Ende zeigte er sich zufrieden.

„Jetzt gib mir ein wenig Zeit", sagte er.

„Aber was bedeutet – wie gehst du zur Arbeit?" fragte ich und ärgerte mich darüber, dass er Möglichkeiten in Bezug auf Alicia erkennen sollte, die ich übersehen hatte.

„Ich schwöre, Mr. Byrd, ich weiß es nicht", antwortete er ehrfürchtig. „Ich warte auf Führung."

"Orientierungshilfe?" Ich geriet ins Stocken.

„Ja – von oben."

„Du bist nur darauf angewiesen?"

„ Nur! – Ja und nein. Ich bete, Mr. Byrd – ich bete."

„Sie haben keine anderen Mittel?" fragte ich mit sinkendem Herzen.

„Welche anderen Mittel gibt es", forderte er mit leuchtenden Augen, „die der Herr nicht bereitstellen kann? Welcher Detektiv auf der Welt kann dem Herrn ebenbürtig sein – sagen Sie mir das, Mr. Byrd."

Ich sah, dass ich in der Gegenwart eines Fanatikers war, und stand beschämt da.

„Der beste Mann in der Abteilung", fügte Dibdin ermutigend hinzu. „Sergeant Cullum *ist* das Büro für vermisste Personen."

„Gib mir ein wenig Zeit", drängte er erneut mit der inbrünstigen Intensität eines Gebets – Zeit! Und es war Alicia, die fehlte!

Ich schüttelte ihm die Hand, gab ihm Zeit und verabschiedete mich von ihm in der Hoffnung, nicht auf seine ekstatischen Visionen warten zu müssen, um sie wiederherzustellen.

„Er wird sie finden!" rief Dibdin beruhigend aus. „Fürchten Sie sich nicht. Wenn ich eines gelernt habe, dann ist es, die Methoden der Menschen zu akzeptieren, solange sie Ergebnisse bringen. Lassen Sie sie die Wünschelrute benutzen, wenn sie wollen, oder Beschwörungen mit Bilsenkraut und Nieswurz, oder Trancen und Visionen oder Gebete. Unsere fast menschliche Rasse besteht aus einigen sehr seltsamen Fischen", fügte er lachend hinzu und sah mich fragend an, als wäre ich der seltsamste Fisch von allen.

„Aber ein begeisterter Polizist" – murmelte ich –

„Ja – seltsam – ich weiß", sagte Dibdin , „aber es ist mir egal. Und jetzt, alter Junge, muss ich zurück ins Museum rennen und einen Blick auf die Arbeit werfen. Kopf hoch."

Ich war allein in meinem Arbeitszimmer, nachdem ich so getan hatte, als würde ich mit den Kindern zu Abend essen, als Jimmie hereinplatzte und sich auf mich stürzte.

„Ich möchte wissen, wo Alicia ist", verlangte er mit zitternden Lippen und brach in erbärmliches, bitteres Weinen aus. Seine kindlichen Tränen fielen wie kochendes Blei auf meine Hände und ich drückte die zitternde kleine Gestalt in einer schmerzvollen Umarmung an mich.

„Willst du nicht, dass Laura dich ins Bett bringt?" Ich murmelte mit meinen Lippen an seinem Ohr.

„Ich will Laura nicht", schluchzte er erstickt; „Ich möchte, dass Alicia mich badet und ins Bett bringt. Wo ist sie? Warum kommt sie nicht?"

Es war ein Schrei, der mir das Herz zerriss, als er dort widerhallte und widerhallte. Ich umarmte ihn fester.

„Ich werde dich baden, Jimmikins ", versuchte ich ihn zu beruhigen, „und wir werden Schiffe zu Wasser lassen."

„' Licia – erzählt mir – Geschichten!" Er schluchzte wie jemand, der von einer Tragödie zerbrochen war, und ich erkläre, dass ich nahe daran war, mich seiner Trauer anzuschließen.

„Ich werde dir eine Geschichte erzählen – Jimmie", ich schluckte dumm, „und bis Alicia zurückkommt, musst du der feine kleine Mann sein, der du bist – und lass mich."

„Wann kommt sie zurück?"

„Ich bin nicht sicher, Jimmie – möglicherweise morgen." Es war meine pochende Hoffnung. Denn dass wir noch länger ohne sie weitermachen könnten, war für mich einfach unvorstellbar.

Allmählich ließ sein Anfall nach. Er wurde ruhig in meinen Armen und seufzte tief, während wir uns schweigend aneinander schmiegten. Es ist ein Glück, dass die Trauer von Kindern wie ein Sommerregen ist. Denn so intensiv ist es, solange es anhält, dass jede ernsthafte Fortsetzung der Qual ihre kleinen Körper in Stücke zerreißen würde.

„Alles klar, Onkel Ranny ", murmelte er schließlich. „Willst du reinkommen und mir mein Bad geben? Ich werde es einlassen – ich weiß wie, zuerst heiß und dann kalt lange Geschichte, während ich sie segle. Und er rannte in einem kleinen Energiewirbel aus dem Raum.

Ich saß ein paar Minuten lang gebeugt und schweigend da und machte mich dann schwerfällig auf den Weg ins Badezimmer.

„Ist die Temperatur ? „Ja, stimmt's ?", fragte Jimmie mit einem Ausdruck von Verantwortungsbewusstsein. Seine aufrechte, nackte kleine Gestalt stand mit einem Schiff unter jedem Arm da, wie ein Symbol dafür, dass der Mensch auf diesem sturmgepeitschten Planeten seine kleinen Argosies wagt. Ich legte meine Hand mit Bedacht hinein Das Wasser. Wie wichtig ist die Temperatur eines Kinderbades! Es darf weder zu heiß noch zu kalt sein, sonst kann es zu katastrophalen Folgen kommen.

Ich fing an, ihm eine alte Geschichte von einer Insel zu erzählen, die sich als schlafender Wal herausstellte, aber er war davon ungeduldig.

„' Licia ", informierte er mich abfällig und protestierend, „erzählt mir Geschichten von Mowgli im Dschungel – aus dem ‚Dschungelbuch‘." Schweren Herzens bemühte ich mich, Alicia gleichzuziehen, und nach und nach vertiefte ich mich in meine Aufgabe und in Jimmie, so dass die Dunkelheit des Lebens von mir fiel. Das Wasser plätscherte und die Schiffe drehten in wilden Manövern hin und her, während Jimmie mich immer wieder daran erinnerte: „Er hat zugehört, Onkel Ranny ."

Die großen Mystiker sind diejenigen, die ihren Intellekt und ihre Sinne in die Nacht tauchen, so dass ihre Seelen wie der Vollmond aus der Dunkelheit vor ihnen auftauchen. Ich nehme an, jeder Elternteil muss zum Teil ein Mystiker sein: Denn indem er sein Herz auf kleine Kinder konzentriert, erkennt er das pulsierende, unwiderstehliche Leben des Universums, die Vergangenheit und die Zukunft, das Alpha und das Omega.

Zumindest war Jimmie höflich genug, mir, als er mich zum letzten Mal umarmte, mit schläfrigen Augen zu versichern, dass meine Geschichte wunderbar sei . „Aber, oh, Onkel Ranny ", flüsterte er, „sagen Sie, dass Alicia morgen zurück sein wird."

Ich habe ihn geküsst, aber kein Versprechen gegeben. Im Esszimmer saßen Laura und Randolph über ihren Büchern – Laura ernst mit einer ängstlichen

Falte auf der weißen Stirn und Randolph mit weit geöffneten, etwas fiebrigen Augen. Er dachte offensichtlich eher nach, als dass er las. Aber ich wagte es nicht, noch einmal auf Alicias Abwesenheit an diesem Abend einzugehen.

Erst jetzt, nach vielen Tagen, kann ich die Ereignisse des Tages nach meinem letzten Eintrag einigermaßen gelassen niederschreiben; und selbst jetzt zittern meine Finger, während sie den Bleistift halten.

Ich war früh aufgestanden, denn mein Schlaf war unterbrochen und unruhig – wie hätte es anders sein können?

Ich war ausgetrocknet und brannte innerlich, um zu handeln, etwas zu tun, die Stadt, das Land zu durchstreifen – guter Gott, dachte ich, kann eine Person wie Alicia auf diese Weise verschwinden wie ein Kieselstein im Meer? Aber mein hektischer Gedankengang, der die dürftigen engen Grenzen meines Schädels zu sprengen schien, brachte keine konkrete Idee hervor. Ich schlug gegen die Gitterstäbe meines Gehirns wie ein Tier in seinem Käfig.

Ich dachte an diesem Morgen überhaupt nicht daran, ins Büro zu gehen, aber eine halbe Stunde nachdem ich aufgestanden war, war das der einzige Gedanke, der mir durch den Kopf ging. Es gibt Segnungen in der Routine der täglichen Arbeit, die diejenigen, die damit beschäftigt sind, kaum verstehen können. Ich stelle mir vor, dass das Laufband dem Maultier nur wenig Zeit für Spekulationen, Trauer oder andere Emotionen lässt. Ich war dieser Typ – oder besser gesagt dieser losgelassene Maulesel –, der nirgendwo besser in Vergessenheit geraten konnte als im Laufband. Denn Routine kann Verzweiflung trüben.

Es war noch eine halbe Stunde bis zum Frühstück, als mein Neffe Randolph die Treppe hinuntergetrottet kam, sorgfältig gekleidet, wenn auch mit etwas wildem Blick. Er machte auf mich den Eindruck, dass er – auch er – schlecht geschlafen hatte. „Onkel Ranny ", er kam auf mich zu, „gehst du heute Morgen ins Büro?"

„Ja, das glaube ich. Warum, Randolph?"

„Ich würde gerne mit dir in die Stadt gehen – und herumlaufen – mich umschauen."

„Was meinst du, mein Junge?"

„Jemand sollte die ganze Zeit nach Alicia suchen – meinst du nicht auch, Onkel Ranny ? Ich würde es gerne versuchen", und er schaute beschämt weg.

Ein Junge im sechzehnten Lebensjahr kann eine wichtige Stütze im Haushalt sein. Ich hatte Randolph in dieser Rolle irgendwie übersehen . Vielleicht neigte ich dazu, Lauras Kinder zu sehr wie Nestlinge zu behandeln, die völlig von mir abhängig waren? Die Worte und die Art des Jungen empfanden für mich eine freudige Überraschung. Er hatte kein Wort über seinen Vater gesagt und keine beunruhigenden Fragen gestellt. Er wollte lediglich helfen.

„Aber natürlich ist da jemand, der nach Alicia sucht", informierte ich ihn.

„Ja, ich weiß, Onkel Ranny – ein Polizist! Was weiß ein Polizist über Mädchen wie Alicia? Ich – wir haben viel geredet, sie und ich", stammelte er. „Ich habe die Vermutung, dass ich irgendwie sagen könnte, was sie *tun* würde, wenn sie das Haus verlassen würde. Lass es mich bitte einmal versuchen, Onkel Ranny . Es kostet nur ein paar Cent Fahrpreis."

„Gewiß, mein Junge", ich legte meinen Arm um seine Schultern. Junge Absichten zu vereiteln, nur weil sie jung sind, hat mir nie als Weisheit gegolten. „Kommen Sie auf jeden Fall mit mir in die Stadt. Ich bin mir sicher, dass Alicia zurückkommen wird" – er konnte nicht ahnen, wie viel Mühe mich diese einfache Antwort kostete – „aber es gibt keinen Grund, warum Sie nicht versuchen sollten, sie zu finden." Ich hatte bei allen außer Jimmie jede Maske der Geheimhaltung abgelegt. Unaufrichtigkeit ist eine schwierige Angewohnheit.

„Danke, Onkel Ranny ", antwortete er mit unterdrücktem Jubel, und zum ersten Mal in unserer gemeinsamen Geschichte hatte ich plötzlich das Gefühl, dass ich in Randolph einen Begleiter hatte – dass er erwachsen wurde.

Als er mich am Bahnhof zurückließ und mir die Anweisung gab, mich zu verschiedenen Tageszeiten anzurufen und mit mir zu Mittag zu essen, wenn er könnte, verspürte ich den zärtlichen Impuls, diesen Jungen, Lauras Erstgeborenen, zu umarmen , vor der ganzen Halle. Aber ich wusste , dass eine solche Demonstration ihn zu Tode beschämen würde . Also klopfte ich ihm auf die Schulter und wir trennten uns grinsend, um einander im Herzen zu behalten. Ich hatte eine flüchtige Ahnung, dass Alicia zu uns zurückkehren würde, aber ich hatte überhaupt nichts von Randolphs romantischer Suche nach ihr erwartet.

Mein Herz schlug für den Jungen, als ich sah, wie er in der Menge verschwand und sich verlor; Ich empfand große Zärtlichkeit, nicht nur gegenüber denen meines Fleisches, sondern gegenüber allen jungen Wesen, die sich dem Trubel dieser seltsam durcheinandergebrachten Sphäre gegenübersahen.

Im Alter wurde ich zum Augengucker. Jedes junge Mädchen, das ich auf der Straße, in Autos, an Kreuzungen sah, musterte ich eingehend und mit schmerzlichem Herzklopfen , wenn eines von ihnen Alicia auch nur im Geringsten ähnelte. Und mir kam die melancholische Wahrheit in den Sinn, dass man ein Leben nach jedem Wunsch aufbauen kann, aber nur ein Wunder wird es intakt halten.

Visconti war im Büro, als ich ankam, und er war wirklich freundlich, als er mein Gesicht sah.

„ *Caro mio !* " er ergriff meine Hand. "Etwas Ernstes?"

„Ein paar häusliche Probleme – ein bisschen schmerzhaft", stammelte ich und er sah, dass ich nicht darüber sprechen wollte. Und die enorme Einsamkeit der Menschen, die ihre Umlaufbahnen auf der Erde durchqueren, beeindruckte mich, als ich mich schwerfällig an meine Arbeit setzte. Was wusste ich von Visconti – oder Visconti von mir? Ich hatte lange Zeit in seiner Nähe gearbeitet und wusste, dass er mir vertraute und mir gegenüber Respekt entgegenbrachte. Doch die Planeten im spurlosen Raum wussten mehr voneinander. Ich glaube, er weiß, dass ich ein Junggeselle mittleren Alters bin, und ich weiß, dass er eine Tochter hat, die sein Augapfel ist – und er zahlt den Lohn, von dem ich lebe. Aber was wussten wir sonst noch? Er hatte eine sehr geliebte Frau verloren und blieb Witwer. Mein Herz erwärmte sich in einem plötzlichen Mitgefühl für ihn. Als würde er sich revanchieren, kam er eine Minute später geschäftig an meinen Schreibtisch, beugte sich zu mir und flüsterte:

„Vergiss nicht, dass deine Zeit deine eigene ist – wenn deine *Demarchen* eine private Angelegenheit sind – vergiss das nicht!" Ich dankte ihm, aber er winkte mit seiner pummeligen Hand als Zeichen der freundlichen Missachtung von Formalitäten.

... com duro calle

Lo scendere und il salir per l'altrui scale,

beklagte Dante. Ja, der Weg ist schwer, die Treppen anderer Menschen hinauf und hinunter zu gehen, wenn der Lebensunterhalt von ihnen abhängt. Aber Visconti bemühte sich in seiner Art, seine „Treppen" zu denen eines Freundes zu machen.

An diesem Morgen gab es keine Nachricht von Randolph und mein Herz wurde von Minute zu Minute schwerer.

Ich schien keine Nahrung zu benötigen. Ich schlenderte in der Mittagsstunde ziellos durch schlechte Straßen, von der Bleecker Street bis zum Abingdon Square, in einer Welt voller lustloser Frauen und schmutziger Kinder, einer Wüste, einer Geisterwelt, trist und elend.

Fast unbelebt hin und her huschend, kam ich an Minot Blackdens Atelier vorbei, schreckte aber mit plötzlichem Entsetzen davor zurück, einzutreten. Ich wurde wie ein Blatt herumgetrieben. Ich war ein Schatten in einer Welt voller Schatten.

Gegen vier Uhr erhob ich mich schwerfällig von meinem Schreibtisch und war entschlossen, mich auf die Suche nach Sergeant Cullum zum Polizeipräsidium zu schleppen. Ich habe nichts von ihm erwartet, aber er könnte trotzdem ein Wort der Hoffnung sagen.

In diesem Moment klingelte mein Telefon. Es war Randolph!

Seine Stimme war aufgeladen und knisterte vor Aufregung und Wichtigkeit.

„Treffen wir uns gleich bei Brentano's, Ecke Twenty-sixth Street und Avenue?"

„Warum", sagte ich mitleiderregend, „sag mir in Gottes Namen – hast du Neuigkeiten? – was meinst du?"

Ein Wirbel aus Hoffnung und Besorgnis erfasste mich wie eine Welle und ließ mich nach Luft schnappen.

„Ja, Onkel Ranny ", war die lachende Antwort. „Ich habe Neuigkeiten – sie ist – ich weiß, wo sie ist – kommen Sie gleich vorbei!"

Und ohne mir Gelegenheit zu geben, mehr zu sagen, legte der junge Teufel den Hörer auf. Ich verfluchte den Jungen in meinem Herzen dafür, dass er ein Junge war – für seine Gleichgültigkeit gegenüber dem Leid anderer.

Wie genau ich diese Ecke erreicht habe, kann ich mich jetzt nicht mehr erinnern. Ich bin nicht gelaufen, und doch kann ich mich beim besten Willen nicht erinnern, welches Fortbewegungsmittel ich benutzt habe. Während dieses Transits passierte so viel in meinem Kopf, dass äußere Dinge überhaupt keinen Eindruck darauf hinterließen. Der erste Eindruck, an den ich mich erinnere, ist der Schock leeren Kummers, der mich wie ein Schuss in die Eingeweide traf, als ich Randolph unbeschwert allein an der Ecke stehen sah und die vorbeiziehende Menge anstarrte. Alicia war nicht bei ihm.

Doch wie wichtig erschien mir der junge Schlingel plötzlich. Er allein auf der Welt hatte gegenwärtig Kenntnis von ihr. Ich hätte mich auf ihn stürzen und ihn auf der Stelle umarmen können – und ihn zu Tode beschämen können.

„Wo – wo ist sie?" Ich platzte heraus. „Ich dachte, du – sag es mir, im Namen des Himmels!" und ich packte ihn heftig, als wäre er ein Taschendieb, der auf frischer Tat ertappt wurde. Er blickte mich mit humorvollem Übermut an und lachte. Dann wurde ihm plötzlich bewusst, dass die Leute uns anstarrten und dass ein Polizist unsere Begegnung spekulativ beobachtete, und er schob hastig seinen Arm unter meinen und zog mich weg.

„Komm schon, Onkel Ranny , ich führe dich dorthin, wo sie ist."

„Du toller Junge!" Ich murmelte. „Aber bist du wirklich sicher?"

„ Sicher bin ich mir sicher!" er krähte. „Ich denke, es ist nichts Besonderes, ein Detektiv zu sein. Ich glaube, ich würde es gut machen", prahlte er.

„Prahl, du junger Teufel", dachte ich nachsichtig, gab aber keine hörbare Antwort und ließ ihn nur schneller gehen.

Er führte mich in die Twentyninth Street hinter Brentanos und zu meinem Erstaunen befand ich mich an der wohlbekannten Tür von Andrews' Buchhandlung.

"Hier!" Ich weinte vor Verblüffung. Er nickte und grinste, als erwartete er ab und zu eine Lobrede für seinen Scharfsinn. Er hat es nicht verstanden. Ich stürmte wild wie ein Verrückter in jene stillen Bezirke, in denen ich so oft selig stille Stunden verbracht hatte. Wer wünscht sich schon ein grelles Licht in diesem angenehmen Tempel? Für einen Moment schien es, als befände ich mich in völliger Dunkelheit.

„Irgendwie dunkel", murmelte Randolph, „aber ich habe sie entdeckt."

Plötzlich begegneten meine geweiteten Augen zwei Menschen gleichzeitig in ihrem Blickfeld. Andrews stand würdevoll in der Mitte seines Ladens wie ein Monarch, der kurz davor steht, Könige zu empfangen, und hinter ihm, an einem Schreibtisch im hinteren Bereich, beugte sich ein Mädchen über etwas Schriftliches, und ein elektrisches Licht beleuchtete ihren blonden Kopf.

Das Mädchen – ja! – Es war Alicia!

Ich spürte die Wirkung eines scharfen Schlags aufs Herz, schob den erstaunten Andrews beiseite und machte einen verrückten Satz auf sie zu.

„Warum, Mr. Randolph Byrd!" begann Andrews. „Ich habe dich nicht gesehen –"

„Alicia!" Ich schrie auf, was selbst in meinen eigenen Ohren wie ein Schluchzen klang.

„Oh, Onkel Ranny !" Sie sprang mit einem kleinen Schrei von ihrem Stuhl auf, und bevor ich es wusste, drückte ich sie mit einer zitternden, krampfhaften Freude an mein Herz, die jeden Ausdruck erstickte.

Sie schnappte vor Schmerz nach Luft, das arme Kind. Aber als sich meine Arme entspannten, lag sie glücklich schluchzend an meinem Herzen.

Randolph war so empört, dass er uns mürrisch den Rücken kehrte. Andrews beobachtete uns mit diskretem und nüchternem Interesse.

„Mein liebstes Kind!" Ich flüsterte, immer noch in einer Art Trance der Ekstase, und Alicia, während die Tränen über ihr Gesicht liefen, murmelte leise.

„Oh, wie froh ich bin, dass ich gefunden wurde! Und da ist Randolph", fügte sie mit einem glücklichen Lachen hinzu.

Ihre letzten Worte weckten mich plötzlich aus meiner Trance. Ich ließ meine Arme los und stand einen Moment lang verwirrt, unsicher und beschämt da.

"Was machst du hier?" Dann verlangte ich schroff und mit dummer Strenge, die turbulenten Gefühle in mir zu verbergen.

„Ich – oh, hast du meinen Brief nicht bekommen?" sie geriet ins Stocken. „Ich versuchte es zu erklären – ich konnte nirgendwo hingehen –" ihre Lippen zitterten – „er sagte mir, was für eine Last ich war – ich schien nur viel Ärger zu machen – und ich konnte nirgendwo hingehen", weinte sie.

„Er? Wer? Andrews?" Ich verlangte barsch.

„Nein, nein! – Mr. Pendleton", schluchzte sie erneut.

„Ah, natürlich, Pendleton." Ich spürte, wie ich wütend wurde vor Hass auf den Mann, dessen Lebenszweck darin zu bestehen schien, meinen eigenen zu ruinieren.

„Und wusste Andrews, dass du mein – mein Mündel bist?"

„Oh nein, Onkel Ranny ", und ihre Stimme klang wie die eines Kindes, das es satt hat zu weinen. „Ich wollte es ihm später sagen – nachdem ich es dir gesagt hatte. Er hat mich einfach mitgenommen, ohne – irgendetwas."

Als ich nun zu Andrews blickte, stellte ich fest, dass er diskret mitten in seinem Laden stand, aber irgendwie hatte er es geschafft, meinen empörten Neffen in ein Gespräch einzubeziehen, um mir die Höflichkeit einer größeren Privatsphäre zu ermöglichen. Mein Herz war voller Zuneigung zu ihm als je zuvor.

„Andrews!" rief ich und nahm mich zu einem Anschein von Würde zusammen. Andrews nickte Randolph zu und kam ohne unangemessene Eile mit einem angenehmen Lächeln auf mich zu.

„Das ist mein Mündel – Miss Alicia Palmer", brachte ich mit erzwungener Ruhe heraus.

Andrews verneigte sich feierlich, als würde er den Besitzer der Huth - Bibliothek oder Bernard Quaritch treffen . Doch in seinen schlauen alten schottischen Augen lag ein seltsames Funkeln.

„Wie alle jungen Frauen von heute", fuhr ich mit erstaunlicher Unbefangenheit fort – das ist am besten, wenn ein Mann für eine Frau lügt – „wollte sie ihre Unabhängigkeit beweisen, indem sie meinen dürftigen Schutz verachtete, Andrews – um sich etwas zu verdienen." ihr eigener Lebensunterhalt – verstehen Sie, Andrews?"

"In der Tat in der Tat?" sagte Andrews. „Und sie kann es sich auch verdienen. Jetzt verstehe ich das Geheimnis. Sie hat eine zweite Ausgabe von ‚Paradise Lost' auf den ersten Blick erkannt. Ihre Ausbildung, Mr. Byrd – Ihr Gehalt ist vorgezogen, Miss Palmer."

Alicia lächelte und errötete leicht, und in diesem Lächeln wurde mir plötzlich klar, wie sehr das Kind immer noch an dieser erwachsenen jungen Frau hing – wie viel vom Kind zweifellos immer noch an jeder Frau hing. Sie war voller Schmerz, verzweifelt und litt, und doch schien sie das Gefühl zu haben, etwas sehr Mutiges und Würdevolles getan zu haben. Und ich hielt hartnäckig an ihrer Würde fest, denn instinktiv erkannte ich, dass dies ein Wendepunkt in ihrem Leben war – dass die Frau nun das Kind in die Wiege der Vergangenheit legte.

„Ich denke, ich werde Sie bitten, sie freizulassen, Andrews." Ich legte eine Hand auf seine Schulter. „ Eines Tages werde ich es dir ausführlicher erklären. Es ist schon so – aber egal. Ich würde mein Mündel gerne mit nach Hause nehmen – mit deiner Erlaubnis?"

„Sicher, sicherlich", bekräftigte er mit spontaner Heftigkeit. „Aber kommen Sie bald herein, Sie beide – sie ist von unserem Schlag, Mr. Byrd – sie liebt die guten Dinge! – kommen Sie beide herein. Ich erwarte, dass ich einige neue Dinge aus Professor Gurneys Bibliothek habe, die Sie begeistern werden."

„Das werden wir tatsächlich, mein lieber Andrews. Hol deinen Hut, Alicia." Und als sie sich abwandte, um ihre Sachen zu holen, schaffte ich es, dem freundlichen Andrews Folgendes zuzuflüstern:

„Ich werde Ihr Verhalten in dieser Angelegenheit nie vergessen, Andrews – Sie sind ein großartiger Buchhändler, aber, lieber Mann, Sie sind ein noch größerer Gentleman!"

Und so schnell wie möglich verließen wir den Laden.

Eine Flut von Fragen brodelte in meinem Gehirn und schäumte auf wie turbulente Gewässer, die von einem Damm zurückgehalten werden. Aber plötzlich kam ich zu einer scharfen Entscheidung.

Ich wusste genug. Es war dieser Teufel Pendleton, der ihr den Gedanken eingeflößt hatte, dass sie eine Last sei, bis das arme Kind vor lauter Ablenkung außer Kontrolle geriet. Aber er hatte seinen Überzeugungen nicht vertrauen können. Dann war da noch die Szene an jenem schrecklichen Abend, als sie in ihrer Verwirrung erkannte, dass sie ein Zankapfel war, eine Zerstörerin von Familien. Ich glaubte, dass ich genug verstanden hatte.

„Wo hast du geschlafen, Alicia?" Ich fragte sie lässig.

„Ich habe ein kleines Zimmer in der Twenty-fourth Street", antwortete sie schlicht. „Ich habe es noch nicht bezahlt. Die Vermieterin wollte Geld im Voraus, aber ich sagte ihr, dass ich es nicht hätte, also ließ sie mich trotzdem bleiben."

„Lass uns dorthin gehen, meine Liebe, und es jetzt regeln."

„Ja, Onkel Ranny ", murmelte sie leise.

„Das muss ich dir lassen, Licia ", brach Randolph aus seinem Schweigen hervor. „Du bist ein echter Sport – für ein Mädchen!" Wobei wir alle in fröhliches Gelächter ausbrachen.

Und während unserer restlichen Wanderungen und auch im Zug konnte der Junge vor lauter erstaunter Bewunderung den Blick nicht von Alicia abwenden. Es war, als würde er sie zum ersten Mal sehen.

KAPITEL XX

Hätte ich Zeit, philosophisch zu spekulieren, könnte ich einen Großteil meiner Zeit darauf verwenden, mich zu fragen, warum reine Freude nicht aufgezeichnet werden kann. Vielleicht weil wir so wenig davon erleben.

Von Kummer und Trübsal können wir seltsamen Wesen, die Menschen, einen recht guten Bericht abgeben. Von Hiob an haben wir uns darin hervorgetan. Aber vor lauter Freude sind wir stumm. Ich kann mir nur die armen, farblosen Worte wiederholen, dass ich glücklich, glücklich, glücklich bin, da der Tag kurz ist.

Für eine kurze Reaktionszeit, nachdem sie Alicia gefunden hatte, schwankten die Sinne, der abgenutzte Körper und der Geist versanken in einer Art Zerfall der Mattigkeit, die Augen brannten vor unvergossener bedeutungsloser Feuchtigkeit, das übersteuerte Herz pochte in einer gewaltigen übernatürlichen Erleichterung, die mit dem Universum übereinstimmte . Dann, schnell, mit einem fast hörbaren Geräusch, glitt dieses entnervte Gehirn in seine gewohnte Form der Gesundheit, heilsamer und fröhlicher als je zuvor, und die ganze Welt wurde in Frische getaucht.

Das Blau des Himmels war heller, das Sonnenlicht reiner, und selbst das karge Vorstadtgras von Crestlands , das im Herbst verblasste, glitzerte im Grün und der Helligkeit einer neuen Schöpfung. Aber wer kann Glück beschreiben?

Pendleton ist weg, Alicia – die Kinder sind hier.

Keine acht Wörter in der Sprache von Shakespeare und Milton haben mir jemals die gleiche Bedeutung vermittelt wie diese acht Wörter. Doch was bedeuten sie auf dem Papier?

Ganz Europa ist in Aufruhr, und die Deutschen haben Paris beinahe eingenommen, und doch ist dies meines Erachtens das erste Mal, dass ich von einer gewaltigen Katastrophe spreche. Was für winzige, selbstsüchtige Wesen sind Männer! Menschen sterben und leiden zu Tausenden, doch wir Bewohner von Cisatlantien schauen uns die Schlagzeilen an und verfolgen unsere eigenen Ziele auf die gewohnte Art und Weise. Obwohl der halbe Planet in Gefahr ist – ich habe meine Heimat zurückerobert!

Warum, frage ich mich, hatte ich mir jemals eingebildet, dass ich Angst vor meinem Zuhause hätte? Ein Zuhause ist eine kleine Insel der persönlichen Liebe im riesigen, unpersönlichen Chaos der Existenz – und bedauere denjenigen, der nie auf dieser Insel landet.

Abends gönne ich mir jetzt ab und zu ein Feuer am Herd. Ich stelle fest, dass das Holz, das am hellsten brennt, nur einen kleinen Haufen weißer Asche hinterlässt. Wenn mein Blick auf Alicia ruht, wenn ich die Kinder umherhuschen sehe oder ihre klingenden Stimmen durch das Haus höre, verspüre ich eine wunderbare Zufriedenheit, dass ich das Feuer bin, an dem sie ihre Hände wärmen können. Ich, der einst fantastische Visionen von zukünftiger Größe, von Namen und Ruhm hatte, bin jetzt zufrieden damit, ein kleiner Haufen weißer Asche zu werden.

Sergeant Cullum, ein ausgezeichneter Mann, reiste zwei Tage, nachdem ich Alicia gefunden hatte, einen Tag nach der offiziellen Adoptionszeremonie, hierher, um mir mitzuteilen, dass „er glaubte, mein Mündel sei in Baltimore." Ich wollte gerade in unkontrollierbares Gelächter ausbrechen, aber mein Gewissen schlug mich und ich schämte mich. In meiner großen Erleichterung hatte ich diesen guten Mann, der immer noch auf der Suche war, völlig und selbstsüchtig vergessen. Ich kann mir nicht vorstellen, welche Kraft der Wahrsagerei oder der Erhörung von Gebeten seine Gedanken nach Baltimore gelenkt hatte. Aber mit meiner reuigen Entschuldigung und meinem Dank ging ein Geschenk einher, von dem ich vertraue, dass es seine aufgewühlten Gefühle besänftigt hat. Wir trennten uns in Freundschaft. Oh, ausgezeichneter thaumaturgischer Polizist!

Randolph brach in lautes, schnüffelndes Lachen aus, als ich ihm und Alicia von Sergeant Cullums Besuch und dem Baltimore-„Clew" erzählte.

„Oh, Polizisten sind Idioten!" Er kicherte arrogant und blickte Alicia mit einer hochmütigen, besitzergreifenden Miene an. „Sie wissen gar *nichts*! Es hat nicht lange gedauert, bis ich herausgefunden habe, wo ich nach ‚Licia' suchen kann ", prahlte er. „Ich habe es so herausgefunden: ‚Licia ist in euren alten Büchern der Hammer. Sie war auf der Suche nach einem Job, um ihren Lebensunterhalt selbst zu verdienen, nicht wahr?'" Alicia senkte den Kopf, immer noch beschämt über die Episode. „Was habe ich getan? Ich bin stark in Sachen Motoren. Würde ich nicht zu einem Ort gehen, wo sie Motoren herstellen oder verkaufen? Nun ja, bei ihr waren es Bücher. Ich bin zu einigen Bücherläden gegangen – und dann plötzlich Ich hatte eine Ahnung: Andrews – über den Sie und sie sich immer lustig machen. Ich habe ihn im Telefonbuch nachgeschlagen. Und tatsächlich, als ich herumging und durch die Tür hineinspähte, sah ich Alicia auf einer Leiter, die etwas davon handhabte Diese alten Bücher da. Ich dachte, ich gehe rein und rufe sie an, aber dann dachte ich, es würde sie noch mehr überraschen, wenn du und ich zusammen bei ihr reinkämen – und ich habe mich sofort ans Telefon gemacht. Polizisten !— Sie würden sagen, Baltimore – Südamerika – alles, also hört es sich gut an!"

Und wieder eroberte sein Blick völlig Alicia. Der Junge scheint zu glauben, er hätte sie erfunden. Aber ich bin diesem Jungen gegenüber sehr dankbar.

Die Schließung der Börse und die abrupte Verlangsamung des Finanzgeschäfts haben sich wie ein Schatten bis ins Visconti-Haus eingedrungen und bescheren mir ein paar entspannte Stunden, in denen ich über die Zukunft nachdenken kann.

Ich frage mich, wie viele Junggesellen mittleren Alters ähnliche Visionen heraufbeschworen und dieselben Luftschlösser gebaut haben? Alicia zu erziehen, ihr zu dienen und sie zu lieben, bis meine Liebe sie umgibt, sodass sie nicht anders kann, als sie zu erwidern – aus dieser sehr süßen Galatea eine Frau wie Pygmalion zu erschaffen – was könnte glückseliger sein? Alicia ist jetzt im Teenageralter. Aber angenommen, sie wäre erst zwanzig, könnte sie jemals mit etwas anderem als kindlicher Zuneigung an einen Mann denken, der fast doppelt so alt ist wie sie und ihr in *loco parentis zur Seite steht* ?

Wie ein liebeskranker Junge, der an den schwachen Andeutungen seines Schnurrbartes zupft und in der Zeitung nach Fällen einer Heirat mit siebzehn Jahren sucht, überfliege ich eifrig die Fingerabdrücke und durchsuche mein Gedächtnis nach solchen Verbindungen wie unserer. Aber die Zeitungen sind voller Krieg und Kriegsgerüchten. Plötzlich fällt mir auf, dass ein gewisser betagter Senator seinen Mündel vor nicht allzu langer Zeit geheiratet hat, obwohl der Altersunterschied noch größer ist – und ich bin absurd glücklich. Ich sehe mich mit Alicia gereift und strahlend, immer jung – ein Leben in strahlender Gelassenheit führend und liebenswerte Namen rufend.

„Habe ich es im Halbschlaf gehört?

Längst, ich weiß nicht wo?

Habe ich es vor einer Stunde geträumt,

Wenn du in diesem Sessel schläfst?

Aber das ist Torheit. Tennyson ist aus der Mode gekommen und es gibt größere Narren als alte Narren. Ich verlange zu viel von den hohen Göttern. Einem mürrischen Bücherwurm wie mir wurde schon genug gegeben. Angenommen, ich hätte Gertrude geheiratet! Die Stimmen der Kinder hätten nie Musik für meine Ohren gemacht. Dennoch soll Alicia die beste Ausbildung erhalten, die ich ihr geben kann.

Visconti muss altern, fürchte ich, denn er hat sich angewöhnt, sich zu wiederholen. Er hat mir schon oft erzählt, dass seine Tochter Gina sein Augapfel ist, aber in diesen etwas lustlosen Tagen im Büro, in denen „Komparsen" eine große Rolle spielen und Strategie das einzige Indoor-Spiel ist, ist er detaillierter darauf eingegangen.

Ich habe gestern Abend in seinem Haus gegessen und heute hat er mich erneut gebeten, am Samstag zu Abend zu essen. Ich mag es nicht, ihn abzulehnen, und ich lüge weniger gern. Aber ich lehnte die Bitte um eine Verlobung ab.

„Ich vergesse immer", erwiderte er lachend, „dass ein junger Mann nicht *der Burbero* eines Witwers wie ich ist – dass ein junger Mann, kurz gesagt, Verlobungen hat."

Ich gab ein abfälliges Geräusch von mir. Er redet, als wäre ich zweiundzwanzig, und dafür mag ich ihn.

„Aber du siehst, *Amico* „*mio* ", erklärte er weiter, „es ist so: Gina, die *carissima bambina mia* , ist mein Augapfel." Und sie muss – wie nennt man das – amüsiert – amüsiert, fröhlich, aufgeweckt – verstehen Sie?"

Ich habe mein Hellsehen zum Ausdruck gebracht.

„Sie ist neunzehn – eine *fanciulla* von neunzehn, sie muss doch viel – eh – amüsant sein, nicht wahr?"

Er liebt die sokratische Methode und ich habe ihn belustigt.

„Aber geht sie nicht auf Partys – hat sie keine Freundinnen?"

„Ah, *sicurissimo* , *sicurissimo* . Aber ein Mädchen – neunzehn Jahre – es sind die jungen Männer im Haus, die sie amüsieren, nicht wahr?" Und er klopfte mir auf die Schulter und brüllte vor lauter, herzhaftem Lachen, das mich, wie Romanautoren sagen, „irgendwie verblüffte".

Ich habe mich nicht gerade in der Gestalt eines Jugendlichen gesehen, der dazu geschaffen ist, Gina Visconti zu amüsieren.

„Wie wäre es mit Sonntag?" fragte er mit plötzlicher fragender Nüchternheit. „Sonntag kannst du kommen?"

Ich bereute sein Drängen, erklärte aber etwas umständlich , dass ich eine schwache Sucht nach Büchern habe; und dieser Sonntag war der einzige Tag, an dem ich zwischen meinen Büchern sitzen und –

„Ah, aber natürlich!" ernst. Er verstand vollkommen, dass ich ein Student, ein Gelehrter war, der außerhalb der Bürozeiten ein höheres Leben führte und so weiter.

Ich fühlte mich mürrisch und gemein, aber ich klammerte mich an meinen Sonntag.

„Montag also – sollen wir es Montag nennen?" er drückte.

Ich konnte nicht so unhöflich sein, noch weiter abzulehnen. Aber ich wusste kaum, warum nach seinen folgenden Worten ein Gefühl der Unruhe in mir aufstieg.

„Die *Fanciulla* ", fuhr er nachdenklich und vehement fort. „Sie ist alles, was ich besitze – alles auf der Welt. Bei meinem Tod wird sie alles besitzen, was ich habe. Sie hat es jetzt! Für wen arbeite ich dann, wenn nicht für Gina? Was mich betrifft, ich könnte nach Italien zurückkehren – vielleicht . Ich habe genug. Aber Gina – sie ist ein amerikanisches Mädchen – ah!" und er küsste seine Fingerspitzen mit Salbung. „Sie ist ein gutes amerikanisches Mädchen!"

Nachdem er das gesagt hatte, wandte er sich den Gesprächen über Belgien, von Kluck und der allgemeinen Strategie zu.

Aber warum sollte er mir, einem Angestellten in seinem Büro, so beharrlich das Lob und die Aussicht auf seine Tochter vorsingen?

Ich verspürte plötzlich den Drang, zu ihm zu gehen und mich von meinen eigenen *Bambimi* und meinen eigenen Ambitionen für sie zu überzeugen – aber irgendwie gelang es mir nicht. Das ist eine Insel, die nicht nur von gewöhnlicher Zurückhaltung umhüllt ist, die für mich ein Laster ist, sondern auch von einer Vielzahl von Emotionen wie den Flammen, die die schlafende Göttin umkreisten. Ich bin kein Lateinamerikaner; Ich kann meine innersten Hoffnungen nicht zum Ausdruck bringen oder mein Herz zur Schau stellen.

Sonntagabend – nach einem wunderbaren Spaziergang mit Alicia durch die bereits verwelkten Wälder von Westchester. Es herrschte eine gewisse Schwerkraft über ihr, vielleicht auch Reue, die vor Schmerz durchdrang. Da wurde mir klar, in welchem Maße ihr fröhlicher Geist und das sternenklare Lachen ihrer Augen der Wein meines letzten Lebens gewesen waren. Ich konnte ihre scheinbare Depression nicht ertragen. Außerdem musste die Frage ihrer Ausbildung besprochen werden. Jimmie wollte unbedingt mit uns gehen, aber dieses Mal nutzte ihm selbst seine privilegierte Stellung nichts. Ich wünschte, mit Alicia allein zu sein.

War es meine Laune, frage ich mich, oder flüstern die Wälder in Wirklichkeit im Niedergang des Jahres einen Abschied? Jeder Baum, selbst der jüngste Schössling, schien uns beim Gehen zuzunicken und ein Murmeln von sich zu geben, wie der Abschied eines Pilgers, der sich auf eine lange Reise begibt. Ich war schon immer ungeduldig beim Lesen von Naturbeschreibungen und habe mich den Spöttern über den erbärmlichen Trugschluss angeschlossen. Trotzdem kann ich mich stundenlang damit beschäftigen, dem Wind in den Baumwipfeln zu lauschen oder den Dunst auf den Hügeln zu betrachten; und in einem langsamen, gemessenen Rhythmus, als hätten sie endlose Zeit vor sich, buchstabieren sie stets eine Botschaft – eine Botschaft, die unendlich traurig ist, aber für die kreative, lachende Sonne, die triumphierend und hoch über allem schwebt.

„Komm, Alicia!" Ich brach schroff aus und schloss mich dem Lachen der Sonne an. „Wir haben ein paar gute Dinge zu besprechen. Lasst uns nicht vom Wald einlullen. Sie werden schlafen, wir nicht. Hier seid ihr bereit fürs College." . Ist das nicht herzergreifend?"
Sie erwachte aus ihren Träumereien wie eine Person, die aus dem Schlaf geweckt wurde und lächelte, mit einem distanzierten Blick in den Augen.
„Helle Dinge", murmelte sie nachdenklich; „Alles, was mir passiert ist, seit ich zu dir gekommen bin, war heiter und herzergreifend. Das macht es so schwer, Onkel Ranny – ich war so nutzlos. Was nütze ich?"
Ich lachte so laut, dass der Wald bebte. Wusste Alicia, wie sehr es mir Spaß machte, solche Aussagen zu bekämpfen, oder meinte sie es wirklich so?
„Du warst …" Ich wollte ihr scherzhaft sagen, dass sie für meinen Haushalt eine Last und eine Belastung gewesen war, eine nicht zu ertragende Bürde – , aber ich merkte, dass sie es mehr als ernst meinte. Sie war traurig.
„Jetzt reden Sie natürlich Unsinn", antwortete ich rundheraus. „Aber du hast noch das College vor dir; das sollte das alles heilen. Vielleicht bist du ein wenig krankhaft. Helle Assoziationen werden das ändern."
„Aber wie", protestierte sie, „können Sie davon reden, mich aufs College zu schicken – mit all den Kosten? Und ich bin so wertlos?"
„Darüber reden wir nicht, mein Kind", unterbrach ich mich. Die Kosten hatten mich tatsächlich beschäftigt – aber ich hatte einen Plan dafür geschmiedet. „Sagen Sie mir, was Sie am liebsten studieren würden – was Sie werden möchten?"
„Das ist das Problem, Onkel Ranny ", antwortete sie erbärmlich. „Was kann ich sein? – Vielleicht könnte ich für Mr. Andrews arbeiten?"

„Moderne Mädchen", informierte ich sie, „entwickeln unserer Belletristik nach zu urteilen, entwickeln unweigerlich literarisches, dramatisches oder schauspielerisches Talent. Sie muss schauspielern, Belletristik schreiben oder vorzugsweise Theaterstücke. Journalismus und Siedlungsarbeit sind nicht mehr in Mode. Wenn das Schlimmste kommt Am schlimmsten ist, dass sie zu militanten Suffragisten werden, aber selbst das ist im Niedergang begriffen; aber die beiden Karrieren sind nicht unvereinbar. Spüren Sie nicht den Drang in Ihren jungen Knochen? Welche der Künste ruft Sie? Der Stift? Die Bühne? Sprich, Alicia – denn dies ist die kritische Stunde!"

Sie bemerkte Spott in meiner Stimme und lachte leise.

„Ich weiß, dass du dich über mich lustig machst, Onkel Ranny ", sagte sie, „aber es geht nicht nur um mich. Trotzdem wünschte ich, ich hätte Talent, aber oh, ich weiß, dass ich es nicht habe! Manchmal – Ich wünschte – ich denke – oh, Onkel Ranny , ich schäme mich, dir zu sagen, was ich –" und ohne ihren Satz zu beenden, bedeckte sie ihr Gesicht mit ihren Händen und ich bemerkte, dass ihr Hals tiefrot war.

„Aber du musst es mir sagen, meine Liebe", ich nahm sanft ihre Hände von ihrem Gesicht. „Bin ich nicht gerade durch eine eiserne legale Adoption Ihr Elternteil und Vormund geworden? Und ich bin ein furchtbar strenger Elternteil und Vormund – machen Sie sich darüber keine Illusionen!"

„Nun", sie blickte beschämt nach unten, immer noch herrlich errötend, „dann muss ich das wohl tun. Manchmal denke ich, Onkel Ranny ", fuhr sie mit bewusster Bestimmtheit fort, „dass es eine Sache gibt, an die Mädchen immer denken, aber nie reden." Darüber – das ist wichtiger als alle anderen. Oh, ich glaube, ich bin furchtbar unanständig und unbescheiden, aber wenn ja, dann liegt es daran – ich weiß es nicht besser – also müssen Sie mir verzeihen. Aber, Oh, ich nehme an – er wird eines Tages kommen und – um – ein Zuhause zu schaffen und – und Kinder großzuziehen scheint – wunderbarer als alles andere! Du hast mich dazu gebracht, es zu sagen, Onkel Ranny !" Sie wandte sich mit Tränen der Verärgerung ab – „Ich nehme an, ich bin schrecklich – aber du hast mich dazu gebracht, es dir zu sagen, und ich habe es dir gesagt. Kann ein Mädchen nicht lernen, um – dafür – wie für irgendetwas anderes zu sein?" Und immer noch von ihrer dreisten Unbescheidenheit gequält, pflückte sie aufgeregt vergilbte Blätter und verteilte sie in der wehenden Brise.

Als sie sich von mir abwandte, konnte sie nicht sehen, wie meine Arme plötzlich ausstreckten, als wollte ich sie ergreifen, und dann wieder auf meine Seite fielen. Ich sehnte mich danach, sie zu umarmen und sie mit der ganzen Herrlichkeit der Weiblichkeit zu krönen. Aber mein Gewissen hat mich gewarnt. In meinem Herzen jedoch sprang das Glück auf wie die Lerche, die ich noch nie gesehen hatte, und trällerte freudig eine göttliche Melodie, die ich noch nie gehört hatte. Alicia, ein junges Mädchen, musste mutig sein, zu gestehen, was sie gestanden hatte. Und Mut, gepaart mit all den anderen Eigenschaften, von denen ich wusste, dass sie sie besaß, musste das Beste hervorbringen, was eine Frau zu bieten hat.

Es ist ein Kommentar zu unserer Zeit, dass Alicia, ein Mädchen, das bereit fürs College war, sich für das schämte, was sie mir erzählt hatte!

Ich schätze, es war dumm von mir, sie weiter zu drängen, aber dann und da beschloss ich, mindestens genauso mutig zu sein wie Alicia.

„Hast du", fragte ich und hoffte, dass meine Stimme nicht zitterte, „hast du schon jemanden im Sinn?" Sie schüttelte vehement den Kopf und zupfte immer noch an den Blättern. Ich konnte einen tiefen Seufzer nicht unterdrücken. „Wie sieht er in deinem geistigen Auge aus, Alicia? Wie ist deine Vision von ihm?" Ich wusste, dass ich Schmerzen suchte, aber es gibt Momente, in denen selbst Folter unwiderstehlich ist.

„Ich hoffe, er wird stark sein – und gut – und männlich", murmelte sie wie zu sich selbst – „und zumindest etwas von deiner – Güte haben, Onkel Ranny ." Jede Eigenschaft dieses hypothetischen „Er" war ein Vorwurf meiner Gebrechen – ein Schlag gegen meine besonderen Schwächen. Aber ich hatte es eingeladen. Das Ideal eines Mädchens irrt nie. Es sind ihre Gefühle, die sie in die Irre führen könnten. Oh ja – sie hat mir etwas „Gutes" zugeschrieben. Es gibt jedoch nur wenige Frauen, die einen Mann aufgrund seiner Güte auswählen. In meiner Eigenschaft als „Onkel Ranny " war ich „gut". Ich stand einen Moment schweigend da, krümmte mich vor Schmerz und beschwor abwechselnd das hasserfüllte, großartige Geschöpf aus Alicias Träumen herauf und verbannte es. Aber schließlich packte ich meine Seele mit plötzlicher Entschlossenheit. Jetzt gehörte sie wenigstens mir; und ich muss mich an die Vorstellung gewöhnen, dass sie jemand ist Anderes im frühesten Moment – zum unvermeidlichen Verzicht. Sie hatte mich unschuldig und liebenswert mit ihrer größten Zuversicht geehrt: Zumindest vorerst muss ich das Beste aus meinem kleinen Glück machen.

„Komm, Liebling", ich berührte sie sanft an der Schulter. „Du hast mir gesagt, was ich wissen wollte." Ich legte ihre Hand auf meinen Arm und wir gingen langsam weiter. „Wir sind schreckliche alte Mistkerle, Alicia, und wir dürfen niemandem von unseren Ansichten erzählen – sonst würden wir geächtet und möglicherweise eingesperrt. Aber nichts, was du hättest sagen können, hätte mich glücklicher gemacht als das, was du mir gerade erzählt hast. Ich Kennen Sie keinen größeren Beruf als den, den Sie gewählt haben. Und das College, ganz gleich, wie viel oder wenig Sie davon mögen, kann Ihnen für eine bessere Weiblichkeit nicht weniger dienen als für alles andere. Tatsächlich sogar mehr, denke ich." Aus immer noch schwimmenden Augen warf sie mir einen Seitenblick zu, in dem sich so viel Dankbarkeit, Scham und Stolz mischten, dass ich laut lachte.

„Es gibt eine Sache, für die du dich entscheiden musst, Alicia." Ich zog sie nah an meine Seite. „Du musst kommen und mir alles erzählen, was dir durch den Kopf geht, ohne es zu unterdrücken. Vergiss nicht, meine Liebe, dass ich dein Vater, deine Mutter und deine engsten Freunde bin. Denke darüber nach, wie leid es uns beiden hätte tun müssen, wenn du was unterdrückt und verborgen hättest." du hast mir erzählt."

„Ja, Onkel Ranny ", hauchte sie und hob meine Hand auf eine Weise, die das Herz eines Mannes zum Schmelzen brachte, an ihre Lippen und küsste sie. Ich war unwiederbringlich „Onkel Ranny !"

Ich wagte es nicht, eine Gegenbewegung zu machen. In diesem Moment hätte ich vielleicht mehr verraten, als ich jemals wieder verbergen konnte.

Aber der Wald hatte jetzt eine andere Farbe; Die unsichtbare Lerche sang immer noch, wenn auch auf traurigere Weise.

Wir beschlossen, dass Alicia nächste Woche in Barnard eintreffen und mit mir im täglichen Zug pendeln soll.

KAPITEL XXI

Lieber Gott! Wie ich nach Frieden schreie, und es gibt keinen Frieden!

Wer hätte in den dicken Händen von Gina Visconti auf eine Katastrophe gehofft? Doch als ob sie mir absichtlich die Tür meines Lebensunterhalts vor der Nase zugeschlagen hätte, unterbrach mich dieses unschuldige Mädchen abrupt.

Ich kann nicht zu Visconti zurückkehren. Dieses verfluchte Abendessen, vor dem ich instinktiv zurückschreckte, war die Ursache und der Anlass von allem.

Ich hatte törichterweise begonnen, mich im Visconti-Haushalt heimisch zu fühlen. Als das Hausmädchen mir mitteilte, dass die *Signorina* gleich kommen würde, schlenderte ich gemächlich in den Salon, nicht im Geringsten überrascht, dass ich offenbar der einzige Gast war, und blickte noch einmal auf die glänzenden neuen Möbel, die kostbar und glitzernd waren n -tes Mal frage ich mich, wie es weiterhin so neu bleiben konnte. An den Wänden hängen verstreut zuckersüße Bilder, die mich unweigerlich zum Lächeln bringen: „Cherry Ripe", „The Old Oaken Bucket", „Sweet Sixteen"; eine glitzernde kleine Murmel von Amor und Psyche und eine Buntstiftvergrößerung der sehr beleibten Dame, die Ginas Mutter war. Warum, fragte ich mich, bleiben moderne Italiener nicht bei ihren eigenen alten Meistern? Ich habe einmal in Florenz ein sehr schönes Exemplar von Papst Julian II. für fünfzig Lire gekauft. Selbst Ginas energischer Modernismus schien jedoch nicht in der Lage zu sein, den eigentümlichen luftleeren Geruch des Wohnzimmers eines Italieners zu vertreiben, der meiner Meinung nach größtenteils auf hermetisch verschlossene Fenster und ständig heruntergelassene Jalousien zurückzuführen ist.

Gina kam, wie versprochen, direkt herunter, in einem sehr hübschen Abendkleid aus Satin, das mir für ein so fülliges Mädchen wie sie zu leicht vorkam. Das ist jedoch ein Detail, das in meinem Kopf durch die Frage verdrängt wurde, warum sie es für nötig halten sollte, in einen Raum zu toben, statt herumzulaufen. Aber ich weiß, dass sie danach strebt, hyperamerikanisch zu sein. Ihre Begrüßung ist immer herzlich und ihre Energie war der einzige Hauch von Ozon in diesem stickigen Salon. Einen Moment später trat ihr Vater ein, dessen dunkelrotes Gesicht angesichts der Reize seiner einzigen Tochter verzeihlicherweise wie ein Mond durch den Dunst schimmerte. Denn Gina ist nicht nur hübsch – sie ist auch überaus modisch, bis hin zur letzten Welle ihres satten schwarzen Haares.

„Ist sie ein nettes amerikanisches Mädchen – oder doch nicht?" Viscontis halb stolzer, halb trotziger Blick scheint alle Anwesenden herauszufordern.

Das Abendessen war üppiger als sonst, mit reichlich Champagner für eine so kleine Gesellschaft und Treibhaustrauben; in der Tat schien die Ausgelassenheit selbst von Treibhausart zu sein. Wir scherzten, wir lachten über nichts, wir waren schwul wie alte Freunde bei einem Wiedersehen. Bei den Visconti bin ich immer törichterweise wie diese Byron-verehrende Dame, die es nicht lange unterlassen konnte, von Missolonghi zu sprechen. Irgendwie ertappe ich mich dabei, wie ich die Themen Dante, Petrarca oder sogar Leopardi liebkosend berühre, und ausnahmslos rebelliert Gina mit einem aufregenden Kabarett, einem neuen Tanz oder der neuesten „Show" gegen mich – und ich komme nirgendwo hin.

Nach dem Kaffee erhob sich Visconti, dessen Geist völlig beschäftigt zu sein schien, plötzlich und verließ uns mit einem seiner strahlenden Lächeln bei der abgedroschenen Bitte, Briefe zu schreiben.

Gina war nach dem Weggang ihres Vaters ein oder zwei Minuten lang unruhig. Sie ging zum Klavier, schlug im Stehen einen Akkord an, lief dann plötzlich zum Plattenspieler und fragte, ob ich tanzen würde, wenn sie einen schönen Foxtrott anstimmte. Entschuldigend musste ich ihr mitteilen, dass der Foxtrott für meine Leistungen ebenso fremd sei wie eine Darbietung auf dem Trapez.

„Ich weiß, dass du lernen könntest, eine schöne Tänzerin zu sein", sagte Gina. Dann setzte sie sich neben mich auf den teuren Gobelin-Davenport, mit einem Fuß unter ihrem und einem Knöchel zur weiten Welt, und beugte sich auf ihren Ellbogen nach vorne, so dass sie schlank wurde Die Schulterträger ihres Kleides drückten vier kleine Häufchen rosa Fleisches nach oben in Richtung ihrer Ohren. Sie hat sehr schöne Ohren, Gina. Ein sehr engagiertes Kind, dachte ich. Gina behielt diese gefühlvolle Haltung bei und fragte leise:

„Liebst du die Filme nicht?"

„Ja", sagte ich.

„Was hast du in letzter Zeit gesehen?" sie verfolgte.

„Ich habe nur eines gesehen – es war eine Bilderserie von den Südseeinseln."

„Du meinst, du hast noch nie andere gesehen?"

„Nein – ich fürchte nicht."

„Oh", keuchte sie, „ich liebe die Filme, seit ich so high war" – und sie zeigte auf ein etwas übermäßig öliges Porträt von sich selbst, das sie etwa im Alter von zehn oder elf Jahren gemalt hatte.

„Ich glaube daran, eine lebhafte Zeit zu haben", fuhr sie fort. „Als ich in der öffentlichen Schule war, nannten mich einige das ‚kleine Meerschweinchen'.

Ich habe fürchterlich geweint – aber ich habe beschlossen, kein „Meerjungfrau" zu sein. Ich wollte Amerikaner werden. War ich nicht so gut wie jeder andere?" sie forderte leidenschaftlich. „Was war los mit mir? Dann fand ich heraus, was mit mir los war – amerikanische Mädchen haben immer eine gute Zeit. Also dachte ich, ich würde eine genauso gute Zeit haben wie alle anderen."

„Ich habe geweint, bis mein Vater mich fast jeden Nachmittag und zweimal am Samstag ins Kino gehen ließ. Und ich habe immer einem anderen Mädchen – einem amerikanischen Mädchen – eine Eintrittskarte geschenkt, damit sie mit mir gehen konnte. Da waren sie sicher freundlich. Sie Ich habe aufgehört, mich „Meerjungfrau" zu nennen.

Gina konnte unmöglich ahnen, wie erbärmlich das für mich klang. Die merkwürdige Grausamkeit von Kindern gegenüber Fremden , dachte ich, ist eines der letzten Überbleibsel des Stammesstaates der Menschheit. Der etwas überwältigende Duft, den sie benutzte, kam mir ebenfalls wie ein Überleben vor, obwohl ich mich nicht erinnern konnte, woran.

„Da ist meine Cousine Jennie – ihr Name ist wirklich Gemma" – das Mädchen wurde von ihrer Geschichte begeistert – „sie versuchte auch, Amerikanerin zu sein, aber sie gab es auf. Als ich in Darien die Schule abschloss, war sie bereits verheiratet . Sie ist seit vier Jahren verheiratet und hat drei Kinder. Was nützt das? Sie kann jetzt keine schöne Zeit haben! Babys – Babys – Babys! – sie geht kaum aus. Und ihrem Mann geht es auch ziemlich gut. Er ist Bauunternehmer. Aber er ist Italiener – und denkt, das sei die richtige Lebensweise für ein Mädchen. Uh-h!" und sie schauderte leicht. „Ich werde einen Amerikaner heiraten!"

Ein grimmiges Licht der Entschlossenheit sprang in ihre flüssigen, dunklen Augen und ich gestehe, ich hatte Angst.

„Aber – aber bist du nicht jung, um an Heirat zu denken?" Ich murmelte lahm.

"Jung!" wiederholte Gina überrascht. „Ich habe darüber nachgedacht, welche Art von Mann ich heiraten werde, seit ich dreizehn war!"

Offensichtlich war das ein Thema, über das sie sorgfältig nachgedacht hatte.

„Hast du nicht?" sie verlangte.

„Nein", lachte ich, „nicht so jung."

„Magst du italienische Mädchen?" Sie beugte sich abrupt und wehmütig zu mir.

„Ja, tatsächlich!" Ich antwortete ihr lachend. „Es gibt Dantes Beatrice – und Petrarcas Laura – und sogar Raphaels Fornarina muss gewesen sein –"

„Oh, die meine ich nicht", rief sie und errötete aufgeregt. „Ich meine italienisch-amerikanische Mädchen – ich liebe amerikanische Männer! Der Mann, den ich heiraten werde, ist – so etwas wie du."

Ich mag Einfachheit und Unaufrichtigkeit bei der Jugend – oder auch bei der Alten –, aber ihre Haltung war jetzt so – so unkonventionell, mit ihrem großen Knöchel, der hin und her schaukelte, und ihrem Busen, als sie sich nach vorne beugte und fast mein Hemd berührte vorne – dass ich fürchtete, ihr Vater könnte unzufrieden sein, wenn er plötzlich den Raum betrat. Außerdem trübte der Geruch meinen Verstand. Mit der Hand an der Stirn erhob ich mich schwerfällig.

„Lass mich mal sehen", überlegte ich mit scherzhafter Miene, als würde ich über ein tiefgreifendes Problem nachdenken, „mag ich sie?" Ich ging ein oder zwei Schritte und sah sie an. „Du bist der Einzige, den ich kenne – und ich mag dich auf jeden Fall", fügte ich sanft hinzu.

Sie entrollte sich, erhob sich schnell und machte einen Schritt auf mich zu. Plötzlich stolperte sie, stieß einen leisen Schrei aus und fiel nach vorne, sodass ich kaum Zeit hatte, sie aufzufangen.

„Hast du deinen Knöchel verdreht?"

„Nein – ja", keuchte sie und lag einen Moment schwer atmend in meinen Armen, während ihr Busen an meinen drückte.

„Lass mich dich führen –", begann ich.

„Es ist alles in Ordnung", flüsterte sie mit belegter Stimme. „Lass mich einfach eine Minute ausruhen." Und dann hob dieses erstaunliche Mädchen plötzlich ihre Hand, ließ sie leicht über meinen Kopf gleiten und murmelte, dass ihr die Farbe meiner Haare gefiel!

„Es ist hellbraun", erklärte sie, „nicht pechschwarz wie meines", und dann legte sie ihren Kopf leicht auf meine Schulter. „Und ich liebe deinen Namen – er ist so schön – *Randolph*!"

„Lass mich dich führen", murmelte ich, als wäre ich der Hilflose.

„*Ecco!*" Plötzlich hörte ich die Stimme von Visconti hinter mir lachen und Ginas Hand umklammerte krampfhaft meine Schulter. Ich gestehe, dass in meinem Herzen ein Haufen reiner blauer Funk steckte.

„Sie hat sich gerade den Knöchel verdreht!" rief ich mechanisch.

„Es ist alles in Ordnung, Papa", warf Ginas fröhliche Stimme ein. „Es sind diese alten Hausschuhe. Ich werde sie wechseln." Und zu meinem Erstaunen richtete sie sich auf, warf uns beiden ein strahlendes Lächeln zu und ging mit nur leichtem Hinken zur Tür.

„ Sicher, dass du alleine gehen kannst?" Es gelang mir zu stottern.

"Oh ja!" Gina deutete mit der Hand auf die Tür. „Ich bin bald unten."

Der Vater lachte laut und legte seine Hand auf meine Schulter.

„Komm, *Caro* „*Mio* , lass uns ein bisschen rauchen." Ich folgte ihm benommen. „Wunderbares Mädchen, Gina!", rief er. „Gute Laune, was?"

„Ähm – ja, tatsächlich – sehr hoch." Ich hatte das Gefühl, als hätte ich einen schweren körperlichen Kampf hinter mir gelassen.

„Ich kann sehen – oh, sogar ein alter Mann wie ich kann sehen", kicherte er fröhlich, während er mir im Raucherzimmer seine Zigarrenschachtel entgegenhielt, „dass ihr jungen Leute euch mögen – was? Oh, setz dich, Setz dich, *Amico Mio.* _ Es ist alles in Ordnung – alles in Ordnung. „Ich muss mich an die Vorstellung gewöhnen, dass ich ein Bambino bin, erwachsen zu sein", und er zwang mich in einen Ledersessel und tippte mir weiterhin auf die Schulter, um seine Worte zu betonen. „Ich war jung – ja! Ich verstehe – und vertrau mir, mein Junge, du kannst es nicht besser machen. Gina – Gina ist ein Schatz für einen Mann. Ah ja! Keine Liebe wie die Liebe der Italienerin. Sie wird dich zum Besten machen –"

„Aber warten Sie – um Gottes willen, Herr Visconti, warten Sie", schrie ich schmerzerfüllt und sprang von meinem Stuhl auf. „Ich kann nicht – ich darf nicht einmal so tun, als würde ich an so etwas denken. Gina ist viel zu –"

"Sag nichts mehr!" unterbrach er mich vehement und klopfte mir mit dem Handrücken auf die Brust. „Du bist ein feiner, guter junger Mann!"

"Danke!" Ich schnappte nach Luft, „aber du verstehst es nicht. Ich bin derzeit nicht in der Lage, irgendeine Frau zu heiraten. Ich bin-"

"Festhalten!" Er warf mich mit einer überschwänglichen Wucht zurück in den Stuhl, die mich zum Lachen gebracht hätte, wenn meine Eingeweide nicht vor Angst gekühlt worden wären. „Ist es so, dass ich es nicht weiß? Weiß ich nicht, wie sich dein Kapital entwickelt hat – pouf! So? Aber alles, was ich habe – Gina hat es. Sie wird genug haben", und er nickte mit bedeutungsvollem Nachdruck. „ Genug, mein Freund. Und Ginas Ehemann – er wird mein Sohn sein!" Er versetzte seiner großen Brust einen gewaltigen Schlag und warf mit triumphierender Endgültigkeit den Kopf zurück.

Ich versuchte nicht mehr aufzustehen. Es war nutzlos.

„Signor Visconti", begann ich heiser, „Sie verstehen mich nicht. Ich kann niemals jemanden heiraten. Ich muss vier Kinder großziehen – erziehen – für die ich verantwortlich sein muss. Das jüngste von ihnen ist acht. Ich – Sie ehren mich." Vielen Dank für deine Freundlichkeit – aber die Ehe ist nichts für mich."

Er starrte mich sprachlos und verblüfft an, als hätte ich in seinen Augen ein unglaubliches Grauen offenbart.

"Vier Kinder!" flüsterte er mit großen Augen. „Aber wer – aber ich dachte, du wärst nie verheiratet?"

„Das habe ich nicht", antwortete ich mit einer tiefen Erleichterung, die wie eine Erholung wirkte. Dann bemerkte ich seinen bedeutungsvollen Blick und ging hastig weiter; „Sie sind die Waisen meiner Schwester. Ich bin für sie verantwortlich. Sie haben niemanden sonst."

"Ah!" Er atmete mit dem Geräusch eines Siphons ein. „Das ist es, oder?"

„Ja", murmelte ich und stand auf, entschlossen, dieser schrecklichen Episode ein Ende zu setzen. „Wenn Sie mich jetzt entschuldigen würden –"

Plötzlich schossen seine Hände hervor und umklammerten meine beiden.

„Du bist kein guter Mann!" schrie er heftig. „Nein – nicht nur gut – du bist ein großartiger Mann! *Caro mio* – ah, ich mache nie Fehler – nein!" Und bevor ich wusste, was er tat, hatte er mich auf kontinentale Art umarmt und große Tränen standen ihm in den Augen.

Der Kelch meiner Qual war vollständig. Ein wahnsinniger Wunsch, wegzukommen, erfasste mich – nur um wegzukommen. Ich bewegte mich, um mich zu bewegen, aber er hielt mich entschlossen fest.

„Wir werden es uns überlegen, mein Freund", verkündete er mit nüchterner Energie. „Wir werden darüber reden – eine Lösung finden. Auch ich bin ein Mann mit Herz, *Caro Mio*. _ Ich bin es, der es versteht: Habe ich nicht meine arme Giovanna, Ginas Mutter, verloren? Wenn ihr zwei euch liebt – nun ja – müssen wir einen Weg finden."

Die Hoffnung stieg in mir auf, als ich bemerkte, dass seine Begeisterung nun durch Nachdenklichkeit gedämpft wurde.

„Nein, Herr Visconti", murmelte ich mit schmerzhafter Bestimmtheit. „Ich habe kein Recht, Miss Gina zu lieben – und ich würde nicht im Traum daran denken, es ihr zu sagen, selbst wenn ich es täte – ich bin nicht frei –"

„Sie – Sie sind nicht *promesso* – wie nennt man das – verlobt?"

„Oh nein, nein! Es ist nur mein Herz, das engagiert ist – nicht mein Wort – es gibt noch jemand anderen – aber es kann niemals etwas sein –"

"Aber was bedeutet es?" Er blitzte auf, dunkle Wut färbte seine Gesichtszüge violett und entzündete die Luft wie eine Fackel. „Was habe ich gesehen! Mein Mädchen in deinen Armen – was war das!" In seinen Augen sprühte nun feurige Wut, und seine Arme wurden mitten in einer heftigen Geste angehalten.

Ich schüttelte langsam meinen Kopf. Sein Zorn war für mich unendlich angenehmer – wie Manna – nach seinem glühenden Enthusiasmus.

„Da war nichts", antwortete ich leise. „Miss Gina hat sich auf dem Teppich wirklich den Knöchel verdreht. Und ich habe sie aufgefangen, als sie fiel – genau wie Sie es getan hätten."

Er stand einen Moment keuchend da, sein Blick war auf mich gerichtet. Schließlich wandte er sich mit einer kläglichen Bewegung des Bedauerns, der Entschuldigung und der Resignation ab . Der ausgezeichnete Mann gab mir im Zweifelsfall Recht.

„Ah, *Dio „Mio* ", murmelte er. „ *Poverina* ! Geh, mein Freund, jetzt. Ich muss überlegen. *Bellessa mia !— cara mia !* – was soll ich ihr sagen? Ach, *Dio* ! Was für eine bittere Welt!"

„Ich bin verzweifelter, als ich sagen kann", murmelte ich mit der erstickten Stimme schmerzlichen Leidens, „aber was kann ich mehr tun – oder sagen?"

„ *Niente* – nichts, nichts", murmelte er. "Gute Nacht!" und meine Bewunderung für seinen Geist war groß, als er seine zitternde Hand ausstreckte.

Ich schlich wie ein Dieb auf Zehenspitzen zur Tür und als ich Mantel und Hut nahm, rief Gina vom oberen Ende der Treppe in verständnislosem Erstaunen.

„Ich gehe nicht – Randolph!" Und wie eine kleine Lawine schoss sie die Treppe hinunter.

„Ja – ja – er geht, *Bellessa „Mia* !", schrie Visconti mit fester Stimme, als er auf uns zugelaufen kam. „Er wird abgerufen – gute Nacht – gute Nacht!"

„Gute Nacht", sagte ich und reichte Gina meine Hand. Aber Ginas Manieren sind moderner als die ihres Vaters. Sie war verblüfft und drehte mir wütend den Rücken zu, wobei sie zweifellos ein normales Gefühl aus einem Lieblingsfilm registrierte. Es war sinnlos zu versuchen, sie zu besänftigen. Ich schlüpfte aus der Tür, die sich für mich nie mehr öffnen wird.

Der Albtraum dieser Episode blieb während des gesamten Heimwegs wie eine Droge in meinem Bewusstsein, und erst als ich meine Tür betrat und in meinem Arbeitszimmer ein Licht sah, begann sich die Realität durchzusetzen.

Die Realität bedeutete das Ende – das Ende meines Lebensunterhalts, das Ende meiner Hoffnungen und Pläne – das Ende der Fesseln. Wie ein ungeborener Junge muss ich erneut mit der Zukunft rechnen. Ein Held der Romantik wäre in diesem Moment zweifellos begeistert gewesen, mit neuen und scheinbar unüberwindlichen Hindernissen zu kämpfen. Aber leider! Ich bin kein Held der Romantik! Als ich meinen Mantel auf den Kleiderständer warf, überkam mich große Müdigkeit und tiefe Niedergeschlagenheit.

Alicia kam aus meinem Arbeitszimmer, um mich zu begrüßen. Wie üblich hatte sie oben auf mich gewartet.

„Warum um alles in der Welt bist du nicht im Bett?" Ich knurrte gereizt. Alicia musterte mein Gesicht im Schatten des Lampenlichts. „Geh zu Bett, Kind", wiederholte ich; "Geh ins Bett."

„Etwas ist passiert", murmelte sie erschrocken; „Etwas ist passiert. Oh, sag mir – was war es, Onkel Ranny ?"

Ich schaute mit einem finsteren Blick auf sie herab, der abweisend sein sollte – eine Warnung, dass ich nicht in der Stimmung für Kleinigkeiten war.

Sie ergriff meine Hand und hielt meinen Blick immer noch fest, mit diesem sternenklaren Blick in ihren Augen, der unweigerlich tief in mein Innerstes dringt und in meiner Seele ruht.

„Etwas hat dir wehgetan, Onkel Ranny ", flüsterte sie zitternd, „und du musst es mir sagen." Unsere Augen blieben eine Weile zusammen. „Oh, sag es mir!" Sie schluckte und ein plötzliches Entsetzen weitete ihre Augen. „Es ist nicht – das ist es nicht – Mann, komm zurück!"

"Ach nein!" Ich schauderte unwillkürlich bei dem Bild, das sie von Pendleton heraufbeschwor. „Das nicht. Dem Himmel sei Dank, Alicia, du bist keine Pollyanna; du siehst das Schlimmste sofort."

„Nein", murmelte ich schließlich und schaute weg, „ich habe jemanden verletzt."

„Das kann ich nicht glauben", erwiderte sie vehement. „Aber wenn du das denkst – bitte, bitte, sag es mir. Es wird so viel besser für dich sein, Onkel Ranny ."

Ich verspürte plötzlich den Impuls, sie in meine Arme zu nehmen, aber das Gefühl war nicht väterlicherseits. Und – ich war für sie „Onkel Ranny ". Sie war bewusstlos und wurde von ihrem Kreis aus heiligen Flammen beschützt. Krampfhaft riss ich meine Hand aus ihrem Griff und ging unsicher durch den Raum zu meinem Tisch.

„Setz dich da drüben", ich bedeutete ihr, so weit wie möglich von mir weg zu sein. Sie blieb stehen, ohne zu gehorchen.

„Was war es, Onkel Ranny , Liebes?" sie atmete.

Eine Art bittersüßer Schmerz durchfuhr mich bei diesem Beinamen und ich beschimpfte mich innerlich für die Unreinheit meines dunklen Geistes angesichts dieser einfachen, schönen Reinheit. Ein tiefer Seufzer entfuhr mir, als ich meine Ellbogen auf den Tisch stützte und einen schwachen Versuch machte, über das spöttische Gesicht des Schicksals zu lächeln.

„Ich kann nicht mehr zu Visconti zurückkehren, Alicia", sagte ich ihr. „Etwas ist passiert. Das ist vorbei. Ich muss mich nach etwas anderem umsehen."

"Oh!" Sie keuchte. „Ist es so schlimm?"

„So schlimm", wiederholte ich mechanisch.

„Dann weiß ich, dass es nichts war, was du ändern konntest", antwortete sie mit einem plötzlichen Strahlen, das einem Segen glich.

„ Es hat also keinen Sinn, sich darüber Sorgen zu machen. Aber du meinst das Geld", und ihr Gesicht verfinsterte sich ängstlich. „Aber ich weiß, was ich tun werde, Onkel Ranny ", kam sie auf mich zugeglitten. „Für mich ist immer Mr. Andrews da, wissen Sie. Sie erinnern sich, was er gesagt hat: Er wird mich jederzeit zurücknehmen."

Auf einen Moment der Dunkelheit folgte ein plötzlicher Lichtausbruch. Andrews! Andrews und die Bibliothek – die Bibliothek, alle katalogisiert – komplett! Andrews würde es entweder kaufen oder mir bei der Entsorgung helfen, und Alicia und die Kinder müssten schließlich nicht unter meiner Katastrophe leiden. Meine Bücher ähnelten eher meinem Fleisch und Blut und ich wollte mich von ihnen trennen – aber diese Überlegung war im Moment von besonders kurzer Dauer. Diese Bücher, wie eine Truppe alter Freunde; würde uns alle vor der Katastrophe retten – würde wie eine Phalanx zwischen uns und der Niederlage stehen.

„Du tolles Kind!" Ich weinte und sprang auf. „ Licht! – Du hast mir Licht gebracht! Andrews! – Derselbe Mann! Morgen gehe ich nach Andrews!"

Ich packte sie an den Schultern und wirbelte sie wie eine Marionette in einem wilden Energieschub durch den Raum. Alicia schnappte nach Luft, drehte sich um und lachte wild, mit einem Lachen, das an Schluchzen grenzte. Ich fürchte mich davor, darüber nachzudenken, was unsere Nachbarn zu dem Schluss gekommen wären, wenn sie durch die Fenster den seltsamen dionysischen Ritus des ruhigen Junggesellen mittleren Alters und seines jugendlichen, hübschen Mündels beobachtet hätten.

„Jetzt geh zu Bett, Kind", befahl ich schroff. „Ich muss etwas nachdenken."

„Soll ich dir einen Kaffee machen?" flehte sie und kam auf mich zu, immer noch lachend.

„Nein – geh ins Bett!" Bevor ich es merkte, hatte sie einen flüchtigen, vogelartigen Kuss auf meine Wange hinterlassen und floh wie eine Brise aus dem Zimmer.

Meine Augen verharrten eine Weile an der Tür, wo sie verschwunden war, und dann wandten sie sich unwillkürlich den dichtgedrängten, friedlichen Bücherreihen zu, die mein Leben gewesen waren – die jetzt, in der äußersten Not, wie das Kamel in der Wüste, gib ihr Blut ab, damit es mein Lebensunterhalt ist.

Am nächsten Morgen, also heute, machte ich mich mit meinem Katalog bewaffnet auf den Weg zu Andrews und bot ihm zum großen Erstaunen dieses guten Kerls den Verkauf meiner Bibliothek an.

Er starrte mich einen Moment lang mit leerem Erstaunen an und erklärte dann, als er sich erholte, dass er es gerne sehen würde.

„Komm zurück zum Mittagessen mit mir", schlug ich vor.

Das konnte er nicht, erklärte sich aber bereit, abends zum Abendessen zu kommen.

Seine klugen alten Augen nahmen während seiner zwei oder drei Stunden bei mir zu Hause viel mehr auf als nur die Details meiner Kopien und Ausgaben. Mit diskretem, aber aufmerksamem Blick folgte er den Kindern und maß, zweifellos genauer als ich es hätte tun können, den Wert und die Solidität meines Haushalts. Er hatte etwas von meinem einfachen Junggesellenleben früher miterlebt und zog jetzt zweifellos seine Gegensätze und Schlussfolgerungen.

„Was können Sie Ihrer Meinung nach anbieten?" fragte ich mit einiger Besorgnis, während er dastand und vorsichtig in den Büchern herumfingerte, die es wie Miltons einziges Talent zu verbergen galt – denn sie waren Brot.

Andrews setzte sich und starrte eine Weile nachdenklich vor sich hin.

„Ich sage Ihnen, was ich Ihnen anbieten möchte, bevor wir über die Bücher sprechen –", sagte er mit ruhiger, einstudierter Überlegung. „Ich möchte Ihnen eine Partnerschaft anbieten!"

Jetzt war es an mir, verblüfft zu starren.

„Es wäre eine tolle Sache für mich, wenn Sie mitkommen würden, Mr. Byrd", sprach er jetzt schneller. „Sehen Sie, ich bin ein alter Mann, der vorankommt, Sir – ich komme voran. Ich möchte etwas neues Blut an der Stelle – neues Blut – eine neue Sichtweise und jungen Enthusiasmus. Ihre junge Dame, die Ihnen in die Quere kommt hat mich darauf aufmerksam gemacht. Und wem könnte ich es überlassen, wenn es zu Ende geht?" er spekulierte wehmütig. „Ich habe keine Verwandten."

Ich öffnete den Mund, um etwas zu sagen, aber Andrews nutzte das Privileg seines Alters, mich zu ignorieren.

„Ich möchte einen Mann mit dem zarten Händchen für Bücher, Mr. Byrd – dem zarten Händchen. Es ist ein wunderschönes Geschäft“, er schmatzte mit den Lippen – „wunderschön! Die Jagd nach ihnen – es ist – es ist eine ritterliche Suche. Und ein Zuhause zu finden.“ Für sie ist es, als würde man hübsche Kinder unterbringen. Die Buchhändler Amerikas sind großzügig. Wir sollten nach England gehen – Bibliotheken kaufen – unseren Schatz vermehren.“

„Aber, mein lieber Andrews“, stotterte ich aufgeregt und protestierend. „Wissen Sie, was Sie mir anbieten? Eine Karriere, einen Lebensunterhalt, das Leben selbst – die Zukunft meiner Kinder – was kann ich dazu beitragen, außer diesen Büchern – und im Vergleich zu Ihrem Geschäft und Ihrem guten Willen! “

„Wenn Sie reich wären“, unterbrach er ihn, „glauben Sie, ich hätte die Unverschämtheit, Ihnen das Angebot zu machen? Sehen Sie, ich kenne Sie schon lange, Mr. Byrd – und es war mir eine große Freude . Wenn ich einen Sohn hätte – aber“, und seine Stimme schlug einen härteren Ton an, während die Dinge unterdrückt wurden – „es hat keinen Sinn, darauf einzugehen. Das ist das Geschäft für einen Mann wie dich.“

„Wir alle brauchen Geld“, fuhr er mit neuer Energie fort. „Es ist eine Sache, die man verachten sollte, wenn man kann – eine Sache, über die Sentimentalisten schwafeln können. Aber solange unser gegenwärtiges soziales und wirtschaftliches System fortbesteht, würde nur ein Narr Geld verurteilen. Es nützt dir nichts, wenn dir das Herz bricht, aber auch nicht ist Nahrung, Wasser, Unterkunft, Freizeit. Aber wenn du Nahrung, Unterkunft und Freizeit willst, das heißt, solange du über der Erde bist, willst du Geld. Mir ging es gut – ich habe es gut gemacht. Kommst du mit mir, Randolph Byrd? ?"

„Mein lieber guter Andrews“, ich ging aufgeregt, jubelnd und verängstigt über diesen Glücksfall im Zimmer auf und ab. „Aber wie kann ich von Ihrer beispiellosen Großzügigkeit profitieren? Was kann ich anbieten? Werden Sie meine Bücher als Kapitaleinlage annehmen?“

„Nein“, er schüttelte den Kopf, mit funkelnden Augen und einem seltsamen Kräuseln der Krähenfüße um sie herum. „Ich glaube nicht, dass wir sie brauchen. Bücher sind immer – Bücher“, schloss er orakelhaft, mit einem Klang der Ehrfurcht des wahren Bibliophilen in seiner Stimme.

„Sag, dass du kommst.“

Mein Herz wurde plötzlich von einer reichen Flut an Hoffnung überflutet. Das war die Dauerhaftigkeit, die Andrews anstrebte – das war ein Ankerplatz. Es war weder Salmon and Byrd noch Visconti. Dies war mein eigenes Reich, und nur ein Snob oder ein Narr konnte es ablehnen. *Ça me connait* . Der ganze Aufruhr und die Sorgen der Vergangenheit schienen schnell dahinzuschmelzen wie die Formen in Träumen oder substanzlose Wolken. Mein Leben wäre sicher, die Kinder wären ernährt und gebildet. Alicia sollte ihre Chance unangefochten haben – sollte auf die Ankunft ihres Traumhelden vorbereitet sein – wenn er kommt – wenn er kommt! Wofür sonst lebte ich jetzt? Mir kam es so vor, als hätte sich die alte Frau aus dem Kinderreim gefühlt, die in einem Schuh lebte, wenn ihr jemand plötzlich ein mit Weinreben bewachsenes, gut ausgestattetes Häuschen mit vielen Kammern angeboten hätte, in dem eine einigermaßen sichere Zukunft für ihre Nachkommen bestand. Plötzlich sah ich die lärmende Stadt, die mehr als einmal von meinem Untergang gedröhnt hatte, jetzt voller Aussichten und fröhlich die schmeichelhafte Geschichte der Hoffnung in meinen Ohren vortragen – die Hoffnung, angesichts meiner Träume von Gelehrsamkeit und Ansehen Buchhändler zu werden – Ruhm, möglicherweise! Aber das war kein Traum. Mit einem flüchtigen Lächeln erkannte ich den eigensinnigen Zynismus und die Ironie darin. Und in tiefer Dankbarkeit ergriff ich die Hand von Andrews, um den Handel zu besiegeln.

Buch drei

KAPITEL XXII

Wenn ich zu dieser fast vernachlässigten Aufzeichnung der Dinge zurückkehre, die mein Leben ausmachten, stelle ich mit Ungläubigkeit fest, wie die Zeit vergeht. Mir ist auch klar, dass man am wenigsten schreibt, reflektiert und aufzeichnet, wenn man am besten lebt. Nach *den* Jahren der Sklaverei schrieb Cervantes Don Quijote und in einem Gefängnishaus komponierten Bunyan und Sir Walter Raleigh ihre bekanntesten Werke.

Ich werde niemals „Werke" komponieren, da bin ich mir jetzt sicher, denn mein Los ist Geschäft bis zum Schluss. In den letzten zwei Jahren war ich dreimal in England und in Frankreich, habe an Auktionen teilgenommen, Bücher, Manuskripte und Bibliotheken gekauft, und bin nur knapp einer Überfahrt auf der *Lusitania entgangen* , was wahrscheinlich das Ende dieser Memoiren und meines Lebens bedeutet hätte. Wäre es wichtig gewesen? Für die Kinder vielleicht. Für mich sicherlich nicht – es sei denn, sie hätten durch meinen Abgang Schaden genommen. Denn obwohl das Geschäft mit Büchern für mich dasjenige ist, das dem Vergnügen am nächsten kommt, ist es dennoch ein Geschwafel und Feilschen auf dem Markt – das Gegenteil all meiner Geschmäcker und Fähigkeiten.

Es ist seltsam, dass ich äußerlich nur wenige Merkmale der trägen, lotusfressenden Seele trage, die mich beherrscht. Leute, die mich oberflächlich betrachten, könnten mit Andrews denken, dass ich für List, Beute und – Geschäfte geeignet bin.

Doch wie glücklich war ich, als Andrews mir sein Angebot machte! Wie ich mich in seine Angelegenheiten – unsere Angelegenheiten – gestürzt habe und ihnen meine ganze Energie gegeben habe! Die Kinder, jubelte ich innerlich, die Kinder sind jetzt in Sicherheit!

Aber die Natur verabscheut Anomalien. Nur für Kinder zu arbeiten reicht nicht aus. Man möchte für eine Busengefährtin arbeiten, für eine geliebte Frau, deren Brust das Zuhause ist, deren warme Arme die einzige Zuflucht vor der Welt sind, deren Augen die hellen Tore zum Himmel sind. Diese Erfüllung hatte ich nie und werde sie auch nie haben. Daher das ungewöhnliche Gefühl der Frustration, der Unvollständigkeit. Irgendein Psychoanalytiker würde dies zweifellos als einen wohlbekannten Komplex mittleren Alters brandmarken, ihn wie einen Vertrauten beim Namen nennen und mich davon „heilen". Aber ich gehe zu keinem Psychoanalytiker. Ich kenne meine Not und auch ihren Namen – obwohl ich sie nicht nach König Ödipus oder König David oder dergleichen nennen kann.

Galeotto fu il libro e chi lo scrisse trauerte um die flammenhafte Francesca da Rimini. Und der Name und der Urheber meines Kummers ist nicht Galeotto

, sondern – Alicia – Alicia, die ich nicht genommen habe und jetzt nie haben kann.

Für Alicias Francesca bin ich kein romantischer Paolo. Ich bin ein Geschäftsmann – ja, ein fast wachsamer New Yorker Geschäftsmann mittleren Alters der bewährten Sorte Hartlack – mit guten, gefälligen, stereotypen Redewendungen und einer Zurschaustellung männlicher Aufrichtigkeit. Wer kennt nicht die direkte Rede der meisten von uns modernen Geschäftsleuten, hinter der wir so viel List, List und Schikane verbergen können? Hätte ich Alicia nicht einfach durch eine Art bedeutende Domäne in Besitz nehmen können? Oh, ich meine nichts Unangemessenes! Ich meine mit all den klugen und üblichen Methoden, so etwas wie Glocke, Buch, Kerze und Orangenblüten, wie der hartnäckige Mr. Pettigrew in amerikanischen Romanen oder der böse Marquess oder Baronet in den Engländern.

Aber ich konnte nicht – ich konnte nicht.

Unter dem Panzer der Schildkröte oder des Gürteltiers befindet sich ein Körper aus Fleisch mit Nerven, Blut und Eingeweiden – ein weicher lebender Teil. So auch unter dem Deckmantel des gescholtenen Geschäftsmannes.

Der Gedanke an Alicia erfüllt mich mit unendlichem Mitleid und Zärtlichkeit. Plötzlich spüre ich in meinem Innersten die Weichheit ihrer Wange und sie berührt mich, wie die Zartheit des Fleisches eines eigenen Kindes einen berühren muss . Wenn ich selbst ein Kind hätte – aber darüber darf ich nicht einmal in Träumen nachdenken.

Doch warum nicht? Träume sind alles, was ich haben werde, und, pardie, es ist mehr, als ich verdiene. Mir wurde viel, sehr viel gegeben und ich sollte zutiefst dankbar sein. Und ich bin dankbar.

Aber – Alicia – ist verlobt.

Ich kann die Worte kaum schreiben, obwohl es die Worte sind, die mich dazu gebracht haben, wieder zu schreiben.

Ich war diese zwei Jahre und noch mehr glücklich – glücklich auf meine Art und Weise. Inmitten des Tumults und des Aufruhrs des Kriegsgeistes habe ich, gemeinsam mit anderen Geschäftsleuten, gekauft und verkauft, gepriesen und gewerbelt, Lauras Kinder großgezogen, Alicia erzogen und es gedeihen lassen. Wenn frisch reiche Arbeitskräfte Autos gekauft haben, muss man zugeben, dass einige plötzlich reich gewordene Geschäftsleute und ihre Frauen Zeit hatten, sich von Pelzen und Krimskrams und der Innendekoration, die bisher als meine eigene, abgelegene Spezialität galt, abzuwenden. Sie haben Bücher gekauft – Bibliotheken in Massen, Klassiker und Erstausgaben in Hunderten. Die Tatsache, dass es diesem bewundernswerten amerikanischen Buchautor, dem jungen Widener, gelungen war, in seinem allzu kurzen Leben eine großartige Sammlung zusammenzutragen, hat viele zur Nachahmung angeregt. Shelley muss nicht länger um Adonais weinen . Ich habe Keats-Sammlungen *en bloc* an Herren verkauft, die Endymion wahrscheinlich noch nie in ihrem Leben gelesen haben, und selbst jetzt besitze ich eine Reihe von Shelley-Erstausgaben nur, weil ich mich nicht dazu durchringen konnte, sie an die sehr groben, fast ungebildeten Menschen weiterzugeben , Kunde, der sich als Höchstbietender erweist. Ich würde sie lieber für weniger Geld an einen aufgeklärteren Buchhändler verkaufen. Oh ja, ich war auf meine Weise glücklich. Doch warum bleibt der Anflug von Melancholie bestehen, wenn man die wenigen kurzen, vereinzelten Einträge in dieser Aufzeichnung durchblättert?

Ich finde ein Zitat von Anatole France mit einem Datum von vor etwa 26 Monaten, in dem es heißt: „Selbst die ersehntesten Veränderungen haben ihre Traurigkeit, denn alles, was wir zurücklassen, ist ein Teil von uns selbst. Man muss einer Art von Leben sterben." um in einen anderen einzutreten.

Was bereue oder bereue ich – es sei denn, es ist der bloße Lauf der Zeit, der mich immer älter werden lässt? Und wieder finde ich:

„Das Leben ist ein Spiel, das am besten von Kindern und von denen gespielt wird, die die Herzen von Kindern behalten. Für diejenigen, die das Pech haben, erwachsen zu werden, ist es oft ein Albtraum." Da ist es wieder – der anhaltende Ton des Bedauerns. Die Zeit wird sie alle von mir nehmen – alle, einschließlich Alicia. Und dann? – Wie konnte ich jemals zulassen, dass Leidenschaft in mein Herz eindringt?

Ich finde einige Sätze von Hazlitt, die besagen, dass „wir unsere Lieblingsbücher mit der Zeit nicht mehr mögen" und dass „wenn die Menschheit sich das Richtige gewünscht hätte, sie es vielleicht schon vor langer Zeit gehabt hätte", und dann später so etwas von Credo, oder Geständnis oder Apologia *pro vita mea* :

„Dies ist ein kommerzielles Zeitalter. Wenn das Geschäft der Weg des geringsten Widerstands für den Lebensunterhalt ist, damit ein dünnbegabtes Geschöpf wie ich an der Oberfläche des Planeten festhalten und das Erreichte an die Generationen weitergeben kann, die mehr erreichen müssen – Wenn das der einfachste Weg ist, dann ist das der Weg der Natur, mein Weg. Alle Geschäfte mögen mehr oder weniger unedel sein. Aber wenn ja, wer kann im gegenwärtigen Stand der Evolution dem Unedlen völlig entkommen?"

Dennoch habe ich mich im Wesentlichen nicht verändert. Wer kann sagen, wie sehr ich beim Anblick von Schönheit oder der seltenen Arbeit eines

Meisters begeistert bin? Ich kann nicht in Worte fassen, wie mein Puls höher schlägt, wenn ein neuer Autor in mein Blickfeld taucht – seine neue Stimme, sein frischer Ton bleiben in meiner Kehle hängen wie eine eindringliche Melodie, und ich weiß, wie sich meine Augen vor purer Freude über die Entdeckung füllen.

Oh, Sie, Randolph Byrd, siebzig Jahre alt, wenn Sie mit Ihren weißen Haaren und halbblinden Augen kommen, um diese Notizen zu scannen, werden Sie sie dann zum Nennwert erhalten? Glauben Sie, dass das Gefühl der Frustration, das ihnen zugrunde liegt, mit der Karriere, dem Ruhm und dem Leben von Brunetto zu tun hat? Latini ? Nein, mein Siebzigjähriger – ich habe Respekt vor dir und ein herzliches Mitleid. Ich kann dich nicht so kaltschnäuzen – nutze dich aus! Verdammte Karrieren und Geschäfte und Brunetto Latinis ! Ich möchte Liebe, leidenschaftliche Liebe und Kinder meiner eigenen Lenden und der Geliebten in meinem Herzen und einfach die gemeinsame Form des Glücks, das tausendtausend Männer in diesem Moment genießen. Warum habe ich es dann nicht genommen? Warum habe ich Alicia nicht genommen, wie König David Bathseba oder wie auch immer der Name der Dame lautete, aus purem Verlangen und Macht nahm? Weil ich ein pingeliger, hyperkultivierter, hypersensibler Idiot gewesen bin, mein alter Freund; und jetzt, da sie verlobt ist, sollte ich es auch tun – aber jetzt ist es zu spät! Immer, immer, Randolph Byrd, du warst zu spät!

Alle Welt kann mir Ratschläge geben und mich analysieren, doch niemand kennt mich wirklich. Dibdin , der mich am besten kennt, kennt mich in Wirklichkeit am wenigsten. Er fasste mich zusammen, oder zumindest glaubte er es, vor seiner regelmäßigen Abreise in unbekannte Gegenden vor etwa zwanzig Monaten.

„Siehst du", sagte er, „du bist wirklich ein Genie für Kinder. Ich habe dir gesagt, was ich für Laura empfand. Aber was soll ich tun? Ich gehe zum Teufel weiß wohin, weil ich ein Landstreicher bin. Das." ist in mir stärker als alles andere. Aber du, siehst du, hast alles andere für sie aufgegeben – alles. Wer außer einem Narren könnte die Bedeutung dessen außer Acht lassen?"

Wer außer einem Narren, mein lieber alter Dibdin , könnte so blind sein wie du? Wer außer einem Narren könnte nicht erkennen, dass ich voller Leidenschaft für Alicia bin und nur gewartet, gefürchtet und gehofft habe, bis sie alt genug sein könnte, um ihren eigenen Verstand und ihr eigenes Herz zu kennen – und zu lange gewartet habe?

Und jetzt ist Alicia verlobt – und zwar mit meinem eigenen Neffen Randolph – und für mich ist das Leben, das Leben im reichen, lebendigen, farbenfrohen, romantischen Sinne des Wortes, zu Ende.

Mein Neffe Randolph – ein Student im zweiten Jahr an der Columbia – hat sich mit Alicia verlobt!

Blitze der Grausamkeit durchdringen mein Herz, wenn es mir gelingt, diesen Jugendlichen zu hassen – vor allem, wenn ich den Pendleton-Ausdruck in seinem Gesicht und die Pendleton-Zwielichtigkeit in seinen Augen wahrnehme. In solchen Momenten verspüre ich ein intensives, fast unwiderstehliches Verlangen, mich mit ihm auseinanderzusetzen, so wie ich es bei einer bestimmten Gelegenheit mit seinem Vater tat, seinen Kopf gegen die Wand zu schlagen und ihm mit seinem letzten Atemzug diese unverschämte, unverschämte Kühnheit auszutreiben .

Aber ich bin nur Onkel Ranny – und ich glaube nicht, dass ich so etwas tun werde. Habe ich ihn nicht erzogen? Habe ich nicht für ihn gearbeitet und gearbeitet und über ihn gewacht? Ist er nicht mein Kind wie die anderen? Es gibt etwas an der Person, das Fleisch des Kindes, das man großgezogen hat, das den Zorn entwaffnet und das Herz zum Wasser werden lässt. Seine schlechten Manieren tun ihm noch mehr weh, doch sie ähneln nicht den schlechten Manieren eines Fremden. Seine Übertretungen sind nicht wie die Übertretungen anderer. Im Namen Gottes schreit deine Seele, es muss erlösende Eigenschaften und mildernde Bedingungen geben! Habe ich nicht an seiner Gestaltung mitgewirkt? Und war er als Kind nicht unbeschreiblich liebenswert? Er mag jetzt etwas wild sein, aber ist das nicht jede Jugend auf ihrem Weg zum Mann?

Das ist, wie ich sehe, der Standpunkt eines Elternteils, nicht der eines Rivalen . Warum, warum hat ausgerechnet dieser Junge auf der Welt mir Alicia weggenommen?

Es ist erst gestern passiert, aber schon jetzt kommt es einem wie ein uraltes Unglück vor, das seinem Opfer das langsame Mahlen jahrelanger Schmerzen einprägt, sein Fleisch blass werden lässt und es in die Schwebe derer drückt, die die langsamen, langwierigen Qualen des Lebens durchmachen .

Dennoch war ich gestern glücklich. Ich kam um eins nach Hause, wie ich es jeden Samstag tue, und der Sonnenschein Anfang April war zwar immer noch tückisch, aber dennoch voller strahlender Verheißungen auf den Frühling, auf eine Erleichterung von dem schrecklichen Winter, den wir durchgemacht haben. In meinem Kopf schwirrte es vor Plänen wie in einem Bienenstock. Der Mietvertrag für das Chalet läuft im Mai aus und ich war voller vergeblicher Überlegungen, ein größeres, attraktiveres Haus zu nehmen, das ein passender Rahmen für Alicia sein sollte. Danach bleibt Alicia nur noch ein weiteres Jahr College, und dann – und dann – hatte Alicia davon gesprochen, den Laden zu betreten, und ich sollte sie die ganze Zeit bei mir haben. Wie sehr ich mich auf diesen Tag gefreut und gefreut habe! Alicia ist meine ständige Begleiterin, die jeden Moment des Tages teilt, zusammengeht und zusammenkommt, zusammen zu Mittag isst und alles bespricht. Wer soll mir die Schuld geben, wenn ich Visionen sehe?

Und dann, vielleicht eine Stunde nach dem Mittagessen, betraten sie plötzlich zusammen mein Arbeitszimmer – Randolph etwa einen halben Schritt hinter ihr, mit einem Ausdruck von Hangdog im Blick – ein Gesichtsausdruck, den ich an ihm verabscheue – und Alicia, den Kopf hoch erhoben, mit einem Gesichtsausdruck verzweifelte Entschlossenheit über die etwas hageren Augen, die mich erschreckten.

Ich war damit beschäftigt, die Seiten umzublättern und einen Caxton zusammenzustellen, einen echten Caxton, den ich später Alicia zeigen wollte – „The Royal Book" (1480, 2. Regierungsjahr von König Rychard dem Dritten) – eine wunderschöne Inkunabel .

Randolph bewegte sich mit einer Kopfbewegung abrupt vorwärts, und als sein Blick meinen nicht traf, platzte er heiser heraus:

„Wir sind verlobt, Onkel Ran – Licia und ich!"

"Was!" Ich schrie laut wie jemand vor Schmerzen und fiel gegen die Stuhllehne. „Was – was zum Teufel meinst du?"

Aber er schaute einfach weg und antwortete nicht.

„Ist das wahr, Alicia?" Ich schrie, als wollte ich den Tumult in meiner Brust übertönen.

„Ja, Onkel Ranny ", hauchte Alicia und blickte mich mit einem Blick an, der so ergreifend traurig und voller Schmerz war, dass es mich erstarren ließ, als ich gerade sprechen wollte. Ich saß eine Weile da, mein Mund war offen, unsere Augen verweilten einen Moment lang ineinander. Und dann, wie durch eine plötzliche Anstrengung, lächelte Alicia tapfer, legte ihre Hand fest auf den Arm des schrumpfenden Jungen und senkte dann abrupt den Blick.

„Aber – aber warum – warum jetzt?" Ich stotterte. „Ihr seid beide so jung – ihr seid erst im zweiten Jahr, Randolph – und du, Alicia – in Gottes Namen, warum jetzt?"

Alicia warf Randolph einen Blick zu, als sei sie darauf angewiesen, dass er sprach, und gab es dann verächtlich als hoffnungslos auf. Sie straffte tapfer die Schultern und murmelte mit leiser, deutlicher Stimme:

„Ich habe es Randolph versprochen. Er möchte, dass ich mich mit ihm verlobe, und ich habe ihm versprochen, dass ich es tun würde."

„Du – du meinst dich – ihr liebt euch?" Ich stammelte kläglich, denn jedes Wort war wie ein Messerstich in mein eigenes Herz.

Der junge Randolph war nun zu einem kleinen Teil seiner Männlichkeit beschämt.

„Ja, das tun wir, Onkel Ranny ", kam mit seiner kehligen Stimme hervor. „Das ist es einfach – wir – wir lieben uns. Und –' Licia hat mir versprochen, sich mit mir zu verloben, bis ich mit dem College fertig bin und einen Job finde."

„Ich schätze, es musste so kommen, Onkel Ranny ", erklärte Alicia mit einer, wie mir schien, sehr angestrengten Gelassenheit. „Wir sind zusammen aufgewachsen. Wir waren so befreundet und brauchten mich – und Randolph schien es auch. Verstehst du das nicht, Onkel Ranny ?" In ihrer Stimme lag ein mitleiderregender, appellierender Unterton, der mich nur noch mehr zu zerfleischen schien. Aber ich konnte nicht sprechen.

Der Sonnenschein war vom Aprilnachmittag verschwunden. Wellen der Dunkelheit schienen über mich zu schlagen und die Kraft und Energie von vor ein paar Minuten war wie Wasser aus mir herausgeströmt. Ich fühlte mich so schwach und erschüttert, dass mich plötzlich eine panische Angst vor dem Zusammenbruch erfasste.

„Bitte verlass mich jetzt", meine Lippen, seltsame, kalte, tote Dinge, die in keiner Weise ein Teil meines Körpers zu sein schienen, brachten mechanisch, aber mit großer Anstrengung hervor. „Es ist – es ist ein Schock – wir werden später darüber sprechen." Ich beneide die beiden nicht um den Anblick meines Gesichts in diesem Moment. Ich bin mir ziemlich sicher, dass Randolph es nicht gesehen hat, denn er hat sich abgewandt, aber bei Alicia habe ich Zweifel. Ihre Augen waren voller Tränen und sie kam mit einer plötzlichen, neugierigen Handbewegung auf mich zu, als würde sie den Weg eher fühlen als sehen. Dann sanken ihre Hände abrupt zur Seite, sie hielt inne und drehte sich abrupt um.

Sie haben mich damals verlassen, beide. Ich blieb allein – niedergeschlagen, fassungslos, allein.

Und obwohl ich unter Qualen leide, gibt es in mir jetzt ein seltsames neues Gefühl der Vertrautheit mit dem Leiden. Angst und Kummer sind, Gott sei Dank, keine Neuheiten mehr. So viel Unannehmlichkeit bringt einem das bloße Geschäft des Lebens mit sich. Ich reagiere genauso sensibel auf sie wie eh und je in meinen prähistorischen Tagen der Bequemlichkeit, Muße und Zurückgezogenheit, aber jetzt sind sie alte Bekannte. Ich muss weitermachen und meinen Kummer verbergen, so gut ich kann, und für den sonnigen, hübschen Jungen Jimmie arbeiten, der so vielversprechend ist, für die ernste Laura mit dem süßen Gesicht, das Abbild ihrer Mutter, und – ja – für Randolph und Alicia. Ich kann nicht schimpfen und ich darf keine Trauer verraten oder mich vor ihnen zur Schau stellen. Ich muss weitermachen.

„So klein deine Lampe auch sein mag", bemerkt der Weise aus Belgien, „gebe niemals das Öl weg, das sie speist, sondern gib nur die Flamme, die sie krönt."

Ein schlechtes und schwaches Öl ist das meiner eigenartigen Lampe, eine kleine Flamme und ein trübes Ergebnis. Aber so wie sie sind, muss ich sie beschützen.

Ich kann mich jedoch des Gefühls nicht erwehren, dass hinter dieser blitzartigen Entwicklung zwischen Alicia und dem Jungen ein Geheimnis steckt, ein geheimer Grund. Mit bleiernem Herzen muss ich festhalten, dass er sich für mich als Enttäuschung erwiesen hat. Seine Mittelmäßigkeit als Student beunruhigt mich weniger als sein allgemeiner Hang zum Zwielichtigkeitsgefühl, sein unsicherer Blick und seine stark herabhängende Unterlippe, wenn er mir erzählt, dass er „die Nacht mit den Kameraden im Studentenverbindungshaus verbracht hat", dass „ein Kamerad sich mit ihm identifizieren muss". mit gleichaltrigen Freunden", dass „er Freunde finden muss" und so weiter. Vier Tage nach Erhalt hat er sein Taschengeld aufgebraucht und bettelt immer wieder um mehr. Mehr als einmal habe ich den Geruch von Alkohol an ihm wahrgenommen, als er spät in der Nacht hereinkam, und nur die Tatsache, dass er Lauras Junge ist und dass ich ihn großgezogen habe, hat mich dazu gebracht, seine vielen Vergehen zu dulden.

Habe ich ihn verwöhnt, frage ich mich? Hätte ich das geduldet und toleriert, wenn er mein eigener Sohn wäre? Er ist über ein Jahr jünger als Alicia, und obwohl er auf seine Art ein recht hübscher Junge ist, glaube ich, dass ich zu viel von Pendleton in seinem Gesicht sehe, als dass ich mich trösten könnte. Auch sein Vater sah ausgesprochen gut aus, als er die arme Laura heiratete. Habe ich, frage ich mich, einen weiteren Pendleton großgezogen?

Aber Alicia, die aufgeweckte, schöne, strahlende, mittlerweile fast eine Frau, mit mehr Weisheit, als ich jemals zuvor bei Frauen gefunden habe – wie kam sie dazu, sich ihm anzuschließen? Ich kann seine mögliche Verliebtheit verstehen. Aber ein Mädchen, so hatte ich immer geglaubt, erlernt die Künste ihrer Frau instinktiv. Wie kann sie so blind für den Charakter und die Mängel des Jungen sein? Kann es sein, dass sie ihn wirklich liebt? Liebe Liebe Liebe! Diese blinde Kraft, die angeblich die Sterne bewegt – warum kann sie im normalen Tageslicht so ausgezehrt, dürr und schmerzhaft sein? Wehe mir, dass ich zu dumm bin, es zu begreifen! Wie das blutige Pferd in *Werther*, das sich in die Ader beißt, um sein überanstrengtes Herz zu beruhigen, muss ich innerlich bluten – ich muss leiden und ertragen.

KAPITEL XXIII

Da dieses Vagabundtagebuch für Sie, Randolph Byrd, Siebzig, geschrieben wurde, würde ich mich für heruntergekommen und unaufrichtig halten, wenn ich Ihnen nicht in allen Einzelheiten vermitteln würde, was für ein Wesen Sie in der Mitte Ihres Lebens waren. Wenn Sie Ihren Vorfahren nicht gutheißen, weiß ich, dass ich genau war, denn ich selbst kann ihn nicht gutheißen.

Wir sind im Krieg. Jede Faser in mir sollte bei der Kriegserklärung des Präsidenten an Deutschland mit Spannung aufkommen, aber hier habe ich ruhig die Seiten von „The Description of a Maske " von Thomas Campion (S. Dunstone's Churchyard in Fleetstreet 1607) umgeblättert. Es handelt sich um einen wunderschönen, hervorragend erhaltenen Band, einer von fünf Bänden, die ein junger Mann mitgebracht hat, der sich für die Rekrutierung anmeldet. Er hat sie von einem Großvater geerbt, möglicherweise einem alten Mann wie Ihnen, der sie sehr geschätzt hat. Ich habe sie eifrig gekauft, denn ich weiß, wo ich sie entsorgen kann, obwohl ich sie am liebsten in mein eigenes Regal stellen würde. Wir werden daraus einen Gewinn machen, und zwar einen schönen. Das ist die Art von Gedanken, die mir durch den Kopf gehen, Randolph Byrd, *usw*. 70, und das ist die Art von Mann, die du vor etwa dreißig Jahren warst. Du warst in deiner Jugend nie jung, mein guter Freund. Vielleicht werden Sie mit zunehmendem Alter jünger.

Aber das ist noch nicht alles. Über dem sinnlichen Vergnügen an den Büchern und dem Gedanken an Gewinn steht die seltsame Romanze zwischen Alicia und Ihrem Namensvetter Randolph Pendleton. Es sprengt alle meine bisherigen Vorstellungen von Romantik. Wo ist die Farbe und die Wärme und der Glanz davon? Nach ihrer Ankündigung vor ein paar Tagen hatte ich erwartet, dass ich verbittert damit beschäftigt sein würde, eine herrliche Aprildämmerung zu beobachten, die mich mit ihren seltsamen Flammen blenden würde, weil sie nichts für mich war. Stattdessen scheine ich nur eine düstere, trübe Dämmerung zu sehen, wenn ich die beiden bei einem privaten Gespräch überrasche. Der bloße Gedanke an die Möglichkeit, dass Alicia mich lieben könnte (fantastische Arroganz!) strahlte mein Herz aus und ließ mich geradezu benommen werden, sodass ich meine Lippen kaum zurückhalten konnte, öffentlich zu lächeln. Aber mein kleiner kleiner Neffe wirkt abgemagert und von Sorgen besessen, und in Alicias Augen habe ich mehr als einmal Spuren von Tränen bemerkt.

Was kann das bedeuten?

Wäre ich in Wirklichkeit ein Elternteil, anstatt mich als einer auszugeben, würde ich mich zweifellos bemühen, dieses Geheimnis zu ergründen. Aber sehen Sie, ich bin immer noch unzulänglich. Die Wahrheit ist, ich traue mich noch nicht, mit Alicia über ihre Liebe zu sprechen. Ein wenig später, Randolph Byrd, ein wenig später – wenn der Schmerz in meinem Busen einigermaßen gezähmt ist und nicht wie ein frisch entfesselter Hund herausfliegt. Ist es in der Zwischenzeit nicht das Beste, dass ich meine Aufmerksamkeit auf Thomas Campion, seine Maske, lenke ?

Ich kann die Zwischenzeit vielleicht ein wenig ausfüllen, indem ich Ihnen erzähle, was ich in der geschäftigen Stille der letzten zwei oder drei Jahre übersehen habe, dass Fred Salmon versucht hat, *Amende ehrenhaft zu machen* . Fred Salmon, durch den ich das gesamte magere Kapital verloren habe, von dem Sie im Alter hätten leben sollen, ist mit einem lobenswerten Versuch der Wiedergutmachung wieder aufgetaucht.

Verblendet und mit Leinen behängt , fuhr er vor etwa zehn Monaten in einem prachtvoll glänzenden, bizarr gestalteten Wagen zum Châlet und betrat meine Tür, dröhnend wie ein nicht allzu entfernter Donner.

„Hallo, Ranny !" schrie er, und im Handumdrehen schien mein Arbeitszimmer voller ihm zu sein, überschwemmt von ihm, überfüllt von Fred und seinem Salmonismus . „Trink eine Zigarre, mein Junge – wie geht es dir? – wie geht es der Familie? – wie geht es dem Buchgeschäft?"

„Was soll ich zuerst antworten?" Ich grinste leicht.

"Egal!" brüllte Fred. „Wie ich sehe, geht es dir gut. Frag mich, wie läuft's mit mir?" Er war so offensichtlich voller Neuigkeiten, dass ich sofort nachkam.

„Sehr gut – wie sind deine Tricks, Fred?"

„Boom, boom, Randolph, mein Junge – und Kiten! Jack Morgan selbst würde nicht erröten, wenn er bei dem dabei sein würde, worauf ich mich eingelassen habe! Leg das auf dein Klavier, Randolph, mein Junge!"

Fred ist einer von denen, die gerne über Jack Morgan, Harry Davison, Gene Meyer und Barney Baruch sprechen, als wären sie seine täglichen Cocktailbegleiter. Diese ferne Vertrautheit mit wohlhabenden Männern verleiht ihm eine seltsame Ausgelassenheit.

„Bedenken Sie, dass ich es auf meinem Klavier ausprobiert habe und mir das Präludium gefällt", sagte ich ihm. „Jetzt zum Rest des Opus."

„Oh Kater! Oh, Fudge!" er lachte. „Meine Güte! Du bist ein toller alter Vogel, Rannie – toller alter Vogel! Nun, hör mal zu, Kumpel –", rannte er weiter, wilde Pferde hätten ihn nicht halten können – „du denkst, ich prahle gern, nicht wahr? Leugnen Sie es nicht – Sie wissen, dass Sie es tun! Nun, es ist Gottes Wahrheit, Randolph, das tue ich. Manche Leute sind so – ich zum Beispiel. Aber ich hatte nichts, womit ich prahlen konnte, sehen Sie? Also habe ich mich entschieden Ich würde mich auf etwas einlassen, das so gut ist, dass es jeder Prahlerei standhält. Was soll ich also tun, aber ins Öl gehen – Öl, Randolph, mein Junge – und jetzt habe ich es – ich habe es! Reich? Sag mal „Ich werde dreckig damit sein, Randolph, förmlich triefen, vor Geld krabbeln. So ist es bei mir, Junge!"

"Glückwunsch!" Ich streckte meine Hand aus. Er packte es fest. „Und was machen Sie mit Ihren Millionen?" Ich fügte milde hinzu.

„Oh, ich habe sie noch nicht !" er schrie. „Aber sie kommen, Randolph – sie sind auf dem Weg, auf dem Weg! Ich höre gerade das Geräusch ihrer lieben kleinen goldenen Füße – das süßeste Geräusch, das du je gehört hast. Und das erinnert mich daran! – " Und plötzlich Er öffnete seinen Staubmantel und holte aus seiner Brusttasche eine Reihe leuchtend gelber Zertifikate mit wunderschönen blutroten Siegeln hervor.

„Sehen Sie diese?" Seine großen Gesichtszüge strahlten eine Flut von Großzügigkeit aus, die mittags herrschte. „Erinnern Sie sich an die 25.000, die Sie aus Ihrer eigenen Spondulix investiert haben, kurz bevor Salmon und Byrd durcheinander waren ? Nun, das ist es! Hier sind tausend Anteile Lachsöl, um das zu decken, Randolph – und eines Tages werden Sie Geld verdienen." mit Interesse, mein Junge – auch mit großem Interesse – und vergiss es nicht!"

Ich starrte ihn eine Weile schweigend an. Aber seine Miene gerechten Triumphs wirkte so echt und aufrichtig, dass ich das rabelaisische Lachen unterdrückte, das mich innerlich erschütterte, und nur sagte:

„Danke, Fred. Du bist ein – weißer Mann."

„Sag kein Wort!" schrie Fred und klopfte mir auf den Rücken. „Es ist alles gut!"

„Übrigens", konnte ich nicht umhin, nach einem glühenden Moment hinzuzufügen, „wie hoch wird die Aktie derzeit verkauft?"

Nicht umsonst bin ich der Partner des schlauen Andrews.

„Oh, jetzt", erwiderte Fred in einem Tonfall, der über meinen Mangel an Romantik etwas verletzt war, „jetzt verkauft es sich überhaupt nicht – noch nicht! Es ist noch nicht ausgegeben, sehen Sie? Wir haben es noch nicht auf den Markt gebracht. Ich gebe Du hast das von mir. Du kannst es ein Jahr lang nicht verkaufen. Das ist der Vorrat des Veranstalters. Aber keine Angst, mein Junge, das wird dir eines Tages mehr als fünfundzwanzigtausend einbringen , oder mein Name ist Hubbard Squash!"

Es blieb nichts anderes übrig, als Fred als Philanthrop und Menschenfreund zu loben und ihm für seine goldfarbenen Urkunden zu danken – ein süßes Vorzeichen für künftige sagenhafte Reichtümer. Ich habe jetzt einen kleinen

Eisensafe in meinem Arbeitszimmer, um so wertvolle Gegenstände wie die Campion- Maske und den Caxton aufzubewahren, die ich über Nacht oder länger zum Lernen und Sammeln mit nach Hause nehme. Ganz feierlich klickte ich auf das Zahlenschloss, öffnete den Safe und legte vorsichtig, mit rituellen, fast hieratischen Bewegungen, ehrfurchtsvoll Freds Zertifikate in eine der kleinen Schubladen. Fred beobachtete mich aufmerksam. Diese Zeremonie schien seinem Sinn für das Dramatische zu entsprechen.

"Jawohl!" Er nickte mit großer Zufriedenheit als Zeichen meiner Bewegungen. „Da hast du eine kleine Goldgrube angelegt, mein Junge. Und du musst auch nicht daran arbeiten. Das werde ich tun! Alles, was du tun musst, ist, die Dividendenschecks einzulösen. Und ein Wort dazu." Dein Ohr, Randolph: Wenn ich dich anrufe und dir sage, du sollst mehr kaufen, dann tu es einfach, Junge – tu es einfach!" Ohne ihm meine momentane geistige Zurückhaltung zu schildern, versprach ich es sozusagen.

„Und, sagen wir mal", sprudelte Fred, als ihm eine plötzliche Erinnerung einfiel, „wer, glauben Sie, ist mit mir auf diesem Grundstück? Das würden Sie nie auf der Welt erraten, also können Sie es Ihnen genauso gut sagen! Es ist unser altes College." Kumpel, Visconti – die Guinea – und eine tolle kleine Sportart, die Guinea ist, lass es dir dein Onkel Fred sagen. Er hat die Spondulix, Junge, und er wird noch mehr haben, das wird er. Er wird mit diesem Deal reich werden, Wetten Sie Ihren Hut, und er wird reicher als je zuvor. Und sagen Sie!" Eine Idee schien in Freds Gehirn der nächsten zu folgen wie Lachse, die über Stromschnellen laufen. „Hat er nicht eine tolle Tochter , der alte Junge? Kennst du sie? Tolles Mädchen, Gina – wunderbar toller Sport! Sie und ich – sagen wir mal, wir sind tolle Freunde, dieses Mädchen und ich – Kabarett, Tanzen" – und er zitterte und zitterte in einer plötzlichen fragmentarischen Bewegung des neuesten Tanzes – „großartiger Sport!" schloss er schwerfällig keuchend.

„Engel und Diener der Gnade verteidigen uns!" Ich hörte mich murmeln.

„Hier! Wofür betest du?" fragte Fred humorvoll misstrauisch.

„Es war eine Anrufung, Fred", erklärte ich, „es ist das Wunderbarste, was ich je gehört habe. Du und Gina seid füreinander bestimmt. Sie ist ein feines amerikanisches Mädchen" – ich hätte fast „fina Americana Girl" gesagt . " und du – du bist ein – ihr seid einfach füreinander geschaffen!"

„Sag mal", grinste Fred jubelnd, „ehrlich, Randolph, meinst du das?"

„Das tue ich ganz bestimmt."

„Na ja – abwarten und sehen. Halten Sie an, schauen Sie zu, hören Sie zu – wachsames Warten ist das richtige Wort", murmelte er geheimnisvoll. „Ta-ta, alter Mann, ich muss von hier wegschießen. Denken Sie jetzt daran, was ich gesagt habe: Kaufen Sie nicht, bis Sie von mir hören, und verkaufen Sie nicht, bis Sie von mir hören!"

„Bleib zum Mittagessen", bettelte ich. „Schließlich ist es Sonntag."

„Tut mir leid, das geht nicht", erwiderte er wichtig. „Es braut sich Großes zusammen. Wir sehen uns wieder. Ta-ta!" Und er war weg.

Das war der Rückfall von Fred Salmon, und die Zertifikate liegen als Zeugen noch immer in meinem Safe, und zu meiner großen Überraschung haben sie jetzt einen Marktwert, auch wenn ich sie nicht verkaufen kann. Den Bordsteinnotierungen nach zu urteilen sind die goldfarbenen Flugblätter heute zehntausend Dollar wert. Aber ich weiß zu gut, dass noch vor Ablauf des Jahres etwas passieren wird und sie wieder wertlos sein werden. Wie sollte es anders sein, da sie mir gehören?

Fred Salmon war nie dazu bestimmt, ein Flüsterer oder Vermittler von Geheimverträgen zu sein. Die Kinder im Haus konnten es an diesem Sonntagmorgen nicht überhören, ihn zu belauschen, und seitdem ist er für sie bekannt und wird als „Brewster's Millions" bezeichnet.

Das Leben hat keine Kontur. Das Leben ist chaotisch. Wann immer ich daran dachte, dass Fred überhaupt heiraten würde, hatte ich ihn im Geiste mit Gertrude gepaart. Das wäre meiner Meinung nach eine ideal eugenische Kombination gewesen. Doch stattdessen hängt Fred offensichtlich an Gina und Gertrude ist seit achtzehn Monaten mit Minot Blackden verheiratet, der Wiederentdeckerin der Glasmalerei. Sie leben glücklich in Wohnungen, die etwa eine Meile voneinander entfernt sind, und man sagt mir, dass man gelegentlich zusammen frühstückt.

Und diese Notiz, oh mein alter Korrespondent, beweist mir, dass ich kein Romanautor bin. Denn wenn ich ein Romanautor wäre, würde ich diese Bilder zweifellos idealisieren – romantisieren, je nachdem, wie ich sie wahrnehme. Gertrude – meine alte kalte Flamme, Gertrude – verheiratet mit Blackden ! Darüber sollte es ein Kapitel geben – ein wahres lyrisches Epithalamium über diese hochmodernen Ehepartner . Blackden sollte sie für immer in einer Reihe von Buntglasfenstern befestigen!

Stattdessen habe ich das Gefühl: „Was bin ich jetzt für Gertrude, oder was ist Gertrude für mich? Nicht mehr als Hekuba für den Spieler in ‚Hamlet'." Immer anstelle von Romantik scheint die Realität einzubrechen und sie zu übernehmen Ich besitze meinen Stift und ertappe mich wohl oder übel dabei, dass ich Ereignisse so aufzeichne, wie sie geschehen, ohne Firnis oder Verzierung.

Aber wenn meine Feder so wahrheitsgetreu ist, wie ich oben angedeutet habe, warum ist sie dann so überstolz und unaufrichtig, dass sie die Folter, die unter der scheinbar ruhigen Oberfläche des Lebens andauert, die Qual und die Qual, Alicia täglich unter unveränderten Bedingungen zu sehen, nicht aufzeichnet? , dieselbe geliebte Alicia, doch mit einer Barriere vor ihr, vor der der Schirm der Dornröschen eine jämmerlich gestutzte Ligusterhecke war, für die Brynhilds Feuerkreis ein erbärmlicher Zaubertrick war?

Nachdem ich durch den Druck der Umstände zu einem geordneten und natürlichen Leben gezwungen wurde, bin ich jetzt wahnsinnig geworden von der Leidenschaft, es ganz aus seinen seltsamen Verrenkungen und Verstrickungen zu befreien. Meine Seele schreit danach, natürlich zu leben, und flüstert mir fast jeden Tag zu, dass ein natürliches Leben die erste Voraussetzung für ein konstruktives soziales Leben ist. Ich sehe Höhen des Dienens, der großen unpersönlichen Liebe schimmern – aber nur durch persönliche Liebe führt mein Weg dorthin.

Mit anderen Worten, ich bin mir jetzt bewusst, dass man nicht, wie ein anderer Aaron Latta , „die Gefühle des Sex verletzen" kann. Es gibt ein paar Urinstinkte, die so ungeheuer wichtig und so mächtig im menschlichen und tierischen Organismus verankert sind, dass ihre Verletzung die Persönlichkeit, die Seele in einem – das Leben selbst – verdrehen und zerstören würde. Ein normaler Mann muss heiraten , zeugen und großziehen, bevor seine Vorstellungskraft entwirrt und für das konstruktive und gemeinschaftliche Leben der Menschheit freigesetzt wird – bevor sein Nutzen für die Gesellschaft real und stabil, zuverlässig und keine Täuschung ist.

Ich habe Kinder großgezogen, aber ich hatte nie eine Frau und habe auch nie eigene Kinder gezeugt. Alicia verkörpert für mich die Vollendung des Lebens – und Alicia ist nun jemand anderem verpflichtet , wodurch meine Welt leer und bedeutungslos bleibt. Komm, was will, und meide mich, so sehr sie auch will, die Existenz kann auf diese Weise nicht weitergehen. Ich muss das Risiko eines privaten Gesprächs mit Alicia eingehen – möglicherweise zu meinem Schmerz, aber zu meiner Information unweigerlich. Ist sie wirklich in meinen Neffen verliebt?

„Alicia", begann ich heute Abend nach dem Abendessen schroff, „Ich möchte mit dir reden. Kommst du in ein paar Minuten in mein Arbeitszimmer?"

Sie hob für einen Moment forschend ihren Blick und senkte ihn dann schnell wieder.

„Ja, Onkel Ranny ", murmelte sie. Manchmal habe ich das Gefühl, ich könnte aus meiner Haut springen, wenn sie mich „Onkel Ranny" nennt . Diese „

Onkelschaft " war mein Verderben. Doch was für eine Fülle an Vorrechten hat es mir gebracht!

Ich habe mich für diesen Abend entschieden, weil irgendwie die ganze Welt beruhigt dalag. Windböen und prasselnder Aprilregen lösten im Laufe des Tages eine große Stille selbst über dieser Vorstadtlandschaft ab, in der das Rumpeln der Züge nie ausbleibt; aber der feuchte Geruch der frisch aufgewühlten Erde hing noch immer in meiner Nase und unser kleiner Rasen war bereits grün mit jungem Gras. Man konnte fast hören, wie der Saft in den Bäumen aufstieg. Es herrschte ein frühlingshaftes Gefühl des Friedens und der Hoffnung im Haus – bis in meine Nerven.

Besonders gut gelaunt waren wir außerdem unter dem Einfluss von Jimmies Tischgespräch. Dieser Junge ist eine Quelle ständiger Freude und sprudelt vor Vitalität wie aus einer Fontäne. Seine Anwesenheit in einem Raum sorgt für einen positiven Effekt von zusätzlichem Licht. Er ist gerade in lange Worte verliebt und hat angekündigt, dass er „mir eine Komposition geben würde, wie man eine Krawatte bindet". Er meinte eine Demonstration und wir lachten alle herzlich.

„Macht nichts", murmelte Jimmie fröhlich vor sich hin. „Demonstration – das werde ich nicht vergessen."

Griselda erklärt, er sei genau so, wie ich in seinem Alter war. Aber ich bin mir sicher, dass ich noch nie so entzückend war.

Laura war nicht bei uns. Sie ist dieses Jahr in einem Internat in Rye und kommt nur an jedem zweiten Wochenende nach Hause. Laura, süß und ernst im Gesicht wie ihre Mutter, ist nie so urkomisch wie der Rest von uns oft. Mein Neffe Randolph war ebenfalls abwesend. Ich nehme an, er speiste in seinem ewigen „Verbindungshaus".

Mir kam der Gedanke, wie glücklich wir sein könnten, nur wir drei, Alicia, Jimmie und ich – und natürlich Griselda. Alicia ist jetzt wunderschön mit einer zarten Farbe und Bewegungen von überschwänglicher Fröhlichkeit, die wie Wein im Herzen sind. Wenn ihr Gesicht lebhaft ist und ihre Augen vor Heiterkeit leuchten, scheint das Haus mit dem wahren Elixier der Freude gefüllt zu sein. In letzter Zeit habe ich jedoch wenig von ihrer Fröhlichkeit und eher von ihrer nachdenklichen, stillen Stimmung gesehen, und das war deprimierend. Aber heute Abend war Alicia wieder so schön wie vor der Verlobung, und ich nutzte die Gelegenheit, um so viel wie möglich über dieses Rätsel herauszufinden.

Allein in meinem Arbeitszimmer, an einer Zigarette ziehend, die bei all dem Geschmack, den ich darin wahrnahm, auch eine Hanfschnur hätte sein können, weidete ich meine geistigen Augen zum x- *ten* Mal an dem Bild von Alicia, die mit mir verheiratet war und mich als Ehefrau begrüßte bei meiner nächtlichen Heimkehr, schmiegte ich mich in meine Arme, um das köstliche, intime, fragmentarische Gespräch über den durchlebten Tag zu genießen, über die unzähligen kleinen Fäden, die erst ihren Platz im Gewebe des Lebens einnehmen, nachdem die Geliebte sie mit ihrer Liebe berührt hat. Die langen, ruhigen Abende der Intimität und die Nächte, die, um es mit Goethes Worten zu sagen, zu einer schönen Hälfte der Lebensspanne werden.

Bin ich unmoralisch, oh Randolph von siebzig? Dann habe ich schreckliche Angst, dass ich unmoralisch bin. Denn das sind die Bilder, alter Mann, und das sind die Gedanken, die sie hervorbringen – so schlimm sie sicherlich auch für mich sind. Denn Alicia ist mein Mündel – mein Kind. Und was auch immer passiert, sie darf sie nicht verdächtigen. Mit Mühe und gerunzelter Stirn entließ ich sie, als ich Alicias Schritte an der Tür hörte. Sie war sehr gerade und zurückhaltend, als sie eintrat, und brachte diese Aura der Unendlichkeit mit sich, die meinen törichten Puls immer höher schlagen lässt.

„Setz dich, Alicia", ich winkte sie zu einem Stuhl und versuchte zu lächeln.

„Ist irgendetwas los, Onkel Ranny ?"

„Nein – nein – nichts –" mit übertriebener Natürlichkeit. „Ich wollte nur mit dir reden."

„War Jimmie nicht schlau!" Sie lachte und ließ sich auf einen Stuhl fallen. „ Er sagt, er wird ein Schriftsteller wie Mark Twain und lässt Sie seine Bücher verkaufen. Dieses Umfeld, sagt er, reicht aus, um aus jedem Kerl einen Schriftsteller zu machen." Ich lachte.

„Sag es mir, Alicia –", begann ich zügig, und als ich dann ihren Blick auf mich bemerkte, diese tiefen Augen einer Frau, geriet ich ins Stocken:

„Haben Sie – haben Sie – wann begann diese Liebesbeziehung zwischen Ihnen und Randolph?"

Alicia gab keine Antwort.

„War es plötzlich – spontan – so?" und ich schnippte mit den Fingern und klammerte mich immer noch an die Leichtigkeit, mit der wir den Tisch verlassen hatten.

„Ich habe sie alle geliebt – immer", murmelte sie und blickte nach unten, „seit ich bei ihnen war."

„Das weiß ich – das weiß ich auch – ich auch –" und mein Lachen klang in meinen eigenen Ohren wie das Knirschen rauer metallischer Oberflächen aneinander. „Aber ich heirate doch nicht alle – oder? Das ist eine sehr ernste Angelegenheit, Alicia, dieses Heiraten."

Wie langweilig und prosytisch fielen die Worte über mich in die Luft! Bedeutet das mittlere Alter, prosy zu sein, wenn man wachsam, aufgeweckt und frisch sein will? Dennoch fühle ich mich jünger als alle anderen.

Ihr Gesicht, das sich langsam hob, und ihre weit geöffneten grauen Augen, die meine suchten, kamen mir plötzlich so erbärmlich traurig vor, dass ich mir ab und zu „Esel und Trottel" aufschrieb und mich abwandte, um meine Scham zu verbergen.

„Ich weiß, es ist ernst, Onkel Ranny !" und ihre Stimme war wie die gedämpften Saiten einer Geige. „Aber glauben Sie nicht, dass ich das verstehe? Bitte haben Sie keine Angst vor mir – würden Sie mir nicht vertrauen – bitte?" Und sie verließ ihren Stuhl und kam mit einer flehenden Handbewegung auf mich zu.

„Ich bin keine entwerfende Frau", erklärte sie mit einem halben Lächeln und fuhr dann vehementer fort: „Ich weiß, dass Randolph jünger ist als ich. Er kann hundertmal meiner überdrüssig werden, bevor er bereit ist zu heiraten." Oh, wir sind noch weit davon entfernt zu heiraten. Aber er – er hat mich angefleht – mich mit ihm zu verloben und – und aus bestimmten Gründen, die ich niemandem sagen kann , habe ich zugestimmt. Und ich werde mein Wort halten, wenn er hält-" und da hielt sie inne.

Die feierliche, geradezu mütterliche Zärtlichkeit in ihrem Gesicht, als sie diese Worte aussprach, faszinierte mich so sehr, dass ich sie plötzlich neu sah – eine neue Alicia – und mit einem seltsamen Ziehen im Herzen staunte ich über das Wunder.

Ich sah sie plötzlich nicht mehr als *Frau* , sondern als Frau – die Mutter der Menschheit, die Amme, die Ernährerin aller Generationen. In ihren Augen lag etwas Verzücktes und Sybillenhaftes – sie war das ewige mütterliche Prinzip der Natur, die Hüterin des Schicksals des Menschen, älter als ich, so alt wie die Rasse – der Geist der Mutterschaft!

Und *sie* war mit Randolph verlobt!

Dann, als käme ich aus einem Labyrinth, platzte ich heraus: „Du bist also nicht in ihn verliebt?" ...

„ Natürlich liebe ich ihn!" sie kam mit Feuer zurück. „Ich liebe jeden in diesem Haus. Das war ein Zuhause – der Himmel für mich. Warum sollte ich nicht? – Oh, du Randolph Byrd! – warum sind Männer so blind? Ich habe dir mein ganzes Leben lang vertraut, als ob du Gott wärst – und du kannst es mir nicht überlassen – aber du musst mir vertrauen! – Ich kann helfen – ich muss – ich kann es dir nicht sagen – aber du wirst es nie bereuen! – Oh, bitte, Onkel Ranny , „Drück mich nicht mehr ", fügte sie noch klagend hinzu, während ihre Kraft sie plötzlich verließ, als ob sie durch einen Schock zu sich gekommen wäre. Ein Schwall Tränen füllten ihre Augen. „Sei nicht – zu hart zu mir", stockte sie. Ihre Hand tastete nach dem Stuhl hinter ihr und sie sank weinend hinein.

„Alicia! Mein Gott!" Ich schrie und würgte. Fleisch und Blut konnten es nicht ertragen. Ich sprang auf sie zu und hatte den wilden Drang, sie in meine Arme zu nehmen, sie zu trösten, ihr die Wahrheit über die Lippen auszudrücken, dass ich ihr vertraute und sie mehr liebte als jedes andere menschliche Wesen auf der Erde ... Meine Arme streckten sich aus und hätte sie beinahe verschlungen. Aber – seltsamerweise – ich habe mich selbst überprüft. Eine starke Hemmung hielt mich plötzlich wie in einem Schraubstock gefangen. Sowohl der Fluch als auch der Segen des mittleren Alters waren dieser Hemmung innewohnend. Wenn ich sie damals auch nur berührt hätte, wusste ich in einem Blitz zitternder Intuition, dass die Wahrheit, die ich notgedrungen so sorgfältig gehütet hatte, wie Wasser verschüttet werden würde. Wenn ich sie dann berührte, war ich verloren!

Hastig wich ich ein oder zwei Schritte zurück. Einen Moment intensiver, aufgeladener Stille saß Alicia da und trocknete ihre Augen, eine leicht zerknitterte Niobe, während ich mit zitternden Fingern der Hand, die auf meinem Tisch lag, dumm in der Zigarettenschachtel herumfummelte.

„Vertrau dir, Alicia!" Ich murmelte, mit großer Anstrengung, meine Stimme zu kontrollieren. „Ich vertraue dir mehr als jedem anderen. Du bist die Herrin in diesem Haus. Tu, was immer du für das Beste hältst. Ich wollte dich nicht zum Weinen bringen, Kind, vergib mir. Du – du hast meine Frage beantwortet. Jetzt lass es uns nicht tun Noch mehr Tränen – bitte!"

Und automatisch zündete ich mir eine Zigarette an, ich näherte mich ihr nun und stellte mich näher an sie heran.

„Es tut mir-leid, Onkel Ranny ", stockte sie.

Sie hatte mich in ihrer Heftigkeit Randolph Byrd genannt, und der Klang hallte immer noch in meinem Gehirn nach. Aber ich war wieder bei Onkel Ranny , wie ein weiteres Aschenputtel in ihrem Kürbis.

„Weißt du, was du bist, Alicia?" Ich stand über ihr, schnaufte und plapperte gegen die Zeit: „Du bist ein altmodisches Mädchen, das bist du – mit Emotionen und – und allen möglichen merkwürdigen Eigenschaften, während du über Freud und Komplexe und den einzelnen Standard diskutieren solltest." das Recht der Frau – „das Recht der Frau, hätte ich fast gesagt, auf Mutterschaft unabhängig von der Ehe", worüber ich erst an diesem Morgen im Laden eine modische junge Frau sprechen hörte, als sie sich auf ein Buch über die Dunkle Dame bezog, das sie gerade kaufte der Sonette. Aber ich habe rechtzeitig innegehalten.

„Und alle möglichen Dinge“, verstummte ich lahm.

„Ja“, murmelte sie, ein schwaches, trauriges Lächeln umspielte ihre Lippen. „Das mache ich das nächste Mal. Eines Abends werde ich Jimmie einen Vortrag über den Ödipus- Komplex halten – oder warum es nicht ratsam ist, die eigene Großmutter zu heiraten.“

Offensichtlich ist Alicia mit dem Zeitgeschehen nicht fremd. Aber was für ein herrliches, natürliches Geschöpf sie ist!

Ihr Hauch von Satire nach ihrem Gefühlssturm hat mich wie vielleicht nichts anderes hingerissen. Wie bezaubernd war sie in all ihren Stimmungen!

„Tu es jetzt, Alicia“, rief ich.

„Jetzt muss ich hochgehen und mein Gesicht waschen“, murmelte sie. Ich konnte es nicht ertragen, sie gehen zu lassen.

„Wo – wo ist Randolph heute Abend?“ Ich klammerte mich noch einen Moment lang an ihre Anwesenheit.

„Ich weiß es nicht“, und mit einer plötzlichen, schnellen Bewegung glitt sie aus dem Zimmer. Wenn sie nur wüsste, wie bezaubernd sie ist! Aber vielleicht ist sie besser unwissend.

Eine Sache ist sicher. Sie hat meine Frage beantwortet. Sie ist nicht in Randolph verliebt.

Verschwommen nehme ich eine schwache Kohärenz zwischen den schwimmenden Linien des Bildes wahr. Aus irgendeinem Grund, den sie am besten kannte und der ihr gut erschien, gab sie den Zudringlichkeiten des Jungen nach. In gewisser Weise ist die Mutter in ihr beteiligt. Wie wenig weiß ich doch von meinem ältesten Neffen! Alicia weiß zweifellos mehr – viel mehr.

Aber das ist die Frage, die wie eine schwarze Säule auf der Straße vor mir aufsteigt:

Kann dieses großartige Mädchen absichtlich planen, sich für etwas wirkliches oder eingebildetes Wohl des Jungen zu opfern – in der Hoffnung, dass er, wenn seine Gefahren vorüber sind, ihrer überdrüssig wird und ihr in Not geratenes Wort preisgibt? Aber angenommen, er würde nicht müde werden – wie könnte er das auch tun? Kann ich ihr Glück auf diese Weise riskieren – ihr Glück, das mir tausendmal mehr bedeutet als mein eigenes?

Mein eigenes Glück – es ist sinnlos, an so etwas Neues zu denken! Was auch immer Alicia verriet oder nicht verriet, es war offensichtlich, dass ich einfach Onkel Ranny bin – wie immer. Für einen Moment der Aufregung war ich

Randolph Byrd – aber nur für diesen Moment. Nun ja, es hat keinen Sinn, jetzt über diese Bitterkeit nachzudenken.

Aber was sollte ich mit diesem jungen Paar besser tun, mein alter Berater? Mit siebzig wirst du mir zweifellos den klügsten Rat geben können. Aber das wird zu spät sein, Freund, *par trop* , zu spät. Von diesem Moment an muss ich genauer hinschauen. Ich muss noch viel lernen, Randolph Byrd. Dessen bin ich mir jedoch sicher: Ein Mensch kann aus Edelmut sein Leben für einen anderen opfern. Das liegt meiner Meinung nach in der Ordnung des Universums. Aber jeder hat Anspruch auf sein eigenes Glück. Wehe und Schande für die verkrüppelte Seele, die zulässt, dass ein anderer ihn in seinem Glück verstümmelt. Jeder Mensch hat das uneingeschränkte Recht auf seinen Anteil!

Ich schwadroniere, wie ich sehe. Mein Gehirn ist zweifellos immer noch voller Emotionen und Untertöne des Interviews mit Alicia.

Die Schlagzeilen der Abendzeitung, über die mein müder Blick schweift , zeugen vom Kriegsgeist, von Nachrichten über bewachte Brücken, von Vorbereitungen, von Munition, von Spionage, von Schiffen, Truppen, Freiwilligenarbeit! Aber die Bedeutung davon hinterlässt bei mir kaum einen Eindruck. So unpersönlich ist Patriotismus neben der intimen Angelegenheit des Lebens!

Es ist spät. Ich muss ins Bett gehen. Alicias Verlobter ist noch nicht erschienen.

Heute kam ein Brief an, der alles andere in den Schatten stellte, der sogar mein Gespräch mit Alicia vom letzten Abend für einen Moment in den Hintergrund stellte und seltsame schlafende Instinkte der Besorgnis, des Kampfes und der wilden Wachsamkeit weckte. Das Letzte, was ich jetzt hätte erwarten oder woran ich denken konnte, war dieser Brief von Pendleton. Die strahlende Aprilsonne wurde dunkler, als ich sie öffnete und die Wärme aus der Frühlingsluft verschwand, sodass der Frühling wieder zum Winter wurde. Folgendes habe ich gelesen:

LIEBER RANDOLPH:

Ich schreibe Ihnen aus dem St. Vincent's Hospital in San Francisco. Eine Geschäftsreise, die mich hierher geführt hat, hat mich an Typhus erkrankt, und mein ganzes Geld, das für die Rückreise nach Kobe übrig geblieben ist, ist weg.

Ich bitte Sie, mir den großen Gefallen zu tun und mir dreihundert Dollar vorzuschießen. Ich werde in einer Woche oder höchstens zehn Tagen aus dem Krankenhaus entlassen und möchte sofort zurückkommen. Sobald ich nach Kobe zurückkomme, werde ich Ihnen einen Rückzahlungsscheck schicken. Du musst das für mich tun, Randolph, da ich sonst niemanden habe, an den ich mich wenden kann. Wenn ich nicht zurückkomme, bin ich gestrandet und meine einzige Alternative wird darin bestehen, nach New York zurückzukehren, was das Letzte ist, was ich tun möchte. Bitte teilen Sie mir telefonisch mit, dass Sie dies tun werden.

Treu,

JIM PENDLETON.

Der unverschämte Erpresserschurke! Seine einzige Alternative wird New York sein. Das ist seine Drohung, und als Drohung meint er es. Dennoch würde ich ihm das Geld gerne schicken, wenn ich nur sicher wäre, dass er es wirklich für die Überfahrt nach Kobe oder zum Teufel verwenden würde — solange es weit genug entfernt ist. Aber welche Sicherheit habe ich?

Dennoch wird es mir traurig, dass ich das Risiko eingehen und ihm das Geld schicken muss. Pendleton wieder in New York zu haben — um jeden Preis muss ich jede Chance nutzen, das zu verhindern. Und er ist ein arroganter Erpresser, das versteht er!

Was könnte er tun, wenn er hier wäre? Die Kinder? Obwohl alle minderjährig, sind die beiden Ältesten alt genug, um eine Wahl zu treffen, und ich glaube, ich bin mir meiner Gefühle hinsichtlich ihrer Wahl sicher. Er wird sich außerdem nicht die Verantwortung für die Kinder aufbürden, wenn es mir nur gleichgültig genug erscheinen würde, ob er sie mitnimmt oder nicht. Alicia kann er nicht berühren. Oh, ich habe etwas über die Waffen gelernt, die man braucht, um so ein Biest zu bekämpfen. Aber es ist seine hasserfüllte Anwesenheit, an die ich den Gedanken nicht ertragen kann. Und das weiß er auch. Ich muss ihm das Geld schicken und die Chance nutzen, dass er wirklich in seine gewohnten Verstecke zurückkehrt. Dennoch wird es für eine Weile eine unruhige Zeit sein. Aber zu viel Leichtigkeit würde jetzt seltsamerweise auf meinen Schultern lasten.

Ich werde ihm das Geld schicken.

KAPITEL XXIV

Ich war eine Woche lang krank und es war die glücklichste meines Lebens.

Alicia war meine Krankenschwester und ich hoffe inständig, dass niemand jemals entdecken wird, dass die meiste Hälfte dieser Woche reines Simulieren war. Ich wäre vielleicht in drei Tagen aufgestanden!

Es ist spät, zuzuhören, spät zu lächeln,

Aber besser spät als nie

Ich werde noch eine Weile gelebt haben,

Bevor ich für immer sterbe.

Der Shropshire Lad hatte in den beiden Mittelzeilen seines Vierzeilers vollkommen recht, in den anderen jedoch seltsamerweise falsch. Es war *noch nicht* spät, zuzuhören oder zu lächeln. Es ist nie spät. Jeder Moment war himmlisch für mich. Und wer bleibt jemals stehen, um im Fegefeuer zu verweilen, nachdem er das Paradies betreten hat? Ich bin mir sehr sicher, dass vergangenes Leid durch ein Gesetz der Geistesphysik spurlos ausgelöscht wird.

Wenn „Der Rosenkranz" nicht so absurd wäre, würde ich ihn mir immer wieder vorsingen. Aber warum sollte ich als konstruktiver Rekonvaleszent nicht absurd sein? Wer soll mir Nein sagen ? Da ich allein bin, summe ich immer wieder die Melodie von „The Rosary" und genieße es.

Die Stunden, die ich mit Alicia verbracht habe, kann mir niemand nehmen. Was für ein gereizter Patient ich doch gewesen bin! Ich kichere, wenn ich daran denke. Es ist wie bei *Felix Culpa* . Fröhliche Grippe-Kälte!

Sagen wir mal, Alicia bringt mir etwas Brühe auf einem Tablett.

„Wirst du dich wohlfühlen, Onkel Ranny ", fragt sie mit besorgter Stimme, „bis ich mit dem Rest zurückkomme?"

"NEIN!" knurrt der exzentrische Onkel. „Nicht ein bisschen davon. Ich möchte beim Essen Gesellschaft haben."

Alicia lacht leise.

„Aber wer bereitet das andere Tablett vor, während Griselda so beschäftigt ist?"

„Egal", murmelt der griesgrämige Invalide. „Ich möchte Gesellschaft. Wenn ich dich jetzt gehen lasse, wirst du dann dein eigenes Mittagessen mitbringen und es hier essen?"

„Aber das macht so viele Gerichte, Onkel Ranny ."

„Ist mir egal. Ich bin stur, wählerisch, gereizt, krank. Man muss humorvoll sein. Fragen Sie den Arzt!"

Alicia lacht köstlich silbrig, und dann sehe ich einen Tränenfilm in ihren Augen.

„In Ordnung – ich werde dir bei Laune bleiben, Onkel Ranny . Aber ich denke, dass du es zu diesem Zeitpunkt schon satt haben würdest, mich hier zu sehen!"

„Mir ist schlecht", knurre ich. „Hol morgen eine farbige Krankenschwester!" Daraufhin höre ich Alicias Lachen die ganze Treppe hinunter.

Ich frage mich, warum Griseldas Scotch-Brühe heutzutage so unglaublich lecker schmeckt. Ist es möglich, dass der Gaumen eines Kranken empfindlicher auf kulinarische Vorzüge und Geschmäcker reagiert? Ich muss den Arzt fragen.

Auf dem kleinen Tisch neben meinem Bett liegt der „Valdarfer Boccaccio", gedruckt im Jahr 1471, den Andrews, ein ausgezeichneter Kerl, in meiner Abwesenheit auf einem Ausverkauf gekauft und als dreimal ausgezeichneter Kerl zu meiner Freude mitgebracht hatte, als er die Kranken besuchte. Ich verbrachte einmal eine wundervolle Woche im British Museum, praktisch unter Bewachung, und untersuchte diesen seltenen und schönen Band. Jetzt ist seine einzige Nachbildung in Amerika in meiner Nähe, und ich sollte mich mit allen Sinnen an seiner pergamentgebundenen Fülle und Schönheit erfreuen. Es war einst Eigentum der Medici und erfreute die Stunden von Päpsten, Fürsten, Herzögen und Herren. Männer haben sich danach gesehnt, haben es geschätzt und geliebt, so wie Männer Diamanten oder Frauen schätzen und lieben. Es ist ein mäßiges Vermögen wert. Aber ich lasse es vernachlässigt. Ich warte auf das Klappern eines Tabletts und den Auftritt des Mädchens hinter dem Tablett. Was würden Rosenbach oder irgendein anständiger Buchmacher sagen, wenn sie es wüssten? Aber es ist mir egal. Boccaccio selbst hätte mir zugestimmt.

Alicia kommt herein und der Raum ist von Sonnenschein durchflutet und ich bin schnell im Leben.

„Na, Onkel Ranny !" Alicia hält erschrocken inne, das Tablett in der Hand. „Glaubst du, du hast wieder Fieber? Deine Augen leuchten so!"

„Um dich besser zu sehen', sagte der Wolf", murmele ich und wende mich ab.

„Und deine Wangen sind rot." Sie stellt das Tablett ab und ignoriert meinen Unsinn.

„Lass mich spüren, ob sie heiß sind", beharrt sie ängstlich und ihre kühlen Finger berühren kaum meine Wange, die ich hastig zur Seite ziehe.

„Ich habe kein Fieber, das sage ich dir, Alicia", murmele ich gereizt. „Ich bin hungrig. Essen, Kind – Essen ist mein Verlangen. Setz dich und iss – und lass mich essen."

„Sehr gut, lieber mürrischer Onkel Ranny ", antwortet Alicia, während sie fröhlich mein Geschirr auf den Tisch des Kranken stellt, der über der Tagesdecke hängt, und ihr eigenes auf dem Tablett zurücklässt. „Es soll nach Herzenslust fressen – dieses schöne Kotelett und diesen herrlichen Muffin und diese köstliche Marmelade – und dabei seine kleinen Fäuste bis zu seinen kleinen Handgelenken einfetten , die dreckigen kleinen Biester !"

Daraufhin bin ich wieder gut gelaunt.

Valdarfer Boccaccio überhaupt angesehen ?" fragt Alicia leichthin, um ein Gespräch anzuregen. Ich nicke.

„Ist es nicht eine Liebe?" Ich nicke erneut.

„Was für eine Geschichte dieses Buch hatte – und Sie kennen vermutlich jedes Detail davon. All die Prinzen und Könige, denen es gehörte – all die Romantik, die es in fast fünfhundert Jahren angesammelt hat – nicht wahr?"

„Habe ich nicht was?"

"Davon wissen?"

"Oh ja."

„Schau her", schreit Alicia mit gespielter Wut, „geh nicht und werde ein unverhohlener Materialist, der nur an Geld und Profite denkt – wie der ganze Rest der Welt. Das wäre schrecklich, Onkel Ranny – wenn ich es gewesen bin." Ich verehre dich so sehr, weil sogar dein Geschäft schön, intellektuell und romantisch ist!"

Und dieses Mädchen ist mit meinem Neffen Randolph verlobt! geht mir durch den Kopf. Laut sage ich mit einem leichten Grinsen, das sie verärgern soll:

„Wer in aller Welt interessiert sich für etwas anderes als Geld?"

Das ignoriert sie völlig zu Recht und murmelt in sanfterem, ernsterem Ton:

„Ich bin auf einen kleinen Reim von Goethes „ *Kophtisches Lied* " gestoßen. Erinnern Sie sich daran? – „Auf der großen Skala des Schicksals ruht der Index nie. Sie müssen entweder aufsteigen oder untergehen, herrschen und gewinnen oder dienen und verlieren; leiden oder triumphieren, Amboss oder Hammer sein." Ist es nicht schön?

„Ja. Hast du das in deinem Kopf übersetzt, während du weitergemacht hast?" Ich frage.

„Ja, Onkel Ranny – und du hast über Goethes Weisheit gesiegt. Du hast immer gesiegt, auch wenn du gelitten hast – du bist immer du selbst gewesen, durch all deine Schwierigkeiten – Salmon und Byrd – Viscontis. Du weißt nicht, wie auch ich, Ich habe all das miterlebt – selbst als ich ein Kind war und mich kaum traute, mit dir zu sprechen – ich war, oh, so besorgt – und so froh, als du glücklich zu sein schienst. Und selbst jetzt – oh, es war so wunderbar anzusehen Du!" Die Tränen füllen ihre Augen und sie wendet ihr Gesicht von mir ab. „Das war mein Leben."

„Du kleine Hexe!" mein Herz schreit stumm, vor Zärtlichkeit. „Und hast du mich all die Jahre in Gedanken bemuttert, so wie du die Kinder bemuttert hast?"

„Nein, Alicia – ich habe nicht gesiegt", flüstere ich heiser. „Aber ich triumphiere jetzt."

Mit einem nebligen Lächeln dreht sie sich wieder zu mir um. Mit Mühe kontrolliere ich meine Stimme und sage zügig:

„Habe ich dir jemals erzählt, Alicia, wie ich beinahe das unbezahlbare Exemplar seiner Essays besessen hätte, das Bacon geschrieben und Shakespeare gegeben hatte?"

Mir geht es wieder gut – und deshalb Einzelgänger. Es ist wenig genug, was ich von meinem Neffen Randolph während meiner Krankheit gesehen habe, und wenig, was Alicia von ihrem Verlobten gesehen hat.

Da es sich um einen Samstag handelte, an dem Randolph zu Hause war, hielt Alicia ihn auf, als er das Haus verlassen wollte, um nach New York zu fahren, „geschäftlich", wie mein „konditionierter" Student im zweiten Jahr es ausdrückte, und schlug stattdessen energisch einen Spaziergang mit ihr vor. Er lehnte ab, der ungeheuerliche Welpe, lehnte ab, mit Alicia spazieren zu gehen! Ich überraschte eine Notiz, die unter der strahlenden Entscheidung fast flehend wirkte – Alicia flehte darum, mit ihr spazieren zu gehen! Ich hätte den Jungen in meiner heißen Empörung niederschlagen können.

Sie gingen – ich sah sie gehen. Sie befanden sich in der dunklen kleinen Halle und meine Tür stand offen. Alicia wedelte lächelnd mit der Hand. „Nur ein kleines Stück zu Fuß !" rief sie in Griseldas Sprache. Sie konnte nicht ahnen, mit welchem Anflug von Sehnsucht und Neid mein Herz und mein Geist ihr folgten, als sich mein Körper plötzlich und trostlos schwer auf dem Stuhl anfühlte.

„Lass es dir gut gehen", ich winkte zurück, „und grüße den Frühling für mich!"

Die Vögel tauchen wieder auf und eine unternehmungslustige Zaunkönigfamilie baut sich bereits dringend über meinem Fenster auf. Rotkehlchen umwerben und stolzieren. Die Bäume sind zart mit Blättern und das Pochen des Frühlings liegt in der Luft wie eine mächtige Kraft, unaufhörlich, langsam, nachlässig und doch alles durchdringend. Die Morgensonne badete die ganze Welt im Elixier der Jugend. Eine Fliege summte wie wild gegen die Scheibe. Ich fühlte mich zutiefst einsam, ergreifend allein.

Der Valdarfer Boccaccio lag geöffnet auf meinem Schreibtisch – aber er war viereinhalb Jahrhunderte von diesem Sonnenlicht entfernt. Ich hasste es fast – ich hasste all die geliebten Gegenstände um mich herum. Meine kostbaren Bücher waren stumm, träge und blockierten alle Sinne. Mit einem leidenschaftlich hungrigen Herzen sehnte ich mich nach Jugend, Frische und Aktivität. Ich ergriff den Valdarfer Boccaccio, als wollte ich ihn von mir wegschleudern. Dann zwang ich mich dazu, es mit einem Knall auf den Tisch fallen zu lassen, der den kostbaren Einband beinahe zersplitterte. Ich lachte reumütig. Ich beschloss plötzlich, selbst den Frühling zu begrüßen.

Griselda kam geschäftig herbei, als sie hörte, wie ich mit den Stöcken im Glas klapperte.

„Du gehst aus?" sie verlangte.

„Ja, Griselda." Ich entschuldige mich immer ein wenig bei Griselda, denn kannte sie mich nicht als Jungen? Es ist ein Teil des instinktiven Festhaltens an der Jugend, das uns dazu bringt, die Älteren zu respektieren. Das versetzt sie sofort in ihre eigene ältere Welt. Außerdem hat Griselda immer Recht.

„Warum seid ihr dann nicht mit den Kindern gegangen ?"

„ *Sie* wollten niemanden bei sich haben", und ich zwinkerte spartanisch zu – ich kann Griselda zuzwinkern. Hat sie nicht ihr Leben damit verbracht, mir zu dienen? In dieser seltenen Welt kannst du Menschen, die dich genug lieben, alles antun.

„Havers!" murmelte Griselda und warf rätselhaft ihren alten Kopf zurück. „Dann sorge dafür, dass du deinen leichten Mantel nimmst."

„Heute einen Mantel?" Ich protestierte.

„Aye – heute einen Mantel, junger Mann!"

„Nenn mich noch einmal junger Mann, und ich werde Goloschen und Pelzhandschuhe anziehen“, forderte ich sie heraus.

„Kind, ich hätte dich rufen sollen“, murmelte Griselda und fummelte an dem Haken herum, an dem mein Mantel hing.

„Dafür ziehe ich Gummistiefel und einen Südwester an“, sagte ich ihr und kämpfte mich in die Ärmel, während sie mir das Kleidungsstück hinhielt.

„Ich würde heute nicht zu weit gehen“, warnte Griselda. „Du bist noch nicht zu stark.“

„Nur ein kleines Stück“, murmelte ich, beschämt über ihre Zuneigung und Fürsorge für jemanden, der so wertlos war. „Danke, Griselda!“ Sie wäre schockiert und empört gewesen, wenn sie gewusst hätte, dass ich in diesem Moment einen mäßigen Kloß im Hals hatte und dass ich beinahe ihr braunes altes Gesicht geküsst hätte.

Wie weit war der Frühling während meiner Gefangenschaft fortgeschritten! Die Gräser waren so deutlich grün, als wären sie nie anders gewesen. Vögel zwitscherten. Nachbarn oder wohlhabende Nachbarngärtner waren mit ihren Blumenbeeten beschäftigt, und in einigen von ihnen erblühten Frühblüher, die aus Kisten oder Gewächshäusern verpflanzt waren – Veilchen, Hyazinthen, Narzissen –, ihre Schönheit auf eine Weise hervorzurufen, die mir den Atem stockte. Seltsame, hungrige, lärmende Gefühle regten sich in meinem abgemagerten Körper. Wie gut verstand ich in diesem Moment Verlaines unvergossene Tränen des Herzens, als er sang:

Mon Dieu, mon Dieu, la vie est la,

Einfach und ruhig

Cette paisibel rumeur – la

Vient de la ville .

– Qu'as tu Fait , o toi que voila

Pleurant sans cesse ,

Dis, qu'as-tu Fait , toi que voila

De ta jeunesse?

Dieser bitterlich gequälte Schrei des Herzens: Was hast du aus deiner Jugend gemacht?

Ich schritt grimmig und in einer Art namenloser Wut weiter, vorbei an den abgelegenen Häusern, vorbei an leeren Grundstücken mit struppigem Gras, die noch auf den Druck der Besiedlung warteten, bis die vergeblich angelegten Straßen, leer von allem Leben, in offenes Land und Wiesen mündeten. Ich machte mich auf den Weg zu dem Wald, der zwischen den Wiesen liegt, zu ein oder zwei Milchfarmen, hier und da zu einem dürren Obstgarten und zur großen Linie des Aquädukts, dem römischsten unserer Unternehmen, das das Wasser nach New York transportiert. Im Wald hatte ich irgendwie das Gefühl, dass ich wieder in den Schoß der Erde gebracht werden sollte und die Krankheit meiner Seele geheilt werden sollte.

Ich schaute zum Himmel hinauf und er war voller blendend weißer Wolken, die meinem Maulwurf Tränen in die Augen trieben. Eine fröhliche Brise wehte über die neugeborene Erde, und als ich am Waldrand war, vernahm ich das unbeschreibliche Flüstern der Bäume, das für mich die Erdnote ist, die jahrhundertelange Rede und Andeutung des Planeten, dass das Leben unter allen Umständen verschwinden muss An; dass es beschlossene Sache ist, unwiderstehlich und süß. Ein Anflug von Neid durchzuckte meine Brust bei dem Gedanken an die Liebenden heute im Ausland, obwohl diese Liebenden fast meine Kinder waren. Ich für meinen Teil finde es schwierig, diese widersprüchlichen Gefühle des Herzens auseinanderzuhalten. Aber haben fleischliche Eltern, frage ich mich, keine ähnlichen Probleme? Als ich mich zwischen den Bäumen befand, wurde ich von der sanften, melancholischen Gelassenheit durchdrungen, die Wälder hervorrufen. Sanft schlenderte ich auf den Kiefernnadeln und Blättern des letzten Jahres umher, die jetzt durchnässt waren nach dem Schneefall eines Winters und den Regenfällen eines Jahres. Der katzenartige Gang deines urzeitlichen Ureinwohners kehrt sogar in deine zivilisierten Stiefel in den Wäldern von Westermain zurück, der Stalker und der Jäger pochen schwach in deinem Blut.

Mein Weg führte mich einen Hang hinauf, wo die Bäume, noch jung wie ich, jedoch keine Setzlinge waren, sondern in schlanker, verlassener Form zu den Flecken des himmelblauen Himmels über mir emporragten. Sie schienen mich zu begleiten, diese spitz zulaufenden Ahornbäume und Bergahornbäume mit ihrem gefiederten Laub, wie eine Truppe junger Mönche, die noch frisch aus dem Noviziat kamen und noch voller Lebenssaft waren. Irgendwie haben mich Bäume in einem Wald immer an Mönche erinnert, die Litaneien und Segenssprüche singen. Der Basston all ihres Gemurmels ist ausnahmslos so feierlich. Von der Kuppe aus fällt das Land steil ab und rollt dann, nachdem es bald das Waldland in einem Saum aus Büschen und Unterholz hinter sich lässt, weiter zur massiven, hügelartigen Linie des Aquädukts.

Plötzlich hörte ich ein Stück weiter unten am Abhang Stimmen unter mir. Und als ich mit dem köstlichen Nervenkitzel der Wachsamkeit, der auch heute noch aus der Urzeit zwischen den Bäumen zurückkehrt, nach unten blickte, bemerkte ich Alicia und Randolph, die mit dem Rücken zu mir in ernsthaftem Gespräch standen.

Mein erster Impuls war natürlich, sie anzurufen oder einen warnenden Ton von sich zu geben, der sie auf meine Anwesenheit aufmerksam machen könnte. Aber eine plötzliche Bewegung von Alicia stoppte jegliche Kraft oder Bewegung meinerseits.

Ihre Hände schossen nach vorn und mit einer Heftigkeit, die offensichtlich nicht liebhaberisch war, schrie sie mit gequälter Stimme:

„Aber das hast du mir doch immer und immer wieder versprochen, ' Dolph ! Wie oft" – sie schüttelte ihn unbewusst, während sie sprach, „wie oft, glaubst du, hast du mir versprochen, dass du nicht trinken würdest und es auch nicht tun würdest? spielen – dass du es aufgeben würdest, mit diesem Set herumzuspielen – dass du es ganz aufgeben würdest? Wie oft, oft?" wiederholte sie mit einem erbärmlichen Unterton der Empörung.

So ein Kerl kann doch nicht aufhören ", hörte ich den Jungen kaum murmeln – „muss doch ein paar Freunde haben!"

"Freunde!" Alicia weinte mit einer Stimme bitterer Verzweiflung. „Nennen Sie Billy Banning und Tertius Cullen und Arthur Bloodgood Freunde? Sie sind Ihre schlimmsten Feinde – fast Kriminelle!" Und plötzlich wurde mir klar, dass ich ein Lauscher war, und eine Röte der Scham lief mir in die Wangen. Ich wollte gerade ein Geräusch machen, aber meine Kehle war trocken und es kam kein Geräusch.

„Überlegen Sie, was es bedeuten würde", begann Alicia, „wenn Onkel Ranny es herausfinden würde –" und ich konnte nicht anders, als zuzuhören – „alles, was er für uns war – Vater und Mutter und alles andere. Alles auf der Welt er." hat für uns aufgegeben", rief sie mit zitternden Lippen und ihre Stimme wurde dünner vor leidenschaftlicher Angst. „Seine Bequemlichkeit, seine Muße, sein ganzes Leben hat er mit einem Lächeln für uns geopfert – für dich und Jimmie und Laura und – und sogar für mich! Oh, , Dolph ', , Dolph – glaubst du, dass es viele solcher Männer auf der Welt gibt? „Und du willst ihm das Herz brechen, indem du trinkst und spielst, und der Himmel weiß, wozu das sonst noch führen könnte?"

Ich schreibe diese Worte voller Scham. Ich hatte nicht das Recht, ihnen zuzuhören. Ich sammelte meine gefangenen Kräfte, um mich zum Weggehen zu zwingen, als ich den Bass des Jungen murmeln hörte:

„Ich weiß, ich bin mies, ' Licia – mies, wie man sie macht – aber gib mir noch eine Chance, ' Licia – nur noch eine, Schatz – ich sage dir, es ist –"

„Ja", war die bittere Unterbrechung, „Sie haben mir diese Versprechungen gemacht, als ich sagte, dass ich mich mit Ihnen verloben würde – was haben sie erreicht? Es hätte ihm das Herz gebrochen, wenn es damals herausgekommen wäre. Ich – ich habe es dem Dekan versprochen." für dich – dieses Mal –", ihre Stimme war voller Emotionen, sodass sie kaum sprechen konnte – „und jetzt –"

„Aber warte – warte, Licia ", der Junge zog sie plötzlich mit leidenschaftlicher Ernsthaftigkeit mit beiden Händen zu sich. „Ich gebe Ihnen mein Ehrenwort, dieses Mal ist es anders. Es ist nicht für mich selbst – ja, das ist es – aber es ist nicht für das, was Sie meinen – nicht für irgendetwas, was Ihnen einfällt. Es ist für einen Zweck." „„ erklärte er mit großem Nachdruck – „ein Zweck – ich kann es Ihnen nicht sagen – aber –"

„Aber du musst es mir sagen ", beharrte Alicia und suchte zitternd in seinen Augen.

„Kann nicht – ich kann nicht!" er schüttelte vehement den Kopf. „„ Licia , Liebling, sei gut zu mir. Ich muss es haben. Wenn ich nur etwa fünfzig Dollar hätte! Ich könnte es gewinnen – ich weiß – ich bin furchtbar gut im Poker – ich kann viele von ihnen bluffen . Aber ich Ich muss zehn haben, um anzufangen – und ich verspreche, Ehrenwort, ich werde nie wieder spielen – Ehrenwort, „ Licia ."

Es war jetzt zu spät für mich, meine Anwesenheit zu verraten. Ich war in meinen eigenen Augen verächtlich, beschämt und doch frohlockend – ich wusste kaum was. Mein Körper zitterte vor kalter Wut, vor Scham über meine Blindheit, und doch umgab mich ein seltsames Gefühl gewaltiger Erleuchtung wie eine Atmosphäre. Ich entfernte mich, ohne zu wissen oder mich darum zu kümmern, ob ich ein Geräusch machte, und mit gesenktem Kopf und einem Aufruhr, der heiß und kalt in mir pochte, ging ich den Hang hinunter durch den immer noch flüsternden Wald.

Was ich schon lange geahnt hatte, war, wie düster es offensichtlich war: Irgendwie versuchte Alicia, zwischen dem Jungen und dem Bösen, der Scham, der Schande zu stehen, indem sie sich absichtlich und entschlossen opferte, ohne mir ein Wort zu sagen – weil es mir „das Herz brechen" könnte! " Durch eine leere, karge Landschaft, mit blinden Augen, mir nur eines Gewirrs unzusammenhängender Gedanken und Gefühle bewusst, als ob sie in einem Vakuum brodelte, machte ich mich auf den Heimweg. Es könnte mir „das Herz brechen"!

„Und seid ihr zu weit gegangen?" Griselda kam eilig in die Eingangshalle, als sie mich hörte.

„Nein – nein! Der großartigste Gang meines Lebens", lachte ich geistesabwesend in ihr Gesicht. „Fühlen Sie sich wie ein anderer Mann."

Sie musterte mich einen Moment lang scharf, murmelte dann etwas über eine Tasse Kakao und einen Keks und verschwand in der Küche.

Stumm und verstört ließ ich mich erschöpft auf meinen Stuhl fallen und starrte ausdruckslos auf die Bücherreihen, auf das Telefongerät, den Safe, die Möbel und Kissen, auf alle Lebensapparate um mich herum, wobei mir nur eines klar wurde: dass es so ist die einfachen, grundlegenden Dinge des Lebens, die allein dazu neigen, einem zu entgehen. Ich hatte mich jahrelang an sie geklammert, schwach, aber verfolgend, aber sie entgingen mir immer noch. Dennoch war ich in meinem Leben ein tapferer Grundschüler. Trotz meiner Wut und Selbstabwertung hatte ich das Gefühl, vor einem Problem zu stehen, das momentan über meine Grenzen hinausging, von dem ich aber dringend wusste, dass ich es lösen musste. Wenn ich blind gewesen wäre, könnte ich nicht weiterhin blind bleiben. Plötzlich schien es mir, als wären meine Gedanken in der Schwebe, wie ein Vogel manchmal in der Luft hängt, und ich sah zu, wie der Instinkt das Kommando übernahm, der Instinkt über Gedanken und Scham, Wut und Trauer siegte – der Instinkt nahm einen Stift und ein Scheckbuch und schrieb mit meiner Hand einen Scheck auf Alicias Namen für fünfzig Dollar. Warum tat meine Hand das? Ein leichtes Zittern der Abscheu durchströmte mich, bevor diese triviale Tat vollbracht war – und ich machte eine Bewegung, als wollte ich den von mir ausgestellten Scheck vernichten. Aber ich habe es nicht zerstört. Ich saß da und starrte es dumm an, als würde man vor einem Rätsel sitzen.

An dieser Stelle kam Griselda mit einem Tablett mit Kakao und Keksen herein.

„Oh, danke, Griselda", murmelte ich, als würde ich aus der Trance erwachen. „Übrigens, ich wünschte, du würdest Alicia oder – irgendjemandem gegenüber nicht erwähnen, dass ich heute Morgen spazieren gegangen bin." Griselda lachte kurz. Dann: „Habt ihr sie gesehen?" sie fragte abrupt.

„Sehen Sie sie?" Ich wiederholte dumpf. „Was für eine Frage, die du stellen musst, Griselda! Wenn ich sie gesehen hätte , würde ich dich bitten, es nicht zu erwähnen?"

„Oh, ja – sicherlich – ich bin ein Narr!" murmelte Griselda und drehte sich langsam um, um mich zu verlassen. Aber ihr Gesichtsausdruck war nicht der einer Person, die in ihrer Torheit gezüchtigt wurde.

„Ist Jimmie im Haus?" Ich fragte.

„Nein, Jimmie ist auf der anderen Seite und spielt mit dem Sturgis-Jungen."

„Sehr gut, Griselda. Danke."

Ein paar Minuten später betrat Alicia das Haus – allein.

Ich erhob mich schwerfällig und ging auf die offene Tür zu, die zum Flur führte. Ihr schlaffer, entmutigter Blick traf mich wie ein Schlag – meine strahlende Alicia! Sogar ihr hübscher kleiner Hut, den ich bewunderte, schien lustlos auf ihrem schönen Kopf zu hocken – wunderschön selbst in Niedergeschlagenheit. Aber kaum bemerkte sie, dass ich näher kam, blickte sie auf und lächelte mitleiderregend.

„Oh, hallo, Onkel Ranny –", aber der übliche Glanz in ihrem Ton fehlte leider – „geht es dir gut?" Sie nahm ihren Hut ab.

„Oh, ganz – danke, Alicia. Aber ein bisschen einsam. Willst du nicht reinkommen und mit mir reden, wenn du nichts Besseres zu tun hast?"

„ Natürlich werde ich das tun, du armer Onkel Ranny –" und ihr Ton wurde herzlicher. „Was hast du mit dir selbst gemacht, ganz allein –?" Und mir wurde klar, dass Zärtlichkeiten auf ihrer Zunge zitterten und meine Seele sich danach sehnte, aber ich unterbrach sie. Sie hatte an diesem Morgen genug. Und die Zärtlichkeiten des Mitleids hätten mich völlig erdrückt.

„Oh, da ist Boccaccio", murmelte ich, „und das Herumtollen im Allgemeinen – darin bin ich ein Experte. Setz dich", fügte ich hinzu, als sie das Arbeitszimmer betrat. „Täusche ich mich, oder hast du dich beim Gehen zu sehr ermüdet?"

„Oh nein, mein Lieber – ich hatte einen schönen Spaziergang", antwortete sie fröhlich. „Verschwenden Sie nicht Ihr Mitleid mit mir. Ich schäme mich meiner Robustheit und Ihrer Genesung hier allein. Aber ich werde Sie heute nicht wieder allein lassen. Möchten Sie nicht, dass ich Ihnen etwas Boccaccio vorlese ? „ Aber dann ist mein Italienisch so wild und Ihres so schön, dass Sie mich hassen würden, wenn ich die Vokale zu kurz kürzen würde."

Bisher hatte sie Randolph mit keinem Wort erwähnt.

Mein Herz war so voller Liebe und Mitgefühl für dieses arme, schöne Kind, das allein mit seinen Problemen und seinem Schmerz kämpfte, dass es mir danach sehnte, sie in mein Herz zu schließen, sie anzuflehen, sich mir anzuvertrauen und mich ihre Probleme teilen zu lassen. Ein Kloß bildete sich in meinem Hals und ich wusste, dass eine Bewegung in ihre Richtung meine gesamte Männlichkeit wie ein Kind in Tränen auflösen würde! Nein, ich darf nicht – ich konnte nicht.

„Lies mir vor", flüsterte ich nach einer Pause heiser, „zwei oder drei der Sonette in der ‚Vita Nuova' von Dante."

"Schön!" rief Alicia, sprang auf und ergriff das Buch.

„*A ciascun alma presa* ", begann sie – „an jede gefangene Seele und jedes sanfte Herz ... Gruß im Namen ihres Herrn, der die Liebe ist!"

Ich habe nach der ersten Strophe nicht zugehört. Ich versuchte nur, den Tumult in meinem Gehirn zu beruhigen und darüber nachzudenken, was ich für Alicia tun sollte.

Irgendwie muss ich der Qual dieses geliebten Kindes sofort ein Ende bereiten – ohne ihm Schmerzen zuzufügen.

Drei Sonette hatte sie gelesen, vielleicht auch vier, und dann hielt sie inne und musterte mein Gesicht.

„Willst du noch mehr?"

„Vielen Dank, Alicia, ich fühle mich schon besser. Ich denke, das wird für heute reichen. Übrigens, Alicia", fuhr ich schnell fort und fummelte in meinen Papieren herum, „mir kommt es auf, dass Ihr Taschengeld zu gering ist." . Sie brauchen bestimmt Dutzende und Aberdutzende von Dingen, die Geld kosten. Hier ist ein Scheck über fünfzig Dollar, den ich heute Morgen ausgestellt habe – aber", fügte ich halb abwesend hinzu, „wenn Sie mehr brauchen, kann ich genauso gut hundert machen." und ich lachte ein wenig töricht – oh, ich könnte heute Morgen fast so gut spielen wie Alicia.

Sie blickte mich eine Zeit lang aufmerksam an, still und wachsam – ein Anflug von Misstrauen – und dann leuchteten in ihren Augen eine unbeschreibliche Zärtlichkeit und eine große Erleichterung.

„Oh, du liebster Onkel Ranny ", sie sprang von ihrem Stuhl auf, flog auf mich zu und drückte beide Hände auf meine Schultern. Unbeweglich wie ein Buddha saß ich da, während sie mich auf die Wange küsste.

„Aber glauben Sie wirklich, dass Sie mir das alles geben können?"

„Oh ja, Alicia", lachte ich mit der Tapferkeit von Fred Salmon. „Ich bin mir ziemlich sicher, dass ich das kann. Wofür sind Onkel da, wenn-", aber mehr konnte ich nicht sagen.

Sie blieb einen Moment lang über mir hängen und verließ mich dann abrupt. Auch sie hatte Angst, mehr zu sagen. Aber nicht aus demselben Grund – oh, nicht aus demselben Grund!

Den ganzen Tag über versuchte Alicia, wie ich mitbekommen konnte, vergeblich, Randolph in New York telefonisch zu erreichen. Sie rief im Haus der Studentenverbindung an. Sie versuchte es in den Häusern seiner Freunde. Aber alles ohne Zweck. Randolph war nicht zu finden. Und an diesem Abend stieg Alicia mit einer Art schlaffer, fieberhafter Angst, mit einer ängstlichen, unnatürlichen Fröhlichkeit die Treppe zu ihrem Zimmer hinauf.

KAPITEL XXV

Nur etwa fünfzehn Stunden sind vergangen und die Welt hat sich in einen blendenden Glanz verwandelt.

Alicia würde mich nicht verlassen, armes, überreiztes Kind. Sie weigerte sich, ins Bett zu gehen und bestand darauf, in meiner Nähe zu bleiben und mit mir „der Morgendämmerung zu begegnen". Sie liegt jetzt ausgestreckt auf meiner Couch, bedeckt mit einem Teppich, und sie ist gerade vom Schlafen überwältigt worden.

Und ihre Anwesenheit dort unter meinen Augen, Randolph Byrd, ist der nächste Hauch des Himmels, den Sie und ich in diesem Leben gekannt haben oder möglicherweise jemals erleben werden. Es ist jetzt Morgen genug für mich und für dich, mein Freund – ein Morgen, der so strahlend ist, dass ich mir nie einen helleren wünschen werde.

Und da ich in dieser Nacht keinen Schlaf mehr finden kann und dies möglicherweise der letzte Eintrag für Sie in diesen Memoiren ist, werde ich mich für viele Tage, wenn nicht für immer, bemühen, das fliegende Herz und den wahnsinnigen Jubel zu beruhigen, der darin tobt Meine Adern, indem ich für Sie, wie skizzenhaft und unzusammenhängend, die bedeutsamen Ereignisse der jüngsten Stunden aufschreibe.

Es ist geschehen – aber ist es geschehen? Oder ist das ein verrückter Traum, aus dem ich in die alte, düstere Realität erwachen werde? Wie kann eine dunkle, trübe Strömung einen so plötzlich in eine blinkende, glitzernde, sonnenbeschienene Lagune entführen, die von einem so üppigen und glänzenden Grün bedeckt ist, als käme es, als käme es frisch aus der Hand des Schöpfers? Ich höre Vögel, die wundersame Musik singen, oder bilde ich mir das nur ein? Aber ich begann damit, Ihnen zu sagen, dass ich inkohärent sein sollte.

Es muss schon etwas nach Mitternacht gewesen sein, als ich das Feuer abschirmte, das Licht löschte und müde in der Dunkelheit die Treppe hinaufging.

Das Feuer hatte heute Abend unerklärlicherweise und unruhig geraucht, und ich erinnere mich, dass das letzte, was ich tat, Fred Salmons goldfarbene Zertifikate aus dem Safe holte, sie mit tränenden Augen untersuchte und dann mit schläfriger Verwunderung auf das Zitat von Salmon Oil starrte Die Zeitung. Demnach waren die Aktien jetzt 26.000 Dollar wert! Es schien unglaublich, absurd. Und das Jahr war um und ich könnte das Zeug verkaufen. Wie ein Geizhals, der im Leben nichts anderes zu suchen hat, blickte ich gebannt auf die Sicherheiten, an deren Sicherheit ich selbst jetzt nicht glauben konnte. Aber anders als der Geizhals der Fiktion, aber wie mein langweiliges, dummes Ich, versäumte ich es, die knisternden Papiere zu ersetzen, obwohl ich den Valdarfer Boccaccio hineinlegte und den Safe schloss.

Ich erinnere mich noch genau daran, wie ich im oberen Gang auf Zehenspitzen ging, damit Alicia nicht gestört wurde. War es eine Halluzination, frage ich mich, oder hörte ich tatsächlich wie ein seufzendes Flüstern durch die Dunkelheit?

„Gute Nacht, Onkel Ranny !"

Ich stelle mir ständig ihre Stimme und ihre Gesten in meinem Kopf vor. Ich muss sie fragen, wenn sie aufwacht. Auf jeden Fall war es dieses geheimnisvolle Flüstern oder die Halluzination eines Flüsterns, das mich wieder wach machte. Ich begann mich auszuziehen und hielt inne, als mir klar wurde, dass ich jetzt zu wach war, um zu schlafen. Ich zog einen Morgenmantel über meine Weste, regulierte das Licht und legte mich mit Baudelaires „Fleurs de Mai" in der Hand auf das Bett. Ein wenig Baudelaire hatte auf meinen Geist die Wirkung, als würde reichhaltiges Essen auf eine belegte Zunge wirken. Warum, fragte ich mich, habe ich dieses düstere Buch auf meinem Nachttisch? Ich warf es angewidert weg und griff stattdessen zu einem Band von Florios Montaigne.

Montaigne zu lesen und zu genießen ist ein sicheres Zeichen des Mittelalters. Ich habe Montaigne schon lange genossen. Mir kam ein französischer Vers in den Sinn, in dem es heißt: „Eine friedliche Gleichgültigkeit ist die weiseste aller Tugenden", und mit plötzlicher Heftigkeit warf ich Montaigne weg.

Ich war nicht im mittleren Alter. Ich war nicht gleichgültig. Das Herz der frustrierten Jugend in mir schrie nach Leben und Liebe! Alicia war zwei Türen von mir entfernt. Sie liebte meinen Neffen nicht. Könnte ich sie nicht dazu bringen, mich zu lieben, wenn ich Energie und Entschlossenheit aufbringen würde? War ich dann so unwiderruflich Onkel Ranny ? Ich sprang fieberhaft auf, hob die Jalousie hoch und schaute hinaus auf die blinkenden Sterne. Ihre Botschaft war sehr einfach. Von der Jungfrau bis zur Kassiopeia, vom Polarstern bis zum entferntesten Funkeln schienen sie zu sagen:

„Der kleine Planet Erde gehört dir – wenn du weißt, wie man ihn nutzt."

Mit gedämpftem Schritt ging ich aufgeregt durch den Raum. Diese Affäre zwischen Alicia und Randolph war absurd. Randolph war für den bloßen Gedanken an eine Heirat ungeeignet. Ein kluger Elternteil würde wissen, wie er mit der Situation umgehen soll. Aber leider! Ich war weder weise noch ein Elternteil. Dennoch muss ich einen Weg finden, dieses Geschäft spätestens morgen zu liquidieren. Es konnte nicht weitergehen. Das Lampenlicht zeigte mich in meiner dumpfen Verwirrung und ich schaltete es wütend aus und warf mich erneut auf das Bett, um in der ägyptischen Dunkelheit nachzudenken.

Plötzlich hörte ich draußen ein leises Stimmengemurmel. Es kommt selten vor, dass in unserer abgeschiedenen Situation spät in der Nacht Stimmen zu hören sind. Möglicherweise tauschte der Polizist in der Nacht Kommentare mit einem einsamen Passanten aus. Einen Moment später hörte ich jedoch, wie ein Schlüssel in ein Schloss gesteckt und eine Tür geöffnet wurde. Mein Neffe Randolph kehrt endlich nach Hause zurück! Dann wäre morgen dasselbe? Ich habe mich selbst gefragt. Alicia würde ihm den Scheck übergeben und alles würde wie bisher weitergehen? Nein, nein, das konnte nicht sein. Doch was könnte ich tun? Den Jungen in die Irre führen, Lauras Jungen, und Alicias Geist empören – sie dazu bringen, mich zu hassen? Was für eine schreckliche Sackgasse!

Ich lauschte auf Randolphs Schritte auf der Treppe, aber es war kein Ton zu hören. Angenommen, ich würde ihn in mein Zimmer rufen und ihm sagen, dass ich alles wüsste – und an seine bessere Natur appellieren. Waren das nicht die Pflichten der Eltern auf der ganzen Welt? Ich sollte zärtlich mit dem Jungen sprechen – aber in meinem Herzen gestehe ich, dass ich keine zärtlichen Gefühle für ihn empfand.

Noch immer waren keine Schritte auf der Treppe zu hören.

Die schwarze Dunkelheit machte die Spannung des Wartens unerträglich. Ich schaltete das Licht ein und ging automatisch zur Tür. Dann überkam mich plötzlich das leise Summen der Stimmen. War Alicia heruntergekommen, um ihn zu treffen? Nein – ich hatte ihre Tür nicht gehört. Sicherlich würde Randolph bei nüchternem Verstand zu dieser Stunde keine seiner Freunde ins Haus bringen! Ich habe auf meine Uhr geschaut; es war zwanzig Minuten nach zwei!

Lautlos öffnete ich meine Tür und schlich in den weichen Mokassinpantoffeln, die ich trug, auf Zehenspitzen den Flur entlang. Oben auf der Treppe blieb ich stehen und lauschte. Urinstinkte der Wachsamkeit regten sich in mir. Mein Herz pochte bis zum Hals und ich spürte buchstäblich, wie sich meine Augen in der Dunkelheit weiteten. Ich lächelte über die primitive Maschinerie, die bei der geringsten Provokation in uns in Gang gesetzt wird, auch wenn sie schlummert. Immer noch leise gehend, stieg ich die Treppe hinunter.

Nirgendwo war Licht zu sehen. Die Dunkelheit war absolut. Was zum Teufel könnte das bedeuten? Der primitive Instinkt des Stalkers war wieder im Vordergrund. Am Fuß der Treppe blieb ich stehen. Geräusche waren hörbar. Sie kamen aus meinem Arbeitszimmer!

"Auf mein Wort!" Dachte ich empört. Der junge Mann konnte unmöglich bei Verstand sein. Die Tür zum Arbeitszimmer war geschlossen, aber durch den kleinsten Spalt zwischen Tür und Türsturz, der offensichtlich offen gelassen wurde, um das Geräusch der klickenden Vorrichtung zu unterdrücken, bemerkte ich einen schwachen, unregelmäßigen Lichtfleck, der umherflackerte, wie das Licht von Tinker Bell in „Peter Pan". ."

Mit leichtem Druck drückte ich die Tür sanft auf. Randolph stand mit einem kleinen Scheinwerfer in der Hand an meinem Schreibtisch. Bis auf den Lichtkreis um ihn herum lag der Raum im Dunkeln. Die Krempe seines Hutes beschattete seine Augen, während er die Lachsölzertifikate überflog. Mit seiner zitternden linken Hand zählte er sie, unter dem zitternden Lichtfleck, der von seiner rechten ausging.

"Acht neun zehn!" Ich hörte ihn schwer atmen. „Jeder hundert!"

Ich stand stocksteif da, überwältigt, kaum atmend, erstarrt vor ekelerregender Scham vor Entsetzen. Die Bedeutung davon war so erdrückend klar!

„Nimm zwei davon!" Ich hörte ein geheimnisvolles heiseres Flüstern aus dem Fenster. „Legen Sie den Rest zurück. Er wird sie nie vermissen ."

„In Ordnung", flüsterte Randolph mit zitternder Heiserkeit.

„Gib sie mir !" kam aus dem Fenster.

Meine Bewegungskraft strömte in diesem Moment plötzlich zurück in meine Muskeln. Ich hob meine Hand, als hätte ich Angst, die Dunkelheit zu zerreißen, drückte den Schalter in der Tür und der Raum wurde in das Licht der einzelnen Lampe auf meinem Tisch getaucht – intensiv nach der bedeutsamen Dunkelheit.

Dann ließ mich eine Vision, die einen Schauder durch meine Nerven jagte und alle Sinne betäubte, fassungslos und versteinert zurück.

Im Fenster war die abscheuliche, heruntergekommene Parodie des Gesichts von Pendleton eingerahmt!

Es könnte nicht sein! war der Gedanke, der sich träge durch mein betäubtes Gehirn kämpfte. Es war ein Albtraum.

Dann versetzte mich ein plötzlicher, scharfer Schrei für einen Moment in ein Zittern. Ich drehte mich um.

Alicia, vollständig bekleidet, mit einer Hand an den Augen, lehnte am Türpfosten!

Ohne etwas zu sagen, sprang ich automatisch zum Fenster. Das gedämpfte Geräusch schwerer Schritte auf dem Rasen drang in meine Ohren, und durch die sternenklare Dunkelheit erhaschte ich einen flüchtigen Blick auf die gebückte Masse eines großen Mannes, der den Hang hinunter zum Bach zurückwich.

Hatten mich meine Sinne getäuscht oder hatte ich wirklich das Gesicht von Pendleton gesehen?

"Wer war es?" Ich weinte heftig zu Randolph, der immer noch benommen und unbeweglich, mit leerem Entsetzen im Gesicht, über meinem Schreibtisch hing.

Er gab keine Antwort.

„Setz dich da drüben!" Ich befahl scharf. Als jemand, der unter dem Einfluss einer Droge oder eines Hypnosezaubers stand, bewegte sich der Junge locker, um zu gehorchen, blieb aber unentschlossen an meinem Stuhl stehen, ein Anflug von Hilflosigkeit, sein Kopf sank schlaff auf die Brust.

Während Wut und Schmerz in mir um die Herrschaft kämpften, wandte ich mich abrupt an Alicia.

„Hast du nicht geschlafen, Kind? Geh lieber nach oben – bitte geh", flehte ich.

„Nein, das werde ich nicht!" Sie erwiderte mit einem Schrei leidenschaftlicher Heftigkeit und stürzte sich mit einem Ansturm an mir vorbei auf Randolph zu.

„Dafür wolltest du also das Geld!" – sie zitterte vor Wut ihrer Emotionen – „um es diesem Unmenschen zu geben! Und er hat dich erwischt – dich erwischt – ist zurückgekommen, um einen Dieb aus dir zu machen!"

Dann *war es* Pendleton. Ich habe mich nicht geirrt!

„Warum glaubst du, dass ich mich mit dir verlobt habe, du armer, verachtenswerter Schwächling? Glaubst du, ich bin in dich verliebt?" Ihre Tränen strömten hervor und sie wiegte leidenschaftlich ihre Arme. „Liebst du so etwas wie dich? Ich wollte deine Schwäche und deine Rückgratlosigkeit vor Onkel Ranny verbergen – um ihn vor dem Schmerz zu bewahren, den er jetzt erleidet, weil du ein Dieb bist! Du hast es mir immer und immer wieder versprochen, dass du gerade bleibst – würde nicht spielen – würde nicht trinken – immer und immer wieder –", jammerte sie mit einem schmerzerfüllten Unterton, der die Tränen in die Länge zieht – „und das ist es, was du tun musst! Stehlen! Und ausgerechnet von Onkel Ranny , der das schon war Vater und Mutter für dich – alles auf der Welt! Wenn ich ihn nicht mehr als irgendjemanden auf der Erde verehren würde, glaubst du, ich hätte dich angesehen? Oh, wie ich wünschte, ich könnte dich zu Brei schlagen!" Sie hob die Hände in die Höhe, und einen Moment lang dachte ich fasziniert, sie würde es tatsächlich tun.

„Ich wünschte, ich könnte mir sicher sein, dein Gesicht nie wieder zu sehen!“ schloss sie und brach vor ihrer eigenen Wut zusammen.

Langsam, unter den Schlägen ihrer Worte, hob der Junge seinen Blick, seine Augen glühten vor Scham, vor tiefem Elend, vor dem hoffnungslosen Pathos der Schwachen.

„Dann hat es dich überhaupt nicht interessiert?“ er murmelte.

„Nein – es hat mich überhaupt nicht interessiert – in deinem Sinne!“ sie weinte und vergaß in ihrer leidenschaftlichen Verzweiflung jegliche Zurückhaltung. „Und ich kann und werde es auch jetzt nie tun. Ich hatte gehofft, dass du ein Mann wirst. Aber ich bin endgültig mit dir fertig!“

Ich hatte abseits gestanden, ehrfürchtig und unwillkürlich gebannt von der Zurückhaltung und Unentschlossenheit der Überraschung. Ich machte nun eine Bewegung auf Alicia zu, um sie wegzuführen. „Wenn ich ihn nicht mehr verehren würde als jeden anderen auf der Welt.“ Das hätte ich nicht hören sollen. Aber ich hatte es getan und mein Puls begann erneut zu pochen.

Ein plötzliches lautes Klopfen an der Tür schreckte uns jedoch alle aus unserem Schmerzsturm und in eine allgemeine Alarmbereitschaft. Ich warf einen Blick auf die zusammengekauerte Gestalt von Randolph und auf die immer noch zitternde Gestalt von Alicia.

„Ich werde sehen, wer es ist!“ Murmelte ich und ging in Richtung Flur. Alicia stand einen Moment lang unschlüssig da, rannte dann hinter mich hinaus und verschwand im abgedunkelten Esszimmer.

„Was“, schoss es mir durch den Kopf, als ich die Tür aufschloss, „was wäre, wenn Pendleton erwischt würde – der Vater von Lauras Kindern, entführt wie der Dieb, der er war, auf seiner Flucht?“

Und ich spürte das prickelnde Gefühl von Schweiß auf meiner Kleidung, als ich die Tür öffnete.

Der berittene Polizist Halloran stand drohend im Türrahmen. Am Arm hielt er eine massige Gestalt in einem schäbigen Mantel, einen Mann, einen Mann , der wie ein Tier keuchte, der zusammenzuckte und sein Gesicht kläglich vom Licht abwandte.

„Ich habe gerade gesehen, wie dieser Mann von Ihrem Haus weggelaufen ist“, begann Halloran energisch. „Mächtig misstrauisch sah er aus – er rannte um diese Stunde der Nacht weg. Habe ihn abgeholt – um zu sehen, ob etwas nicht stimmte .“

Ich blickte auf die undeutlichen Gesichtszüge des Mannes.

Es war das ausschweifende, ascheweiße, fast aussätzige Gesicht von Pendleton.

Mit unglaublicher Schnelligkeit spürte ich, wie meine mentale Maschinerie arbeitete. Etwas muss getan werden. Aller Hass auf ihn und alle Angst vor ihm verschwanden aus meinem Kopf, bevor ein schwacher, klarer Strahl einer Art trägem Humor aufstieg.

„Das bist du, Jim?“ fragte ich und schaute genauer hin. „Hallo, Jim!“ Ich begrüßte ihn mit einem heiteren Unterton und brachte meine Stimme mit großer Anstrengung zu einem natürlichen Ton.

„Nein, Officer“, fuhr ich locker fort. „Nichts falsch. Dieser Mann war aus geschäftlichen Gründen hier.

„Ja“, kam es heiser von Pendleton, und ein Schauer des Triumphs lief mir über den Rücken.

„Es wird einen Zug geben – mal sehen –“, fummelte ich herum. Der Polizist warf einen fragenden Blick von einem zum anderen und mischte sich dann geschickt ein:

„Zug nach N'York um Viertel vor sieben. Laufen hat keinen Sinn“, grinste er. Mein in diesem Moment überempfindliches Ohr schien immer noch einen Hauch von Zweifel in der Stimme des eifrigen Polizisten wahrzunehmen. Und als ich mich danach sehnte, hinauszuschleudern, um es mit den Worten der Ballade zu sagen:

Er ist entweder selbst ein Teufel aus der Hölle,

Sonst wäre seine Mutter eine Hexe ,

Ich hörte mich ruhig sagen: „Danke, Officer.“ Dann nach Pendleton:

„Willst du doch nicht reinkommen und die Nacht hier verbringen, Jim?“

„Nein, ich gehe besser“, murmelte Pendleton und entfernte sich.

„Es tut mir leid, Sie belästigt zu haben, meine Herren“, entschuldigte sich Halloran höflich. „Aber wissen Sie – es gibt so viele Raubüberfälle in den Vororten – der Befehl lautet , besonders wachsam zu sein . Gute Nacht, Mr. Byrd. Gute Nacht, Sir“, nickte er Pendleton mit kaum verhohlener Verachtung zu.

„Gute Nacht“, murmelte Pendleton und trottete schwerfällig den Schotterweg hinunter.

„Es ist nichts Schlimmes passiert", grinste Halloran und blickte seltsam hinter seinem jüngsten Gefangenen her. „Aber ich hätte schwören können – ", unterbrach ich ihn mit einem lauten Lachen.

„Überhaupt nicht, Officer. Tut mir leid, dass Sie den Ärger hatten – vielen Dank für Ihre Wachsamkeit. Bis morgen."

"In Ordnung!" er antwortete mit kluger Schnelligkeit. „Gute Nacht, Herr." Ich habe die Tür geschlossen.

Im Zimmer saß der junge Randolph allein, jetzt etwas aufrechter, und blickte vor sich hin. Er muss das Gespräch an der Tür gehört haben.

„Nun, Randolph", ich ging leise auf ihn zu, „was willst du mir jetzt sagen?"

Er antwortete keine Zeit lang. Schließlich sprach er:

„Was wirst du mit mir machen, Onkel Ranny ?"
Meine Wut auf ihn hatte nachgelassen. Ich sah nur den gebrechlichen jungen Sterblichen, Lauras Sohn, den ich zu einem Mann machen wollte – und ich hatte versagt!
„Was denkst du, was ich mit dir machen sollte?" Ich fragte sanft. Es gab nicht einmal mehr Groll in meinem Herzen.
„Lass mich weg, schätze ich", antwortete er dumpf. „Das ist es, was ich verdiene."
„Wann hast du deinen – deinen Vater zum ersten Mal getroffen?" Ich zuckte bei dem Wort zusammen, aber schließlich *war Pendleton* sein Vater.
„Vor etwa drei Wochen", war die Antwort.
"Wie ist es passiert?"
„Eines Morgens kam er hierher und folgte Licia und mir im Zug in die Stadt. Er hielt Ausschau nach mir, bis ich aus der Vorlesung kam, und dann sprach er mit mir."
"Was hat er gesagt?"
„Oh, ich fragte, ob ich ihn vergessen hätte, lud mich zum Mittagessen ein und sagte mir, du hättest ihm einen miesen Deal gemacht – ihm seine Kinder weggenommen – ihn ins Exil geschickt und so weiter."
„Hat er dir nicht erzählt, dass er deine Mutter und dich drei Kinder verlassen hat und dass deine Mutter daran gestorben ist?"

„Nein", sagte Randolph müde, „aber das wusste ich. Oh, Sie brauchen nicht zu glauben, dass ich ihn auf Anhieb mochte."

„Hat er dir nicht erzählt, dass er aus eigenem Antrieb – nach einer schrecklichen Szene mit – mit Alicia weggegangen ist?" Ich hatte das Gefühl, dass dem Jungen jetzt die Wahrheit gesagt werden musste. „Hat er dir nicht erzählt, dass ich ihm Geld zum Mitnehmen gegeben habe und dass ich ihm erst kürzlich mehr Geld nach San Francisco geschickt habe, weil er zurück in den Osten wollte?"

„Nein", sagte der Junge mit großen Augen und Erstaunen. „ Er sagte, du hättest ihm wegen des Fehlers, den er gemacht hatte, alles genommen – und versucht, ihn unter Kontrolle zu halten Ich schätze, er ist ziemlich mies, auch wenn er mein Vater ist. Er hat mich heute Abend betrunken gemacht, um das zu tun ..." Er deutete schwer mit der Hand auf den Schreibtisch. „Er sagte, er hätte eine Insel gefunden, auf der er Kopra oder Kokosnüsse oder so etwas anbauen wollte – seine Tage beenden – wenn er nur ein wenig Geld hätte – deshalb. – Aber was nützt das, Onkel Ranny ", fuhr er fort im gleichen müden Tonfall: „Ich bin mit ihm fertig. Er ist mir jetzt völlig egal. Was wirst du mit mir machen?"

Eine große Zärtlichkeit für den Jungen stach mir ins Herz. Ich sehnte mich danach, ihn zu trösten, so wie ich Laura oder Jimmie trösten konnte. War er nicht ihr Bruder und ebenso wie sie mein Kind? Unglück und Schande hatten ihn plötzlich wie eine Krankheit überfallen. Meine Brust brodelte vor bitteren Selbstvorwürfen.

„Komm, Randolph", ich legte meinen Arm um seine Schulter. „Nehmen Sie sich zusammen. Wir müssen dieses Geschäft leben. Wir müssen an Ihre Ausbildung denken. Sie müssen fertig werden, verstehen Sie?"

„Du meinst – du würdest mir noch eine Chance geben?"

„Ja, Randolph", antwortete ich heiser, „und noch einer." In diesem Moment hatte ich das Gefühl, ich hätte ihm siebzigmal sieben geben können.

„Na dann", antwortete er mit dem ersten Anflug von Interesse, den ich an ihm wahrnahm, „wollen Sie mich dann weitermachen und mich anmelden?"

„Melden Sie sich an", ich schreckte davor zurück. „In der Armee, meinst du? Du bist so jung."

„Ich meine, bei der Marine – ich möchte es tun, Onkel Ranny – ich muss es tun – nur so kann ich wieder von vorne beginnen. Ich kann nicht dort bleiben, wo Alicia ist."

Mein tiefstes Mitgefühl galt dem Jungen in seinem Elend. Ich wusste nicht, was ich ihm sagen sollte. Die Schmerzen der verachteten Liebe!

„Alicia war deine-", aber es war zwecklos, mit ihm über Alicia zu sprechen.

„Geh ins Bett, mein Junge", sagte ich und drängte ihn sanft zur Tür. „Ruhen Sie sich etwas aus und beruhigen Sie Ihre schwachen Nerven. Morgen werden wir diese Angelegenheit in Ihrem besten Interesse besprechen und regeln. Denken Sie daran, dass Sie von Ihren Freunden umgeben sind." Mit einem schwachen Funken der Dankbarkeit in seinen Augen schlurfte er unsicher hinaus und ich drückte seine Hand, als wir uns an der Tür trennten. Ich hörte, wie er sich in seinem Zimmer bewegte.

Dann wurde mir klar, dass ich Alicia finden musste.

KAPITEL XXVI

Schnell und mit seltsamer Leichtigkeit stieg ich zunächst die Treppe hinauf, um zu sehen, ob Alicia vielleicht, wie es natürlich war, in ihr Zimmer zurückgekehrt war und ihre Tür angelehnt und die Wohnung leer vorgefunden hatte.

Mein Gehirn drehte sich immer noch, ich schien die Treppe hinauf und ins Esszimmer zu schweben, aber niemand war da. Etwas unruhig ging ich durch die schmale, kastenartige Speisekammer in die Küche, und dort stand die Tür, die zum Garten führte, weit offen.

Im Schatten, unter dem Sternenhimmel, unter dem mystischen Blau überhängender Zweige, stand Alicia allein und blickte in die samtige Nacht, gerade wie eine silberne Diana, geheimnisvoll, tragisch.

Bei ihrem Anblick schien der wilde Tumult des Abends in Wellen von mir wegzusickern. Mit einer Willensanstrengung zwang ich mein Herz, nüchterner zu schlagen, als ich mich ihr sanft näherte.

„Alicia!" Ich flüsterte hinter ihr, um sie nicht zu erschrecken. Langsam drehte sie sich zu mir um.

Ihr Gesicht war nur undeutlich zu erkennen, aber ihre Augen leuchteten in der Nacht mit der Helligkeit der Sterne. Der einzige Gedanke meines Herzens war, Alicia in das Leben der Vergangenheit zurückzubringen, die Verwüstungen des emotionalen Sturms so schnell wie möglich auszulöschen und sie in das ruhige, glückselige Leben zurückzubringen, das ihre glückliche Gegenwart für mich geschaffen hatte. Eine traurige Alicia war undenkbar.

„Du musst reinkommen, mein Kind!" Ich berührte sie sanft.

„Ich habe mich so sehr bemüht, Onkel Ranny ", sie drehte ihr Gesicht und legte schüchtern eine Hand auf meinen Arm, „ich habe so sehr versucht, all diesen Schmerz von dir fernzuhalten – damit du weiterhin du selbst glücklich und liebenswert sein kannst." ."

Meine eigenen Gedanken über sie! Sie gab sie mir zurück – mit der ergreifenden, wehmütigen Düsterkeit, dem intensiven Pathos der Jugend, das so rührend ist, der Jugend, die du liebst, so zerreißend. Habe ich jemals gesagt, dass es heutzutage keine Frauen mehr gibt, die das Haarhemd tragen, wie die strahlende Frau von Jacopone da Todi ? Blinder Narr, der ich gewesen bin!

„Aber mein liebes Mädchen", ich ergriff ihre beiden kalten kleinen Hände, „mach dir keine Sorgen um mich. Ich bin alt und zäh – an die Schicksale des Lebens gewöhnt – und auch an die Unglücke. Es ist traurig, sehr traurig, Aber es ist nichts. Ich denke an dich. Dinge passieren, meine Liebe. Das

Leben ist so. Es ist viel Glück und Gelassenheit darin. Aber du darfst nicht zulassen, dass dir das in die Seele sticht – es wird vergehen, Alicia – es ist bereits vergangen. Ich möchte, dass du zu deinem glücklichen, glückseligen Selbst zurückkehrst – dem Selbst, das mich – uns alle – so glücklich gemacht hat – so sehr glücklich."

„Ich verlange nichts mehr oder Besseres, Onkel Ranny ", sie drückte meine Hände mit schnellen, intensiven kleinen Bewegungen, „als in deiner Nähe zu sein, zu arbeiten und dir zu dienen – das ist alles, was ich auf der Welt verlange!"

Beinahe hätte ich die unverzeihliche Sünde begangen – beinah hätte ich ihre Stimmung und ihren Kummer ausgenutzt, sie in mein Herz geschlossen und die Worte der Liebe ausgegossen, die hundert, hundert Mal mein Herz überflutet und nach Ausdrücken verlangt hatten. Ein hübsches Familienoberhaupt, ein guter Beschützer der Jugend, das hätte ich damals sein sollen!

Mit einer zitternden Bewegung legte ich ihre beiden Hände zwischen meine und flüsterte ihr etwas zu, damit meine Stimme mich nicht verriete.

„Genau das möchte ich, dass du tust, mein liebstes Mädchen – lebe ruhig und glücklich in meiner Nähe, sei glücklich, bis das – das höchste Glück zu dir kommt – bis –", fügte ich mit einem schmerzlichen Lachen hinzu, „der Prinz in der Fee." Geschichte – kommt vorbei – um dich zu fordern.

Es war die härteste Äußerung meines Lebens, aber ich verspürte einen Anflug von Triumph, sie ausgesprochen zu haben.

„Der Prinz im Märchen", wiederholte Alicia langsam und sah verzückt vor sich hin, „er kam vor langer Zeit – ich hatte mehr, als ich verdiene – so viel, so viel, dass ich oft zittere, wenn ich daran denke. Der ganze Prinz." und all die Märchen, die ich will oder jemals wollen werde.

Einen Moment lang war ich von Kopf bis Fuß begeistert. Für einen Moment erfüllte eine Dunkelheit mein Wesen und dann wurde es von den Blitzen eines seltsamen Rausches durchstrahlt und gespalten.

„Du kannst nicht meinen, Alicia", hauchte ich heiser aus ausgetrockneter Kehle, „du – dass ich es bin – dass du –"

Und ich wusste sofort, dass alle Zurückhaltung und Vorsätze beiseite gefegt worden waren – dass ich schließlich genauso schwach und schwächer war als der Junge Randolph. Denn ich hatte ohne den geringsten Wunsch gesprochen, meinen Wünschen zu widerstehen!

Langsam, sehr langsam kam sie näher an mich heran, sodass ihr süßer Veilchenhauch warm und duftend auf meiner Wange war. Mein Kopf schwamm.

„Seit ich zu dir gekommen bin;" „Seit ich fünfzehn war, hast du meine Gedanken, mein Herz, mein Leben erfüllt. Ich habe dich immer geliebt." Das Blut rauschte in meinen Ohren. Ich war voller Wahnsinn. Aber ich hatte zu lange am Glück gezweifelt, um es mit offenen Armen zu empfangen. Ich hatte daraus einen Fremden gemacht wie einen Geizhals, indem ich seinen Reichtum versteckte.

„Denk nach, was du sagst, Alicia." Ich nahm ihr Gesicht krampfhaft in beide Hände. „Ich habe dich über alles auf Erden geliebt, über das Leben selbst hinaus. Ich habe von dir geträumt und an dir gelebt, bis ich verrückt geworden bin. Meinst du wirklich, dass du mich lieben kannst – als Mann? Nach all den törichten Jahren des Versteckens und Leidens." „Ist es das, was du meinst, oder ist es nur – Onkel Ranny?"

„Ja – das meine ich, mein Märchenprinz", flüsterte sie und verbarg ihr Gesicht an meinem – „wenn du mich nimmst!"

Meine Sinne schwankten und wurden ohnmächtig. Sie lag fest in meinen Armen. Ich drückte sie an mein Herz. Die Monate, die Jahre des Liebeshungers rasten wie eine unaufhaltsame Kraft durch meine Adern und Sehnen, unbarmherzig, unwiderstehlich.

Der Rand des Gartens war ein paar Meter entfernt, aber es hätte auch eine Unendlichkeit sein können. Die spärlichen Bäume, die man an den Fingern einer Hand abzählen konnte, hätten ein Wald aus versammelten Riesen sein können, deren riesiges geheimes Leben uns brütete und beschützte. Die Unendlichkeit und unsere kleine, intensive Realität verschmolzen und begegneten sich. Ich fühlte mich mit dem riesigen, majestätischen Universum verbunden. Ich plapperte gebrochene Worte gegen ihre Lippen – ich weiß nicht, was ich plapperte. Denn das weite, majestätische Universum war im Kreis meiner Arme eingeschlossen.

„Lass uns reingehen, mein Schatz", murmelte ich schließlich. „Der Tau ist schwer und du musst dich ausruhen. Ich werde nicht versuchen, den Rest dieser Nacht der Nächte zu schlafen."

„Ich auch nicht", antwortete Alicia verträumt. „Ich möchte heute Morgen mit dir der Morgendämmerung begegnen. Ist es nicht wunderbar, Liebste, dass wir beide trotz allem, trotz des armen Jungen da drin", fügte sie mit einem Anflug von Pathos hinzu, „so sein können." wahnsinnig glücklich?"

„Ja, mein Kind, wunderbar und ehrfurchtgebietend. Aber Glück ist das erste Gebot – das höchste Gesetz."

„Ich werde nie so weise sein wie du, Onkel Ranny ", lachte sie leise und blieb in meinen Armen. „Da! Ich habe dich wieder Onkel Ranny genannt . Ich habe Angst – oh, solche Angst, ich werde dich immer so nennen!"

Ich versiegelte ihre Lippen.

„Oh, wenn das alles ist, wovor du Angst hast", murmelte ich in andächtigem Danksagungston, „wenn das alles ist – lass uns reingehen, mein eigenes."

Und jetzt wartet Alicia darauf, mit mir die Morgendämmerung zu erleben.

Hoch, hoch, Herz meines Herzens, Stern meines Lebens, Glück, näher bei mir als meine eigene Seele, Feuerbringer, Lebensbringer – hoch, sonst werde ich dich in meiner wahnsinnigen Torheit vergöttern. Auf, auf, meine Alicia – denn die Morgendämmerung bricht an!

EPILOG

Ich habe im Schatten eines Spaliers gesessen und die wundersam bewegliche Aufhängung eines Kolibris über einer Gruppe von Geißblattblüten beobachtet. Dieser summende Vogel, ein Wirbel voller triumphaler Sehnsüchte – der Wunsch eines Insekts, ein Vogel zu werden – scheint in gewisser Weise meine Lebensgeschichte zu verkörpern.

Für den Kolibris ist das Goldene Zeitalter dieser perfekte Sommertag mit seinen Ranken und Blättern, seinen Beeten aus blutendem Herzen und Brautkränzen, dem süßen William, Rittersporn und Ringelblume und dem schweren, duftenden Hauch von Geißblatt. Und so ist es auch bei mir. Keine Fabel ist für die Menschheit, das menschliche Wohlergehen und die menschliche Hoffnung tödlicher als dieselbe Fabel vom Goldenen Zeitalter. Es gab nie ein halbes Zeitalter, das so golden war wie das Jetzt, noch den kleinsten Teil, der so golden war wie die Zeitalter, die auf uns warten. Mein dortiger Sohn, Randolph Byrd, der Jüngere, der in seiner Hängematte unter dem Baum schläft und über der ein feines Netz hängt, wird ein wundersameres menschliches Leben erleben als alles, was wir bisher gesehen haben.

Zwei Jahre und mehr sind vergangen, seit ich Ihr Buch geöffnet habe, Randolph der Alte, und ich öffne es jetzt mit einer Absicht, aus einem besonderen und eigenartigen Grund.

Alicia hat es zufällig gesehen und war mit einer seltsamen – für mich unerklärlichen – Freude darauf gestoßen. Sie möchte, dass ich es „abrunde", wie sie es ausdrückt, es hier und da ein wenig mit Namen und Orten verschleiere und es zur Erbauung der Menschheit veröffentliche! Wenn wir der Welt nur in der Statur erscheinen könnten, in der liebevolle Augen uns sehen! Aber so sehr ich auch über Alicia lache, sie hält hartnäckig an ihrem Wunsch fest.

„Aber es war nur als Memoiren für einen meiner Freunde gedacht", erzähle ich ihr, „der mir täglich näher kommt – dem siebzigjährigen Randolph Byrd."

"Ach nein!" ruft Alicia und blickt mit vor Glück strahlenden Augen und einem plötzlich aufregend verwandelten Gesicht auf das schlafende Baby in der Hängematte. „Es ist für einen anderen Randolph gedacht – Randolph den Jungen dort drüben, den Stolz und die Freude seines Vaters – die Hoffnung der Welt."

„Es wird ihn kaum amüsieren", grunze ich.

„Das wird – nicht wahr, Griselda?" sagt Alicia zu unserer alten Freundin, die in diesem Moment aus der Küche kommt, um sich mit ihrer Herrin zu beraten. Griselda sieht verwirrt aus. „Sag ja – es ist für Baby", drängt Alicia listig.

„Oh ja – wenn es gut für das Kind ist , sage ich es!"

Griselda, immer noch voller Tatendrang, geht ihren Weg.

„Man könnte meinen", spotte ich, „Sie hätten in dem Manuskript alle Scherze von Sancho Panza gefunden , die wie Regentropfen herunterfielen."

„Scherze!" verspottet Alicia. „Wer kümmert sich um Scherze, wenn nicht die geheimnisvollen Leser von Comic-Beilagen? Ich finde darin den Bericht einer wunderschönen Liebe."

„Aber selbst Liebesvögel", necke ich, „sind nur eine Papageienart – obwohl viele denken, sie seien Paradiesvögel. Außerdem", dränge ich, „hätte ich das Ding einen Roman nennen müssen – und das ist nur ein Fragment des Lebens, gesehen mit zwei besonderen Augen und einem sehr eigenartigen Temperament. Es hat keine Kontur, ebenso wenig wie das Leben selbst. Wäre ich ein Romanautor, meine Liebste, würde ich wahrscheinlich nicht zwei oder drei Romane darüber schreiben . Ich sollte zumindest das lustige Privileg annehmen, all diesen Menschen das Schicksal vorzuspielen. Alle Dinge und alle Personen sollten rhythmisch berücksichtigt werden.

„Fudge!" sagt Alicia. „Sei nicht so kubistisch!" Ich ignoriere ihren Modernismus.

„Pendleton würde nicht mit der endlosen Möglichkeit, mich und seine Kinder noch zu erpressen, durch die Welt streunen. Hätte er seine Existenz nicht auf der dritten Reling beenden sollen, als er in der Nacht seines letzten Auftritts rannte? Und sein Sohn Randolph – hätte es getan Er hat nicht in Frankreich oder auf See ein heldenhaftes und ruhmreiches Ende gefunden, anstatt ein höchst zufriedenes und alltägliches Leben mit dem hübschen irischen Bauernmädchen zu führen, das er aus Queenstown mitgebracht hat – einem einfachen, anständigen Autoverkäufer? Würden diese Leute

weiterleben? in der unauffällig fließenden Art des Lebens? Nein, mein Herz",
fahre ich nüchtern fort, „eine Geschichte muss ausgetrickst und mit
Maßwerk und Verzierung ausgefüllt werden. Und wo ist die Schar junger
Abenteurerinnen im Spiel – ohne die kein Roman würdig ist?" Name?"

Um Alicia gerecht zu werden, muss ich jedoch daran erinnern, dass Gertrude
von allen anderen ihrer Form treu geblieben ist. Ich glaube, sie trägt neben
dem militärischen Titel eines Majors eine Auszeichnung aller alliierten
Nationen in Europa und mindestens zwei Auszeichnungen regierender
Herrscher. Sie fuhr neulich in ihrem hübschen Auto hierher, um uns zu
besuchen, und war sehr erstaunt über den Anblick meines kleinen Sohnes.

„Was, Ranny !" rief sie mit ihrer gewohnten Redefreiheit aus, die jetzt durch
das Leben im Lager und vor Gericht noch verstärkt wird. „Du hast gerade
eine Familie großgezogen und fängst an, eine weitere zu gründen? Du bist
sicherlich das Original der alten Frau, die in einem Schuh lebte. Was für ein
Reaktionär du bist!"

„Reaktionär? Ja, Gertrude", lächelte ich als Antwort, „ich vermute, dass ich
es bin – in einigen Dingen unbeachtete Arme. Möglicherweise wird sich
unter denen, die ich erziehe, jemand erheben, um diese Dinge zu ergründen
und zu lösen. Ich bin sicher, dass langsam größere Weisheit in unser Leben
eindringt. In vielerlei Hinsicht bin ich, wie Sie behaupten, reaktionär. Ich
habe immer noch ein Gefühl dass jeder Mensch ein Zentrum kreativen
Lebens sein muss – und dass derjenige, der Kinder großzieht, die Zahl der
Schöpfer in der Welt vervielfacht – gegen die strahlende Zukunft!"

Gertrude lachte, ein wenig bitter, wie ich dachte, und wedelte mit der Hand
in einer Geste der Verzweiflung über meine alte Dummheit. Vielleicht hätte
ich mit Gertrude nicht in dieser Art plappern sollen – vor allem, da ihr
jüngster Ehemann, Minot Blackden , in Gertrudes Abwesenheit dem
Wunsch seiner Augen woanders gefolgt ist, jetzt glücklich geschieden und
mit jemandem verheiratet ist , der mit ihm in der gleichen Wohnung wohnt,
und das auch so ist er selbst zeugt schamlos Nachkommen!

Nein, abgesehen von Gertrude, meine Geschichte hat keine Konturen.
Tatsächlich erscheint und verschwindet Dibdin immer noch, immer der
Fliegende Holländer, wie in alter Zeit. Er ist jetzt zu Hause und sitzt oft
rauchend in meinem Arbeitszimmer und moralisiert – darf ich es flüstern? –
vielleicht eine Spur prophetischer als früher.

„Der einzige Teufel auf der Welt", schnaufte er letzte Nacht in seiner
schroffen Art, als würde er jemandes Untergang verkünden, „der einzige
Teufel ist die Dunkelheit des Chaos. Kinder sind der Gradmesser für die
menschliche Rasse, die von der Natur klug unterstützt wird." diesem Teufel
hinwerfen.

„Und angenommen, die Kinder, die Sie großziehen, erweisen sich als ‚Niemand'?" Ich warf milde ein, als zuvorkommender Strohmann.

"Was macht das schon?" er knurrte. „Die meisten Menschen sind Niemande. Es sind die Niemande der Welt, die ihre katastrophalen Veränderungen herbeiführen. Mark Antony steckte geschickt eine Zunge in jede Wunde von Cæsars Körper im Forum. Mark Antonys sind selten, das gebe ich zu. Aber es ist der Erste Bürger und Zweiter Bürger, der das republikanische Rom vor den Ohren von Brutus zerstörte. Sowohl Shakespeare als auch Markus Antonius wussten, dass in den Niemanden die wahre Macht zum Handeln liegt. Die Denker sind die wenigen; die Macher sind die vielen. Wir brauchen sie alle , alle – und dafür sind Kinder da."

Dibdin zustimme , genauso wie ich in Wirklichkeit sicher bin, dass das Leben eine eigene Kontur und einen eigenen Rhythmus hat. Die Welt mag hart erscheinen und für Gerechtigkeit, Kultur und Schönheit wirklich schlecht geeignet sein. Aber was auch immer seine Mängel sein mögen, die Aufgabe der Menschheit darin scheint mir klar zu sein: Die Rasse des Menschen – das Maß aller Dinge – zu erweitern und weiterzuführen, um ein besseres Leben auf der Erde zu schaffen. Die ganze Welt ist ein Mann, der in einem Schuh lebt. Aber irgendwie, ganz langsam, geht es darum, sich Wissen anzueignen und zu lernen, was zu tun ist. Wir können in der Tat solche Stoffe sein, aus denen Träume gemacht sind, und unser durch Schlaf abgerundetes Leben ist in Wahrheit erbärmlich wenig. Aber dieses Wenige scheint auf mysteriöse und ungeheure Weise wichtig zu sein.

Und aus diesem Grund scheint es mir, dass es kein Lebewesen wie einen lebenden Pessimisten gibt. Das einzig sichere Zeichen echter Überzeugung eines Pessimisten ist sein Selbstmord. Weiterleben bedeutet, auf bessere Dinge zu hoffen – und auf sie zu hoffen bedeutet, sie herbeizuführen. So erscheint mir das Leben. Aber sind die Ansichten eines klugen Buchhändlers, der samstags Golf spielt, von Bedeutung?

Aber genug von meinem Geschwätz. Alicia wird zweifellos ihren Willen durchsetzen. Sie nimmt jetzt an den erhabenen Ritualen im Bad des jüngeren Randolph teil. Ich gehe davon aus, dass ich jederzeit zur Zeremonie eingeladen werde . Meine Familie ist so klein geworden, dass sich alle Aufmerksamkeit unweigerlich auf das Baby konzentriert. Laura lebt Tausende Kilometer entfernt in Kalifornien bei dem jungen Chirurgen, den sie in Frankreich kennengelernt und geheiratet hat. und Jimmie, zwei Jahre nach dem College, verbringt den Sommer in einem Camp auf einer kanadischen Insel. Randolph Junior hat die Oberhand. Nun, ich bin zufrieden – und es lebe der König! Aber sie sind mir alle so nah und teuer wie eh und je. Für den alten Burton heißt es in seiner „Anatomie": „Keine

Schnur oder kein Kabel kann so gewaltsam ziehen oder so festhalten, wie es die Liebe mit einem gewundenen Faden kann."

Ich sehe, wie sich das Leben vor mir ausdehnt und dynamisch ist und vor Möglichkeiten glitzert, so wie die Atmosphäre manchmal im Sonnenlicht mit tanzenden, sich drehenden Punkten glitzert – für Augen, die wie meine gemacht sind. Auch wenn ich erst spät damit angefangen habe, muss ich mich in das Leben der Verantwortung stürzen und, wenn auch nur geringfügig, dabei helfen, gemeinsam mit den langen Generationen der Vergangenheit die strahlende Zukunft vorzubereiten.

Der Name des neuen Zeitgeistes ist Verantwortung.

An diesem Punkt erschien Alicia, um mich zu den Riten des Bades zu rufen, und hing einen Moment lang lesend über meiner Schulter.

„Ich bestehe darauf, dem noch zwei Worte hinzuzufügen", verkündete sie, „und das sollen die letzten sein."

„Es ist dein Privileg, Geliebte", stimmte ich zu und machte ihr eifrig Platz. Dann schrieb Alicia:

"Und die Liebe."

DAS ENDE